权威·前沿·原创

皮书系列为
"十二五""十三五""十四五"时期国家重点出版物出版专项规划项目

BLUE BOOK

智库成果出版与传播平台

青岛法治蓝皮书
BLUE BOOK OF RULE OF LAW IN QINGDAO

编委会主任　程德智

青岛法治发展报告 No.1 (2023)
ANNUAL REPORT ON RULE OF LAW IN QINGDAO No.1 (2023)

主　　编／郑海涛
执行主编／王春元
副 主 编／姜福东

社会科学文献出版社
SOCIAL SCIENCES ACADEMIC PRESS (CHINA)

图书在版编目(CIP)数据

青岛法治发展报告 . No.1，2023 / 郑海涛主编；王春元执行主编；姜福东副主编. --北京：社会科学文献出版社，2023.12
（青岛法治蓝皮书）
ISBN 978-7-5228-2343-0

Ⅰ.①青… Ⅱ.①郑… ②王… ③姜… Ⅲ.①社会主义法制-研究报告-青岛-2023 Ⅳ.①D927.523

中国国家版本馆 CIP 数据核字（2023）第 153140 号

青岛法治蓝皮书
青岛法治发展报告 No.1（2023）

主　　编 / 郑海涛
执行主编 / 王春元
副 主 编 / 姜福东

出 版 人 / 冀祥德
组稿编辑 / 曹长香
责任编辑 / 郑凤云　单远举
责任印制 / 王京美

出　　版 / 社会科学文献出版社（010）59367162
　　　　　 地址：北京市北三环中路甲 29 号院华龙大厦　邮编：100029
　　　　　 网址：www.ssap.com.cn

发　　行 / 社会科学文献出版社（010）59367028
印　　装 / 天津千鹤文化传播有限公司

规　　格 / 开　本：787mm×1092mm　1/16
　　　　　 印　张：23　字　数：343 千字
版　　次 / 2023 年 12 月第 1 版　2023 年 12 月第 1 次印刷
书　　号 / ISBN 978-7-5228-2343-0
定　　价 / 169.00 元

读者服务电话：4008918866

版权所有 翻印必究

青岛法治蓝皮书
编委会

研 创 单 位	中共青岛市委全面依法治市委员会办公室 青岛市社会科学院
编委会主任	程德智
编委会执行主任	陈金国　于瑞波　张正智　段连才　吴锦标
编委会副主任	郝　伟　邓焕礼　张桂芹　郑海涛
委　　　员	（按姓氏笔画排序）

丁　燕　王　宇　王　军　王松山　王金堂
王学栋　王春元　王晓琼　王海峰　王新锋
牛　萌　方　芬　吕艳滨　吕晓剑　刘　英
刘　波　刘　宝　刘志松　刘惠荣　刘福斌
孙法柏　李广彬　李丰波　李本雄　李永刚
肖建来　张召杰　周长军　郑　刚　郑海涛
庞　林　姜立新　姜福东　柴方胜　殷　静
高沛沛　郭　斌　桑本谦　曹　霞　常　江
董　跃　蔡颖雯　潘月民

主　　　　编　郑海涛

执 行 主 编　王春元

副 　主 　编　姜福东

撰 　稿 　人　（按姓氏笔画排序）

丁　燕　于　昊　于兴秀　王　艺　王　宇
王　浩　王松山　王晓琼　尤志春　牛　萌
方　芬　孔凡诚　史亚男　邢建华　吕晨昊
朱　鹏　朱本腾　刘　英　刘　怡　刘　勋
刘　鹏　刘　震　刘懿霆　孙　昊　李广彬
李丰波　李云峰　李明明　李涵语　杨小超
杨炜林　吴锦标　宋城阳　宋保振　张　奇
张　旋　张　毅　张美萍　张瑞斌　张澄澄
郑震英　金　梅　郑　珂　房广亮　赵　恒
赵清树　郝政文　荀变变　逄焕美　姜若林
姜福东　娄雅灵　宫惠敏　柴红波　徐奎浩
徐剑锋　高智恒　郭　斌　郭　瑞　黄　璐
常　江　董　跃　路晓菲　潘月民　戴雨秋

统 　稿 　人　姜福东

序　言

纵观世界各地现代化发展历程，法治发挥了极为关键的保障作用，并成为现代化的重要指标。法治既是一个国家、一个民族迈向现代文明的必要条件，也是一个地区、一个城市核心竞争力和文化软实力的重要内容。

党的十八大以来，以习近平同志为核心的党中央高度重视法治，将全面依法治国纳入"四个全面"战略布局有力推进。党的二十大报告提出"以中国式现代化全面推进中华民族伟大复兴"的使命任务，并对"坚持全面依法治国，推进法治中国建设"作出部署安排，强调要"更好发挥法治固根本、稳预期、利长远的保障作用，在法治轨道上全面建设社会主义现代化国家"。善于运用法治思维和法治方式防范风险、破解难题、提质增效，对于更好地统筹发展和安全、更好地服务保障经济社会高质量发展、扩大高水平开放，具有现实而深远的意义。

近年来，山东省青岛市深入学习贯彻习近平法治思想，全面贯彻落实党中央决策部署和省委、省政府工作要求，围绕加快建设新时代社会主义现代化国际大都市的宏伟目标，坚持以人民为中心的发展思想，健全完善社会主义民主法治，充分调动法治领域专业资源力量，持续提升党委政府科学决策、民主决策、依法决策的能力，不断提高立法、执法、司法、守法等法治建设水平，加快推进市域治理体系和治理能力现代化，强化国家和省、市重大发展战略的法治保障，各项工作不断取得新进展，开辟新格局。

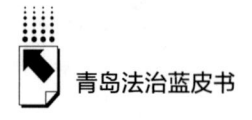

为深入学习宣传贯彻党的二十大精神，系统总结近年来青岛市推进全面依法治市的好经验好做法，全面展示法治青岛、法治政府、法治社会一体建设的成效亮点，更有针对性地开展新时代新征程法治建设各项工作，打造法治领域重要理论研究成果和知名法治品牌，首部青岛法治蓝皮书编撰出版项目正式付诸实施。受中共青岛市委全面依法治市委员会办公室、青岛市司法局委托，青岛市社会科学院组织编撰出版《青岛法治发展报告No.1（2023）》，助力青岛法治名片更加闪亮，推进法治成为青岛城市核心竞争力和文化软实力的重要标志。经过一年多的不懈努力，克服新冠疫情等诸多困难，学习借鉴北京、上海、深圳、天津等地先进经验，课题组先后完成调研、策划、筹款、组稿、审稿、签约等业务流程，并委托和配合国家级权威皮书出版机构——社会科学文献出版社对书稿进行了预审和审校，终于付梓面世。

在出版发行之际，由衷感谢有关单位及其领导、专家、工作人员所给予的宝贵指导、支持和帮助。感谢中共青岛市委政法委员会、中共青岛市委全面依法治市委员会办公室、青岛市人大常委会法制工作室、青岛市纪委监委机关、青岛市中级人民法院、青岛市人民检察院、青岛市司法局、青岛市行政审批服务局、青岛仲裁委员会办公室、黄岛区司法局、莱西市人民法院等机关单位、部门。感谢青岛海事法院、山东海事局、青岛海关等驻青党政机关。感谢山东大学法学院、中国海洋大学法学院、中国石油大学（华东）文法学院、青岛大学法学院、山东交通学院法学院等高校法学院。感谢青岛地铁集团、青岛市律师协会、上海锦天城（青岛）律师事务所、山东诚功律师事务所、北京德和衡（青岛）律师事务所、青岛市法治政府建设研究会、青岛市法学会破产法研究会等。感谢中国社会科学院法学研究所吕艳滨研究员、上海社会科学院法学研究所王海峰研究员、天津社会科学院法学研究所刘志松研究员，对本书的策划、架构、内容等提出了宝贵的意见建议。感谢社会科学文献出版社曹长香等编辑老师，在我们编撰首部青岛法治蓝皮书过程中给予了悉心指导，为本书顺利出版付出了大量心血和劳动。要感谢的单位和个人还有很多,恕不能一一列明。

  限于我们的学识、经验和能力,书中难免存在疏漏甚至错讹之处,敬请读者批评指正。

编者
2023 年 9 月

摘　要

《青岛法治发展报告 No.1（2023）》由总报告和18篇分报告构成。总报告集中展示了2019年至2022年青岛市法治建设总体状况。近年来，青岛市认真落实机构改革任务，着力构建党领导全面依法治市新格局，健全完善地方立法制度体系，全力提升法治政府建设水平，持续深化司法体制改革创新，全面加快法治社会建设步伐，全市法治建设各项工作取得明显成效。今后要更好地推进法治城市、法治政府、法治社会一体建设，努力实现科学立法、严格执法、公正司法、全民守法在青岛蔚然成风。分报告聚焦党委、政府中心工作与城市独特优势，分六个专题梳理概括青岛市在地方海洋法治建设、城市更新和城市建设法治保障、涉外法治建设、法治政府示范创建、司法与监察体制改革、法治营商环境等领域的经验做法、存在问题以及展望预测。

海洋法治篇着眼于青岛市现代海洋城市发展战略和优势特色，从立法和司法角度，梳理青岛市涉海法律体系与青岛海事司法发展现状，总结青岛市在地方海洋立法、海事司法领域的经验做法和存在的不足，并对未来更好地推进海洋法治体系建设、更好地服务保障海洋经济高质量发展提出建议。城市更新和城市建设法治保障篇立足青岛市当前的中心工作和特色优势，聚焦轨道交通这一重要引擎、人民法院这一重要保障，对青岛市以轨道交通为导向的城市开发模式的制度保障进行概括分析，提出应建立系统化、规范化的TOD法规政策体系；探讨人民法院如何通过提升司法服务保障的系统性、精准度、执行力等功效，来破解城市更新和城市建设困局。涉外法治篇围绕

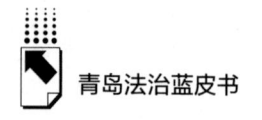

青岛市开放型城市建设大局和特色优势,聚焦打造涉外法律服务新高地和推进涉外商事审判精品战略目标,就岛城涉外律师人才队伍建设现状开展调研分析,对涉外商事审判服务保障青岛建设国际化大都市的现状进行梳理总结。在此基础上,提出加强涉外律师人才队伍培养、打造涉外商事审判青岛优选地等建议。法治政府示范创建篇分别从镇街、部门和区(市)三个层面,介绍在全国率先为镇街法治建设破题的"青岛经验"、全面打造行政审批制度改革的"青岛模式"、争创法治建设的"国家级新区标杆",梳理概括青岛市法治政府建设多个领域的改革创新举措、亮点成效以及未来展望。司法与监察体制改革篇介绍青岛市深化新时代监察体制改革,推进监督、调查、处置三大职能落实,打造"清廉之岛"的探索实践;总结青岛市深化新时代检察改革、助力经济社会高质量发展、完善法律监督运行和制约机制、履行"公益代表"职责使命的成效与亮点;概括青岛市深化环境资源审判机制改革,切实保护恢复生态环境,建设"美丽青岛"的经验做法;分析青岛市深化行政审判机制改革,推进行政机关应诉、行政争议审前和解、强化府院良性互动的进展和不足,提出做好依法行政和应诉工作的建议。法治营商环境篇聚焦营商环境建设这一主题,分别介绍青岛市在仲裁事业创新发展、企业合规治理、数字法治建设、优化口岸营商环境和破产法治建设等服务保障经济社会发展的重点领域所进行的一系列改革创新实践、所取得的成效和亮点,并对更好地推进经济与社会法治建设,打造市场化、法治化、国际化一流营商环境进行展望。

关键词: 习近平法治思想 全面依法治市 法治青岛建设 法治政府建设 法治社会建设

目 录

Ⅰ 总报告

B.1 2019~2022年青岛市法治建设总体状况与未来展望
　　…………………………………………… 姜福东 等 / 001
　　一　构建全面依法治市新格局 ……………………………… / 002
　　二　健全完善地方立法制度体系 …………………………… / 008
　　三　全力提升法治政府建设水平 …………………………… / 012
　　四　持续深化司法体制改革创新 …………………………… / 016
　　五　全面加快法治社会建设步伐 …………………………… / 024

Ⅱ 海洋法治篇

B.2 青岛市海洋立法发展报告
　　……………………… 董　跃　宋城阳　李明明　刘懿霆 / 029
B.3 青岛海事司法发展报告 ………… 吴锦标　牛　萌　于　昊 等 / 047

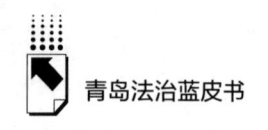

Ⅲ 城市更新和城市建设法治保障篇

B.4 青岛市以轨道交通为导向的城市开发模式制度保障调研报告
　　……………………………………………………… 王松山 / 066

B.5 青岛市城市更新和城市建设的司法保障
　　——以青岛市两级法院为例……………………… 刘　英 / 082

Ⅳ 涉外法治篇

B.6 青岛市涉外律师人才队伍建设情况调研报告
　　………………… 青岛市律师协会国际商事与投资委员会课题组 / 092

B.7 青岛法院涉外审判服务保障国际化大都市建设报告…… 王晓琼 / 111

Ⅴ 法治政府示范创建篇

B.8 打造镇街法治建设"青岛样板"实践
　　………………………… 青岛市司法局法治调研处课题组 / 131

B.9 青岛市行政审批制度改革发展报告………… 金　梅　苏　鹏 / 145

B.10 青岛西海岸新区法治建设报告…………… 于兴秀　柴红波 / 161

Ⅵ 司法与监察体制改革篇

B.11 青岛市深化新时代检察改革报告…… 山东大学法学院课题组 / 176

B.12 青岛市环境资源审判发展与展望
　　………………………… 李丰波　尤志春　姜若林　张　旋 / 189

目 录

B.13 青岛市行政审判发展报告
………………………… 青岛市中级人民法院行政审判庭课题组 / 206

B.14 青岛市监察体制改革发展报告 ……… 山东大学法学院课题组 / 220

Ⅶ 法治营商环境篇

B.15 青岛仲裁创新发展报告 …………… 青岛仲裁委员会课题组 / 231

B.16 青岛市企业合规治理研究 ……… 郭　斌　李云峰　赵清树　等 / 243

B.17 青岛市数字法治建设研究 ………………………… 宋保振 / 257

B.18 "法治青关"建设与青岛口岸营商环境法治化报告
…………………………………………………………… 房广亮 / 272

B.19 青岛市破产法治发展报告
………………………… 青岛市法学会破产法研究会课题组 / 289

Abstract …………………………………………………… / 327
Contents …………………………………………………… / 330

皮书数据库阅读使用指南

003

总 报 告
General Report

B.1
2019~2022年青岛市法治建设总体状况与未来展望

姜福东 等*

摘 要： 近年来，青岛市深入学习贯彻习近平法治思想，统筹加强党对依法治市工作的全面领导，贯彻落实以人民为中心的发展思想，自觉以法治思维和法治方式深化改革、扩大开放，奋力开创法治青岛、平安青岛建设新局面。青岛市始终注重强化法治青岛建设的制度供给保障，持续提升法治政府示范创建水平，稳步推进司法体制综合配套改革，不断加快法治社会建设步伐，在法治轨道上全面推动城市治理体系和治理能力现代化，取得一系列丰硕成果，形成了一些全省乃至全国领先、彰显岛城特色的好经验好做

---

* 本文由青岛市社会科学院联合有关部门组成课题组编撰完成。课题组组长：姜福东，青岛市社会科学院政治法律研究所所长、研究员。课题组成员：李广彬，中共青岛市委依法治市办秘书处处长；方芬，青岛市人大常委会法制工作室法规处处长；潘月民，青岛市司法局法治调研处处长；郝政文，青岛市人民检察院第八检察部副主任；刘鹏，青岛市人民检察院法律政策研究室副主任；朱本腾，青岛市中级人民法院研究室三级法官助理；于昊，青岛海事法院研究室法官助理。

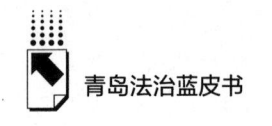

法，但也存在一些不足。展望未来，青岛市将以党的二十大精神为指引，全面推进科学立法、严格执法、公正司法、全民守法各项工作取得新成效，打开新局面，为加快建设新时代社会主义现代化国际大都市奉献法治力量，为全面建设社会主义现代化国家、全面实现中华民族伟大复兴作出青岛贡献。

关键词： 习近平法治思想　全面依法治市　地方立法　法治政府示范创建　司法体制改革　法治社会建设

　　新时代十年，青岛市坚持以习近平新时代中国特色社会主义思想为指导，认真学习领会党的十八大、十九大和二十大精神，深入贯彻习近平法治思想，全面落实法治建设各项目标任务，为全市国民经济和社会发展提供了有力的法治保障。特别是2019年以来，新组建的中共青岛市委全面依法治市委员会在中共山东省委、青岛市委坚强领导下，坚决贯彻落实中央和省、市委关于法治建设的决策部署，坚持围绕中心、服务大局，以"在全省勇当龙头、在全国争先进位、在全球彰显特色"的使命担当，在法治青岛、法治政府、法治社会建设领域进行了一系列卓有成效的实践探索与创新，形成了一些国内、省内领先的经验做法，奋力谱写了全面依法治市的崭新篇章。

一　构建全面依法治市新格局

　　青岛市不断夯实法治青岛、法治政府、法治社会一体建设的政治根基，构建起效果显著、亮点纷呈、特色突出的党领导全面依法治市工作新格局，在学习贯彻习近平法治思想、完善全面依法治市的组织领导体系、加强党领导全面依法治市的统筹规划、发挥领导干部"关键少数"示范作用等方面，走在了全省前列。

（一）青岛市构建全面依法治市工作新格局的成效及亮点

1. 全面深入推进习近平法治思想学习宣传贯彻

一是加强统筹安排。推动建立健全各级党委（党组）理论学习中心组学习贯彻习近平法治思想常态化机制，将习近平法治思想纳入年度全市各级（党委）党组理论学习中心组学习安排计划，纳入各级党校（行政学院）、干部学院教学内容和干部在线学习内容，确保学习培训覆盖率达到100%。2019年以来，市委理论学习中心组先后组织了习近平法治思想、《民法典》国家安全等法治讲座。市政府建立了"青岛市人民政府常务会议学法制度"，出台年度市政府常务会议学法计划，实现集体学法规范化制度化。

二是加强学习培训。把习近平法治思想纳入党校教学中心内容，开展"习近平总书记关于法治建设的重要论述"、"《民法典》制度创新的主要亮点与实施价值"、"树立法治思维，推进法治政府建设——新官就理旧账"结构化研讨等案例教学等。把法治教育纳入干部教育培训计划总体安排，在青岛干部网络学院开设法律知识网络学习必修课，常态化、制度化开展年度学法考法工作。将习近平法治思想培训研讨班列入市委组织部年度教育培训计划。驻青高校纷纷组建习近平法治思想教学团队，将习近平法治思想列为核心课程。举办青岛市法治社会建设素质能力提升专题培训班，将习近平法治思想作为重要学习内容。创设学习贯彻习近平法治思想"青研班"，选拔108名硕士研究生及以上学历、年龄45岁以下的青年干警，成立全市政法系统习近平法治思想研究生学习班，提升政法系统青年干部运用习近平法治思想解决现实问题的能力和水平。

三是加强宣传解读。在全省首家召开深入学习贯彻习近平法治思想座谈会，并在《青岛日报》专版刊登专家座谈成果。开展"深学笃行习近平法治思想实践篇"等专题宣传活动，广泛宣传展现各领域学习贯彻习近平法治思想的经验成效。成立习近平法治思想宣讲团，组织宣讲团成员深入机关、企业、农村、社区、校园等开展宣讲。

四是加强研究阐释。为推进习近平法治思想入脑入心、走深走实，青岛

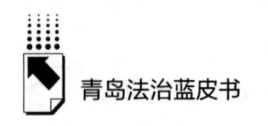

市开展了形式多样的理论研究和宣传阐释。将习近平法治思想研究纳入2022年度青岛市社科规划研究项目课题指南。将"践行习近平法治思想 推进法治青岛建设"理论研讨会纳入青岛市社科联重点学术活动项目。组织举办第一届"青岛·法治论坛"暨"践行习近平法治思想 推进法治青岛建设"理论研讨会，评选优秀课题研究成果，吸引了驻青高校院所、党政部门、司法机关、律师事务所以及企业集团的法学法律界人士积极参与，形成良好的社会反响。1项科研成果获得全国法治论坛一等奖。

2. 完善全面依法治市的组织领导体系

青岛市持续健全完善党领导全面依法治市组织机构，建立健全依法治市统筹协调、法治督察、考核评价机制，率先实现党委法治建设领导体制和议事协调机构全覆盖全贯通。

按照中央和省委安排部署，2018年12月29日，中国共产党青岛市第十二届委员会第四次全体会议通过了市级机构改革实施意见，组建了中共青岛市委全面依法治市委员会，掀开了新时代法治青岛建设新篇章。新组建的市委全面依法治市委员会，设立市委依法治市办，成立立法、执法、司法和守法普法四个协调小组，统筹推进科学立法、严格执法、公正司法、全民守法，常态化组织召开工作会议，并就相关领域法治建设工作任务统筹部署推进。

青岛市各区（市）党委法治建设议事协调机构及其办事机构均召开会议，贯彻落实上级及本级党委关于法治建设的部署要求，全面推进依法治区（市）工作。目前，各区（市）党委依法治区（市）办已全部实现实体化运作，成立独立科室开展工作。2020年11月，青岛市138个镇（街道、开发区）党委（工委）法治建设议事协调机构及其办事机构已经全部建立，在全省率先实现了党委法治建设议事协调机构市、区（市）、镇街三级"全覆盖全贯通"。

3. 加强党领导全面依法治市的统筹规划

坚持在中共青岛市委统一领导下，深入贯彻落实法治建设实施纲要，谋划和落实好法治建设各项任务。

为深入贯彻习近平法治思想，全面落实依法治国基本方略，谋划确立2021年至2025年法治青岛、法治政府、法治社会一体建设目标任务，青岛市在全省率先出台法治建设系列文件，实施《法治青岛建设实施方案（2021~2025年）》《青岛市法治政府建设实施意见（2021~2025年）》《青岛市法治社会建设实施意见（2021~2025年）》。印发法治青岛建设"一方案两意见"责任分工方案，推动10个区（市）和市直各部门各单位结合实际制订法治建设具体实施方案，逐级落实到位。

一系列规范性文件的相继出台，为发挥法治固根本、稳预期、利长远的保障作用，推进法治青岛、法治政府、法治社会一体建设，在法治轨道上推进城市治理体系和治理能力现代化，打造全国法治政府建设示范市，加快建设现代化治理样板城市，促进全市经济社会高质量发展提供了有力的法治保障。

4.注重发挥领导干部"关键少数"示范作用

2020年，青岛市在全省率先出台《党政主要负责人履行推进法治建设第一责任人职责实施办法》，对各级党政主要负责人抓好贯彻落实提出具体要求，明确在法治建设领域实行"顶格倾听、顶格协调、顶格推进"，要求各级党政主要负责人切实履行推进法治建设第一责任人职责，牵头抓好法治青岛、法治政府、法治社会系列规划文件的落地实施，不断提高深化改革、推动发展、化解矛盾、维护稳定、应对风险的能力，自觉做习近平法治思想的坚定信仰者、积极传播者、模范实践者，带头做尊法学法守法用法的模范。

在此基础上，青岛市出台《落实青岛市党政主要负责人履行推进法治建设第一责任人职责实施办法市级层面工作责任清单》，细化法治建设责任，进一步明确各部门职责边界和目标任务，分工协作，共同推进。

为进一步夯实党政主要负责人履行推进法治建设第一责任人职责，2021年又出台《青岛市党政主要负责人履行推进法治建设第一责任人职责情况列入年终述职内容工作实施方案》，构建起以向市委全面依法治市委员会专题述法和年度考核述法为主要方式，以通过"向市民报告、听市民意见、请市民评议活动"述法和利用媒体向全社会述法为有效补充的新模式，与定期检查、专项督查和下级党政主要负责人履行职责情况作为考察使用干部、推进干部能上能下的重要依据同步开展，三向并轨，确保压力得到层层传导，责任得到逐级落实。

（二）青岛市全面依法治市工作存在的不足

目前，青岛市学习贯彻习近平法治思想、加强党对全面依法治市的领导虽然已经取得了一系列显著成效，但与中央和省委要求、与人民群众需求，还存在一定差距，尚需进一步夯实法治建设的政治根基。

一是习近平法治思想学习宣传贯彻的推进力度深度还不够。部分区（市）和市直部门、单位党委（党组）理论学习中心组对习近平法治思想学习培训存在形式化、表面化问题，学习交流不足；对习近平法治思想的宣传研究阐释力度不够，通过各种媒体载体宣传展现学习贯彻习近平法治思想的经验成果不够丰富，对习近平法治思想的理论研究仍显薄弱，缺乏高质量、有深度的研究成果。

二是党政主要负责人履行推进法治建设第一责任人职责落实还存在薄弱环节。各级各部门各单位党政主要负责人对法治建设的重要性认识还存在偏差，"压力传导"还不够紧实，存在层层递减现象；述法范围有待进一步扩大，述法形式需要进一步创新完善，述法工作协调推进机制亟待进一步落实到位；述法评议制度不完善，存在只述法不评议的情况。

三是党领导全面依法治市建设制度机制尚需完善。法治建设议事协调机构的办事机构工作力量薄弱。市委依法治市办秘书处和各区（市）依法治区（市）办秘书科虽已实现独立设置，但人员力量不足。部分党委法治建设议事协调机构及办事机构成员职责定位不准、认识不清。法治督察工作压力传导不够，协调各方参与不够，跟踪问题整改力度不够。

四是法治领域改革的创新性实效性不够。个别区（市）和部门在推动改革任务落地落实过程中思想保守，满足于完成上级部署任务，在改革实践中创新性、独创性的方法举措不多，主动创新能力不足；不善于发掘基层一线探索的创新做法和典型经验，对改革成果的宣传、推广、转化不够，影响了改革的实际成效。

（三）青岛市开辟全面依法治市新局面展望

接下来，青岛市要紧扣学习宣传贯彻党的二十大精神这条主线，按照中央和省、市关于法治建设的部署安排,坚持以人民为中心、坚持服务中心大局,强化担当作为、扛牢压实责任,统筹推进法治青岛、法治政府、法治社会一体建设,在落实法治建设任务上狠着力,在优化法治营商环境上求实效,奋力推动法治青岛建设走在前、当标杆,为加快建设现代化国际大都市提供更加有力的法治保障。

一是持续深入学习宣传贯彻习近平法治思想。要把学习贯彻习近平法治思想作为长期坚持的重要政治任务,健全完善各级党委(党组)理论学习中心组学习贯彻习近平法治思想常态化机制。加强习近平法治思想的宣传解读,组织开展习近平法治思想集中宣讲活动,深入推进习近平法治思想进机关、进团体、进企业、进高校、进社区、进乡村。打造习近平法治思想研究高地。

二是持续推动党政主要负责人履行推进法治建设第一责任人职责。在党政主要负责人履行推进法治建设第一责任人职责工作中,青岛市要继续保持全省领先地位,主动当好龙头,做好表率,发挥示范引领作用。进一步明确在法治建设领域实行"顶格倾听、顶格协调、顶格推进",要求各级党政主要负责人切实履行推进法治建设第一责任人职责。坚决贯彻落实《青岛市党政主要负责人履行推进法治建设第一责任人职责实施办法》《落实青岛市党政主要负责人履行推进法治建设第一责任人职责实施办法市级层面工作责任清单》《青岛市党政主要负责人履行推进法治建设第一责任人职责情况列入年终述职内容工作实施方案》系列规范性文件,对各级党政主要负责人抓好贯彻落实提出具体要求,强化考核监督,求实效、出实绩。各区(市)和市直各部门、单位要严格落实中央和省、市关于党政主要负责人履行推进法治建设第一责任人职责的各项规定,按照述法的范围、时间、内容、方式要求,全面推进述法工作;要创新丰富述法形式,健全落实述法机制,强化述法结果运用,使述法过程成为接受监督、发现问题、督促整改的过程。

三是持续完善党领导全面依法治市建设的制度机制。出台青岛市贯彻落实市县法治建设实施意见的具体措施,推动党对全面依法治市的领导在职能配置、体制机制、运行管理上更加科学高效。不断健全完善定期会

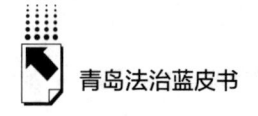

议、工作协调、信息通报、请示报告、联络员等制度机制，推动依法治市委员会及各协调小组和办公室更好地发挥职能作用。加大法治督察力度，健全法治督察与纪检监察监督协作配合机制，不断提升督察质效。加强法治建设议事协调机构及办事机构建设，充实专门工作力量，确保有专人干事、高效规范运转。

四是持续推进法治领域改革创新。进一步增强法治领域改革创新的主动性自觉性，在统筹推进法治青岛、法治政府、法治社会一体建设进程中，聚焦满足人民群众的法治获得感和幸福感，围绕以高质量法治护航经济社会高质量发展，结合自身职责和工作实际，加大改革创新力度，努力推出行得通、真管用、有实效的法治建设举措，打造一批具有青岛特色、在全国全省叫得响的法治建设品牌。

充分发挥政法机关职能作用，全面升级打造"法智谷""金智谷""心智谷""港智谷""法智蓝谷"等法治建设品牌。提升法治融合度，在中国—上合组织地方经贸合作示范区建设好"法智谷"，加快形成涉外法律服务、国际法务交流、配套产业赋能新高地；在青岛金家岭财富管理与金融改革创新试验区建设好"金智谷"，做大做强全国首个以服务保障金融业发展为特色的智慧平台，打造防治金融犯罪、防控金融风险、促进金融产业发展的新高地；建设好"心智谷"，打造心理学理论研究、实践应用、心理健康服务产业新高地；建设好"港智谷"，以社会治理、法治驱动打造航运贸易、金融文旅产业发展新高地；建设好"法智蓝谷"，加大对重要战略平台的护航力度，打造全国一流的法治化营商环境新高地。

二 健全完善地方立法制度体系

近年来，青岛市立足新发展阶段，贯彻新发展理念，主动服务和融入新发展格局，以高质量立法促进全市经济高质量发展，推动社会全面进步，为加快建设新时代社会主义现代化国际大都市提供了有力的法治保障。持续推进科学立法、民主立法、依法立法，改革创新重大行政决策法律审查体制机制，不断健全完善地方立法制度规范体系，努力让城市发展成果更好地惠及广大人民群众，一些经验做法在全省乃至全国领先。

（一）青岛市推进科学民主依法立法的探索与成效

一是坚持立法先行，引领改革创新发展。科学统筹、积极推进重点领域、新兴领域、民生领域立法。在全国率先出台地下空间开发利用管理条例，在全国率先出台中小学校管理办法，全国首创制定证明事项管理暂行规定。在全省地市中首个出台违法建设治理条例，率先推动优化营商环境、民营和中小企业发展立法，在副省级城市中率先出台历史建筑和传统风貌建筑保护利用条例。着力推动物业、客运出租汽车、困难居民基本生活救助、学校安全等民生领域立法，主动回应民生关切，努力破解人民群众关注的热点难点问题。

二是践行全过程人民民主，开展基层立法联系点扩容提质。青岛市坚持贯彻落实民主立法、开门立法。学习上海先进经验，增加了基层立法联系点数量，扩大了基层立法联系点覆盖面，从镇、街道、社区拓展到基层执法、司法机关和行业协会、商会、律师事务所等社会组织；拓展了基层立法联系点功能，从服务立法的"单功能"向推动执法、参与普法的"多功能"延伸；提升了基层立法联系点工作质量，制定了《市人大常委会基层立法联系点工作规则》，使基层立法联系点工作进一步制度化、规范化。黄岛区人大常委会获授全省唯一的国家级基层立法联系点。

三是加强重大行政决策合法性审查。在全国率先设立决策法律审查专职机构，履行对市政府行政决策合法性审查专责。出台全省首个具有"青岛特色"市级政府规章《青岛市重大行政决策程序规定》及系列制度十余件。坚持"凡决策必合法""敢于说不、善于说行"的特色审查模式，对决策程序和内容进行实质性审查，将审查思路、审查依据和沟通情况落实到合法性审查意见书，便于市政府领导全面把握决策事项权限、程序内容，保障市政府决策的合法性。2019年以来，完成各类合法性审查1280件，发现问题件319件，提出意见建议730条，无一出现违法违规问题。

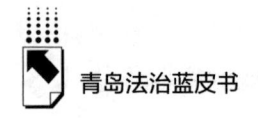

四是健全完善立法工作机制。将立法工作实践中一些有益的工作经验和做法以制度的形式固定下来，起草并印发实施了地方性法规草案公开征求意见工作规范、涉及重大利益调整论证咨询工作规范、争议较大事项引入第三方评估工作规范、法规清理工作规范、基层立法联系点工作规则等5项制度。

五是汇集立法合力，推动区域协调发展。积极贯彻落实省委、市委关于胶东经济圈一体化发展的决策部署，牵头组织开展胶东五市协同立法并取得突破性进展。在与烟台、潍坊、威海、日照等市人大常委会对接协商的基础上，推动五市人大常委会同步出台相关决定，启动并完成了首个五市协同立法项目——《海洋牧场管理条例》。该条例的出台，既为推动胶东区域海洋牧场健康发展提供了法律依据，也为加强和完善协同立法工作积累了经验。该工作在全省属于首创，在全国具有创新示范意义。山东省人大常委会给予高度认可，评价为"有特色、有亮点、有实效"的区域协同立法品牌。

（二）青岛市地方立法工作存在的问题

青岛市地方立法工作虽然取得了一些成绩，但与新形势下党和国家对地方立法的新要求、与人民群众对地方立法的新期待相比，还有一定差距。主要问题与不足之处有：人大主导立法的作用需要进一步增强，立法精细化程度需要进一步提高，立法质量和效率需要进一步提升。特别是科技创新、大数据、城市管理、民生保障等重点领域、新兴领域制度供给不足，立法实效性有待提高。对此，需要在今后的工作中认真研究，不断改进。

（三）青岛市进一步完善地方立法制度体系展望与建议

在健全完善地方立法制度体系方面，要紧紧围绕全市中心工作，服务改革发展大局，努力将立法决策与改革发展决策紧密结合。既通过地方立法推动落实中央决策部署和省委市委工作要求，推动经济社会健康稳定发展，又坚持依法立法，以合法性审查工作切实保障重大行政决策的合法性规范性，促进党委政府依法决策、依程序决策、审慎决策，并注重决策有效性。

一是进一步提高地方立法质效。坚持科学立法，让专业的人干专业的事，始终是第一位的问题。为提升立法质效，有必要进一步加强人大立法主导作用，调动社会各方专业人士广泛参与，积极探索改进法规草案起草方式。坚持改革优化立法模式，进一步采用立法机关、政府部门和专家学者"三结合"方式，成立联合起草组，共同进行法规起草、调研。积极引入第三方参与起草机制，发挥各方专业化力量作用，形成工作合力，提升地方立法工作整体质量和效率。此外，建议采用大数据助力立法决策。通过大数据量化分析，全面了解法规所规范社会关系的客观情况，准确把握民意基础，为制度设计提供客观数据支撑。

二是坚持全过程人民民主，扩大人大民主立法范畴。积极探索基层立法联系点制度创新。进一步组织开展基层立法联系点扩容提质工作。增加联系点数量，扩大联系点覆盖面，健全完善立法联系点工作规则。综合运用多种传播手段，用足用好微信等新媒体，加强立法工作全过程宣传，增强全社会法治观念、民主立法意识，增强各方面对地方立法的普遍认同。

三是巩固依法立法、依法决策改革创新成果。进一步有效落实将法律顾问或公职律师出具法律意见书作为重大行政决策必要要件。坚持实行重大行政决策计划管理，从立项起全程跟踪督导，督促决策承办单位及时规范履行公众参与、专家论证、风险评估等法定程序，并公开征求意见，扩大公众参与覆盖面。

四是不断丰富政府立法意见征求形式。坚持将听取企业、行业协会商会意见作为制定涉企法规规章规范性文件的必备程序，采取召开座谈会、论证会、调查问卷等方式，充分听取意见建议；扩大政府立法联系点覆盖面，增加行业协会商会、民营企业联系点数量，及时了解企业和行业协会商会的制度需求，建立涉企征求意见台账，完善意见研究采纳反馈机制。

五是加大基层和实地立法调研力度。坚持通过多层次、全方位、多渠道调查了解实际情况，掌握第一手资料，为法规论证修改打下坚实基础。

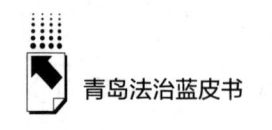

三 全力提升法治政府建设水平

近年来，青岛市坚持将法治政府建设作为全面依法治市的重点任务和主体工程，坚持法治政府建设率先突破，着力发挥示范带动作用。奋力争创并成功获评第二批"全国法治政府建设示范市"，率先在全国实现法治政府建设市、区（市）、镇街三级全贯通，率先在全国推出"政府购买法律服务督促惠企政策落实"举措，全国首创行政决策合法性审查地方标准，在全国率先实现市、区（市）、功能区安全生产清单全覆盖，在全国首推"跨域通办专窗平台"，推动政务服务事项异地可办。青岛市法治政府建设各项工作成效显著，亮点颇多。

（一）青岛市推进法治政府建设的探索与成效

1. 成功创建全国法治政府建设示范城市

举全市之力，高标准迎接全国法治政府示范创建实地考核，组织召开全市法治政府建设示范创建推进会和工作协调会，全面做好网络检索、实地核查、实地核验、案卷评查、随机抽考、座谈访谈等各项准备工作。经过不懈努力，2022年11月，中央全面依法治国委员会办公室确定了第二批全国法治政府示范创建地区和项目，青岛市获评全国法治政府建设示范市。

2. 率先实现镇街法治政府建设全覆盖

坚持把镇政府、街道办事处作为法治政府建设的前沿阵地，自2019年起，在全国率先创新建立镇街重大行政决策重大项目合法性审查和行政执法指导监督机制的基础上，连续三年先后出台《关于建立镇街重大行政决策重大项目合法性审查和行政执法指导监督机制的意见》《关于全面推进镇街法治政府建设的意见》《青岛市深入推进镇街法治建设的实施意见》三个制度性文件，建立镇街参与法治建设机制，实现了"市、区（市）、镇街"三级法治建设全贯通，并延伸至整个依法治镇街工作，为基层经济社会高质量发展提供了有力的法治保障。

3. 持续深化"放管服"改革，完善优化法治营商环境制度机制

建立健全政法机关服务保障民营经济高质量发展协作机制，出台政法机关优化法治营商环境25条措施，制订青岛市优化法治环境工作协调机制项目清单和责任清单，建立涉案企业合规第三方监督评估机制。对全市改革范围内的涉企经营事项，按照直接取消审批、审批改为备案、实行告知承诺、优化审批服务"四扇门"方式分类推进改革。出台《青岛市优化法治环境工作协调机制2022年项目清单和责任清单》，确定七方面33项工作任务，积极推动营商环境持续改善。首次编纂《青岛市法治化营商环境白皮书（2019~2021年）》，全方位展示青岛市法治化营商环境建设、发展情况。

4. 营造良好的执法监督环境

打造"复议睦万家"品牌，推动行政争议实质性化解。在全省率先出台《行政复议纠错决定履行情况回访办法》，强化依法行政内部监督，纠错决定履行率达100%。加强对全国"省市县乡"四级行政执法协调监督工作体系建设试点指导，制定《青岛市县乡三级行政执法协调监督权责清单指引》，组织开展市县乡三级行政执法协调监督工作体系建设试点，全面铺开行政执法协调监督工作体系建设试点，首次以清单化形式明确五类40项行政执法协调监督工作事项，相关工作经验被司法部宣传推广。

5. 努力实现法律服务提档升级

印发《关于加快推进公职律师工作的措施》，在全省率先搭建公职律师统筹使用平台，实现市级公职律师工作全覆盖。推动法律服务产业规模化发展。常态化做好城市新旧动能转换、优化营商环境、服务贸易创新，推进山东自贸区青岛片区等重大战略、重大项目建设法律服务工作，组建城市更新和城市建设法律服务团，围绕八大攻坚任务，成立相应工作专班，针对性满足法律服务需求。

推动涉外法律服务高质量发展。同步设立上合法律服务委员会青岛中心、"一带一路"律师联盟青岛中心。开展涉外法律服务创新，积极推动在上合示范区开展中外律师事务所合伙联营试点，设立港澳联营律师事务所分支机构。推进由山东省仲裁发展促进会、众成清泰律师事务所、中世合规研

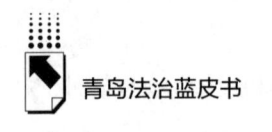

究院等四家单位联合设立青岛国际商事争议解决中心项目，积极引进高水平涉外法律服务机构。开展涉外法律服务培训，举办涉外律师培训班。

推动公共法律服务创新发展。山东省首个"一站式"法律服务超市在青岛市启用。加强《法律援助法》宣传、推广、落实，推进"全域受理、全域指派"一体化便民服务机制，升级"法援在线"系统管理平台，全省首家实现法律援助案件指派"点援制"。在全省率先出台《法律职业资格受理审查与证书发放工作服务规范》，推行"公休日预约不打烊"和预约"随时"领取资格证书服务。青岛市司法局连续四年被司法部表彰为国家统一法律职业资格考试组织工作表现突出单位。

切实提升惠企法律服务质效。打造"法惠企航"法律服务品牌，不断提升惠企法律服务工作影响力、公信力，结合企业反映的普遍性问题，分类制订涉企法律事务工作指引。制定并落实惠企政策宣讲和业务交流计划，编制《惠企法律服务制度与案例汇编》，加强工作指导。完善惠企法律平台信息录入、法治体检等功能，提升平台使用功效，组织"如何做好企业法律顾问服务"经验交流会和论坛，编印"企业及管理团队聘用法律顾问应注意的事项"指导手册。全市律师已进驻2万家企业担任法律顾问。

6. 社会治理措施有效落实

在全国率先出台完善预防性法律制度意见，创新建立的"1+1+N"矛盾纠纷排查调处新机制获评全国第六届"法治政府奖"。全力推进全国市域社会治理现代化试点城市验收迎检。深化法治公安、智慧公安建设，优化社会治安生态。《青岛市公安局关于严格规范刑事案件办理工作的意见（试行）》获评全国公安机关优秀执法制度之一。全市2100余个政务服务基层站点、1.1万余个政务服务事项实现网上全覆盖，数据开放指数位居副省级城市第一，新型智慧城市发展水平位居全省第一。规范社区矫正执法，研发全省首个线上"智慧心矫"模块，推动实现社区矫正全过程心理测评。

7. 加大依法治市宣传力度，打造"法治青风"普法宣传品牌

编发《全面依法治市工作动态》，组织各区（市）推出《法治青岛每周概览》，开展"法治镇街建设系列报道""法治政府建设示范创建系列报道"专题宣传，集中展示全市法治建设经验成果。组建全市"法治青风"千人普法志愿团，普法宣传工作凝聚力、影响力、传播力不断扩大。在全省率先实施每月一个"谁执法谁普法"特色普法宣传周活动，打造全省首个税法主题公园，不断丰富法治文化宣传阵地。

（二）青岛市法治政府建设存在的不足

虽然取得一定成绩，但青岛市法治政府建设工作仍有一些不足，依法行政水平还需提高。全市行政机关行政诉讼案件败诉率仍处在高位，行政机关负责人出庭应诉能力有待提高。公共教育、劳动就业、社会保险、医疗卫生、养老服务、户籍管理等领域部分事项尚未实现在便民服务中心办理。法律服务业发展的思路举措需要更加灵活，规模化、专业化、精品化发展还需拿出更具吸引力的政策；持续优化法治营商环境需要拿出更多硬实举措，公共法律服务体系建设运行效能仍需进一步改善。

（三）青岛市打造新时代新征程法治政府建设典范城市展望

1. 更高标准打造全国法治政府建设示范城市

巩固拓展全国法治政府建设示范市成果，开展示范创建先进集体和先进个人评选表彰工作，组织参加第三批全国、全省法治政府建设示范创建。严格落实行政执法"三项制度"，进一步深化完善镇街法治政府建设，推动"小切口"立法，完善"六个城市"建设、城市更新和城市建设等相关保障制度。依托统一的线上平台及数据库，建立合法性审查事项网上登记、审查、管理制度，提高合法性审查质量与效率。加快建设"政府法治一张网"，建成覆盖市、区（市）、镇街三级"一张网"的线上法治政府建设支撑平台。

2. 继续紧抓法治营商环境优化不放松

聚焦优化提升营商环境软实力、打造营商环境新高地，聚焦为城市更新和城市建设三年攻坚行动提供有力的法治保障，完善优化营商环境制度体

系，提升政务服务效能，加强诚信体系建设，提高执法监管水平，依法打击破坏市场经济秩序违法犯罪行为，优化法律服务供给，推动数字化转型变革与法治建设深度耦合。深化政府购买法律服务督促惠企政策落实工作机制，完善线上线下服务模式，继续为企业提供高质量政策保障。加强涉企重大行政执法备案审查办法落实，规范涉企行政执法行为，营造公开、透明、可预期的法治化营商环境。

3. 突出加强涉外法治工作

持续推进上合"法智谷"建设，设立运行上合法律服务委员会青岛中心、"一带一路"律师联盟青岛中心。召开国际商事纠纷多元化解"法仲联动"推进会，运行"一站式"国际商事纠纷多元化解决线上平台。加快推进青岛国际商事争议解决中心项目。

加强律师业规模化、品牌化建设，持续引进全国知名律所，深入推进与境外律所合伙联营。建立涉外律师人才培养机制，探索青岛市涉外法律服务业专项扶持资金保障机制，鼓励、支持青岛高端涉外法律服务人才的培养和引进，积极争取对新引进高层次涉外法律人才的政策激励和保障。持续建设立足青岛、辐射山东、服务全国、面向世界的青岛涉外法务中心，加快实现法律服务业态集聚与功能升级，形成便捷、高效、公正、经济的优质法律服务生态圈。

四 持续深化司法体制改革创新

青岛市人民检察院、青岛市两级法院和青岛海事法院等司法机关不断深化司法体制改革，全面维护社会公平正义，坚决维护司法权威，司法公信力显著提升。

（一）青岛市检察机关深化检察改革的实践探索

青岛市检察机关坚持以习近平新时代中国特色社会主义思想为指引，深入贯彻落实中央、省委、市委全面深化改革部署，按照最高人民检察院、山东省人民检察院检察改革工作具体要求，立足新时代检察工作历史方位和检察机关宪法定位，不断更新司法理念，稳妥推进司法责任制改革，法律监督工作质效持续提升，在维护社会公平正义、维护执法司法权威、提升执法司法公信力等方面取得良好成效。

1. 青岛市检察机关深化检察改革取得的成效

第一，常态化开展法律监督工作，努力实现刑事、民事、行政、公益诉讼"四大检察"全面协调充分发展。一是在刑事检察领域，认真开展刑事案件认罪认罚从宽制度试点工作。中央全面深化改革领导小组、最高人民检察院分别转发青岛市的创新做法，全国检察机关刑事案件认罪认罚从宽制度试点工作推进会在青岛召开，推广了"青岛经验"。二是在民事检察领域，持续优化听证举措。邀请与案件没有利害关系的人大代表、政协委员、人民监督员等作为听证员参加听证，参与辨析引导、劝慰安抚、化解矛盾，相关经验被最高人民检察院《检察改革动态》刊登，其听证工作方法被山东省人民检察院推广。三是在公益诉讼检察司法改革领域，探索建立"检察建议与代表建议、政协提案衔接转化机制"。该项机制体现了人大代表对检察公益诉讼工作的深度参与，有创新、有实效，可复制、可借鉴。最高人民检察院主要领导批示肯定，最高人民检察院印发《关于在部分省区市试点推广代表建议、政协提案与公益诉讼检察建议衔接转化工作机制的方案》，推广青岛市检察工作经验，并在山东省等16个省份开展试点工作。

第二，把服务高质量发展作为检察工作重要使命，进一步增强能动检察意识，更加自觉做好服务大局、保障民生各项工作。制订服务保障加快实体经济振兴发展三年行动意见和年度实施方案。在全市检察机关部署开展服务保障加快实体经济振兴发展三年行动，明确"四大检察"服务24条重点产业链、47家"链主"企业重点任务，组织开展招商引资、科技创新、高效土地利用、人才集聚、产业融资、安全生产领域"六个专项活动"。相关经验获山东省人民检察院检察长批示肯定。山东省人民检察院全文转发推广该院的意见和实施方案。

第三，推进检察数字化改革。创建"智检案件推送"系统，高效便捷

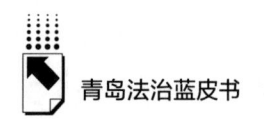

服务律师阅卷。该系统实现了在办案件实时查询、预约办理及案件办理进展信息主动推动等服务，疫情防控常态化以来发挥了巨大作用，已为省内外300余名律师办理了网上预约和异地阅卷。该系统入选全省政法系统提升全民数字素养与技能创新实践案例。

2. 青岛市检察机关推进检察改革过程中存在的不足

一是检察改革适应经济新常态的服务体系有待进一步健全完善。二是法治领域改革作用发挥还不够充分，履职不到位和监督不力的问题在有些地方和领域依然存在，与职责要求、群众期待还有不小差距。三是检察队伍整体素质还不能完全适应形势任务需要，司法不规范、不文明的"顽症"仍未根除，检察人员违纪违法问题还时有发生，纪律作风建设有待不断加强。对这些问题，青岛市检察机关将以务实的态度，采取切实措施，扎实推进改革创新。

3. 新时代新征程更好推进青岛市检察工作的展望及建议

一是持续完善司法责任制、检察人员分类管理等相关改革措施全面落地，完善刑事诉讼制度改革和企业合规试点工作。二是坚持标准化引领，开展"质量建设年"活动，强化素能训练，推进检察大数据战略，抓实检察绩效考核，推动检察工作高质量发展。三是开展"作风能力提升年"活动，坚定不移全面从严治检，严格落实新时代政法干警"十个严禁"，巩固深化政法队伍教育整顿成果，打造新时代检察铁军。

（二）青岛市两级法院深化审判改革的探索与成效

青岛市两级法院贯彻习近平法治思想和全面依法治国基本方略，坚持服务大局、司法为民、公正司法工作主线，忠实履行法定职责，努力加强自身建设，各项工作取得新进展、新成效。

1. 法院工作成效及亮点

一是为经济高质量发展创造良好的司法环境。认真落实《青岛市营商环境优化提升行动方案》，出台优化营商环境40条举措，健全国际商事纠纷多元化解、域外法查明等机制。高水平承办"上合组织国家地方法院大法官论坛",服务"一带一路"国际合作新平台建设。推动青岛破产法庭实质化运作,出台防范和打击逃废债、完善破产金融举措等意见。发挥知识产权司法保护主导作用,优化胶东经济圈创新保护一体化格局,深化智能3D证据管理系统应用。加强金融案件审理,扎实推进金融类案线上速裁改革,妥善审理涉海尔金融等互联网金融案件。

二是服务构建全面开放新格局。首度依据互惠原则承认和执行韩国法院民商事判决,切实增强外国投资者对中国法治的信心。与青岛市台港澳办建立涉台纠纷联处工作机制,通过非诉方式妥善化解涉台纠纷。主动融入"一带一路"合作新平台建设,胶州市法院获得一审涉外民商事案件管辖权,与检察院、司法局共建上合示范区法律服务保障中心,实现中院上合示范区涉外巡回审判庭实质化运行。

三是支持和监督行政机关依法行政。推动行政争议审前和解机制实体化常态化运行,深入推进行政机关负责人出庭应诉工作。将行政机关负责人出庭应诉情况纳入法治政府建设考核,全市行政机关负责人出庭率近两年来保持100%。青岛法院行政审判工作获得最高人民法院的肯定。

四是充分发挥环境资源审判职能作用,服务保障生态文明建设。健全环境公益诉讼审判机制,创新性构建诉讼与行政执法协作推动环境修复机制,推动形成生态环境保护合力。最高人民法院和山东省高级人民法院转发推广该经验做法。2022年8月,青岛中院环境资源审判庭被最高人民法院授予"人民法院环境资源审判工作先进集体"荣誉称号。

五是服务保障创新驱动发展。以青岛知识产权法庭为依托,新设威海、烟台、潍坊三处跨域巡回审判庭,与潍坊知识产权保护中心共建知识产权综合保护平台,优化山东半岛创新司法保护格局。完善技术事实查明机制,新聘技术调查官和技术咨询专家,强化知识产权审判技术支撑。坚持知识产权平等保护原则,妥善化解日本普利司通、美国高通、德国巴斯夫等国际企业提起的专利侵权纠纷,树立青岛创新保护高地的良好形象。

六是健全普法宣传长效机制。落实"谁执法、谁普法"责任制,强化青少年法治教育,参与拍摄《宣判》《人民的正义》等法治影视剧,执行题

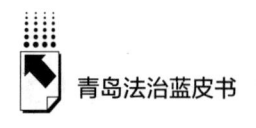

材微电影《迷踪》在全国获奖。对全国网民高度关注的"微信踢群第一案"进行全程网络直播，参与网友达6100多万人次，达到了为互联网行为"立标划线"的良好效果。

七是深化争先创优。青岛法院从思想境界、流程优化、制度创新、工作方法等方面全面对标深圳法院。2019年，全市法院共审判执行各类案件24.9万件，其中青岛市中院办理2.6万件，全市法院办案总数、青岛市中院办案总数均居山东省第一位。2020年，全市法院共办结各类案件28.4万件，其中青岛市中院办结2.8万件，全市法院办案总数、青岛市中院办案总数均居山东省第一位。2021年，全市法院共受理各类案件26.5万件，结案24.6万件，均居全省首位；其中青岛市中院收案3.2万件，结案3万件，均居全省中院首位。2022年，全市法院受理案件23.6万件，办结22.8万件，均居全省首位；其中青岛市中院受理案件3万件、办结2.8万件。

八是深化智慧法院建设和应用。推进"一号通办"改革，健全线上"一站式"诉讼服务平台。深化应用全流程网上办案系统，推广繁简分流识别、知识产权智能3D证据管理应用，推进智能化监管全覆盖，在办案系统嵌入审限预警、类案检索等功能，强化大数据分析应用，推动审判执行提质增效。在全国智慧法院建设应用高峰论坛上，青岛市中院作为唯一的中级法院代表进行经验交流。市南法院E送达系统在全国新型智慧城市创新应用大赛上获奖。

2. 目前法院工作中存在的问题与不足

青岛市法院工作中还存在一些问题和不足，主要表现如下。一是融入全局、服务发展的意识不够强，改造提升思想方法、工作方法还有明显差距。二是案件数量持续上升，司法需求日益多元，预防化解纠纷能力不足的问题仍然存在。三是司法体制综合配套改革落实还不到位，改革的系统性协同性需要进一步推进。四是基层法庭、信息化建设、辅助人员配备等短板明显，法院自身建设有待加强。五是司法作风不正、司法腐败问题时有发生，个别干警严重违纪违法影响恶劣、教训深刻，落实全面从严治党任务依然繁重。对于这些问题和不足，需要认真研究，切实加以解决。

3. 新时代新征程青岛法院改革发展预测及建议

一是持续深入学习贯彻习近平法治思想，坚定不移走中国特色社会主义法治道路。实行全战线全覆盖轮训，切实把习近平法治思想贯穿于审判执行工作全过程各方面。全面贯彻《中国共产党政法工作条例》，严守政治纪律和政治规矩，确保法院工作的正确政治方向。

二是持续打好优化法治环境攻坚战，积极服务经济高质量发展。依法保护企业家人身财产安全，妥善审理各类涉企案件，平等保护各类市场主体合法权益。打造青岛知识产权法庭创新保护品牌，发挥破产法庭助力企业纾困解难作用，进一步完善金融纠纷、环境资源、涉外纠纷审判机制，为改革创新、开放发展提供司法保障。提升破产案件办理效能。进一步健全府院联动机制，完善企业破产退出审判机制，形成公正高效的企业破产处理机制。

三是全面加强基层基础建设。坚持重心下移、力量下沉，为基层法院补充员额法官，选升三级、四级高级法官，推进基层法院资源配置更加合理。认真落实基层联系点制度，帮助解决存在的突出问题。充分发挥人民法庭诉源治理优势，出台推进人民法庭参与基层社会治理的意见，努力提升新时代人民法庭能力水平。

四是坚持总体国家安全观，促进更高水平的平安青岛建设。依法严厉打击危害国家政权安全、制度安全犯罪，依法惩治影响疫情防控各类犯罪，推动扫黑除恶常治长效。依法打击暴力犯罪和多发性侵财犯罪，始终保持对电信诈骗、非法集资等涉众型经济犯罪高压态势，让人民群众收获更多安全感。深入参与市域社会治理现代化建设，助力完善共建共治共享的社会治理新格局。

五是坚持以人民为中心，维护社会公平正义。坚持线上线下诉讼服务同时推进，推动全流程网上办案系统深度应用，推进多元解纷机制建设，满足人民群众的多元司法需求。充分保障律师依法履职，支持律师在推进法治青岛建设中充分发挥作用。充分发挥公民权利保障作用，切实解决执行难问题，持续提升司法公信力。

（三）青岛海事法院推进海事审判精品战略的实践探索

海事司法是青岛市法治建设的一大优势特色。近年来，青岛海事法院坚持围绕中心、服务大局、司法为民、公正司法，聚焦海洋强国、海洋强省和引领型现代海洋城市建设，按照山东省委提出的"打响海事法院品牌"和省法院提出的"争创一流"目标要求，紧紧围绕"把青岛海事法院做大做强做优"这一主题，立足海事司法规律和特点，突出"全球眼光、中国气派、海洋意识、中心视阈、厚生境界"五大特色，各方面工作实现新发展、新突破，在提升海事司法国际公信力和影响力、推动海事司法高质量发展方面迈出坚实步伐，取得显著成效。

1. 青岛海事司法工作成效及亮点

一是有效发挥海事司法在服务保障海洋经济高质量发展中的职能作用。积极为海上养殖、捕捞、休闲渔业发展提供司法保障，服务船舶建造/维修、海洋工程装备等产业发展，为海洋交通运输保驾护航，支持海洋能源保障能力建设，促进海洋旅游业健康发展，对接海事、海警、海洋渔业等海上执法机构，建立常态化执法司法协作联动机制，为海洋经济活动制定和输出标准，提升海事司法的国际公信力。

二是服务保障对外开放和引领型现代海洋城市建设。妥善审理涉外案件，聚力打造国际海事纠纷解决优选地。案件涉及世界五十多个国家和地区、世界十大航运公司。通过发出"海事强制令"，成功处理巴拿马籍原告与葡萄牙籍被告船舶碰撞案，产生良好国际司法效果。为中外当事人提供普惠高效精准服务，尊重保障生命健康权。优化海洋营商环境，提升青岛海洋城市国际美誉度。成功处置马绍尔籍"尼莉莎"轮扣押案，为当事人挽回巨额损失，赢得国际尊重。

三是有力推动以审判为中心的海洋环境执法司法保护机制构建。充分利用海事司法跨区域管辖的专业优势，积极行使海事行政诉讼专门管辖权，发挥海事行政审判职能作用，促进依法行政。建立海上污染事故应急处置机制，参与利比里亚籍"交响乐"轮溢油重大事故处置，最大限度降低事故造成的损失，较好发挥了保护海洋环境的职能作用。成功审结山东省首例检察机关作为公益诉讼人提起的海洋渔业资源生态损害赔偿案件。日照市检察机关诉丁某某、韩某一案是《最高人民法院、最高人民检察院关于办理海洋自然资源和生态环境公益诉讼案件若干问题的规定》发布以来，青岛海事法院受理审结的山东省第一例由检察院作为公益诉讼人提起的海洋自然资源和生态环境损害赔偿类公益诉讼案件。该案对于加大海洋环境司法保护力度、促进海洋生态文明建设具有典型指导意义。

四是加快建设国际海事司法中心。青岛海事法院全面推行海事审判精品战略，努力打造具有国际规则创设价值和世界影响力的精品案件。主动参与国际规则创设，建立精品案件生成机制，注重发挥精品案件在规范海事经营活动中的作用，着力提升海事司法国际传播力。建立海事司法数据中心，自主研发船舶扣押指挥调度平台和拍卖管理平台，为中外当事人提供方便快捷、优质高效的司法服务。发挥最高人民法院国际海事司法研究基地资源优势，会同青岛市中级人民法院举办首届上合组织国家地方法院大法官论坛，提高了青岛海事司法的国际影响力。

2. 青岛海事司法工作存在的问题与不足

青岛海事司法工作虽然在很多领域走在全国前列，但仍存在一些需要不断改进的问题。例如，海事审判工作还不能完全适应新形势新任务的需要，司法能力现代化仍有较长的一段路要走。海事服务大局的能力水平有待提高。海事司法资源优势尚未得到充分发挥。海事审判质效还有很大提升空间。审判权力运行监督制约机制还不完善。干部纪律作风建设仍需加强。

3. 更好推进青岛海事司法改革创新的展望及建议

一是深入推进青岛海事审判精品战略，努力打造国际海事争议解决优选地。构建涉海民商事、行政、刑事"三审合一"审判模式，完善海事行政审判机制、司法执法协作联动机制，加大海事司法专业人才培养力度，深入推进海事司法体系和司法能力现代化。二是牢固树立"人类命运共同体"和"海洋命运共同体"理念，平等保护中外当事人的合法权益，展现中国

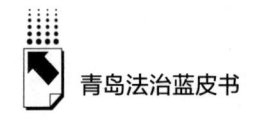

海事司法的责任担当。三是持续优化海洋法治营商环境，深入推进标准供给，推动国际船舶登记制度创新，着力服务青岛建设引领型现代海洋城市。四是贯彻落实以审判为中心的制度要求。健全海事司法执法协作联动机制，进一步解决"九龙治海"难题。五是运用司法手段促进海洋环境污染源头治理。加快巡回审判庭建设步伐，在符合条件的渔业区或者海岛设立新的巡回审判庭。

五 全面加快法治社会建设步伐

青岛市深入贯彻习近平法治思想和党中央全面依法治国基本方略，坚持推进全民守法，有效推动法治社会建设，取得了明显成效，积累了一些好经验好做法，但也存在一些问题和不足。今后要采取更有针对性的举措，全面加快法治社会建设。

（一）青岛市法治社会建设的成效及亮点

一是党对法治社会建设的领导得到全面加强。要求各级党政主要负责人切实履行推进法治建设第一责任人职责，坚决贯彻落实中央要求的法治国家、法治政府、法治社会一体推进战略部署。在全省率先组织村（社区）党组织主要负责人述法试点，实现述法工作"市、区（市）、镇（街道）、村（社区）"四级全覆盖。制定《青岛市法治社会建设实施意见（2021~2025年）》，细化落实工作责任清单，明确各部门职责边界和目标任务，加强各部门分工协作，齐心协力、统筹推进青岛市法治社会建设。

二是深入开展以宪法为核心的法治宣传教育。出台《青岛市法治宣传教育第八个五年规划（2021~2025年）》。率先在全省推出普法责任清单制，率先在省内建立"我执法我普法"工作机制，全面督导各部门各单位切实履行"谁执法、谁普法"职责。在五四广场落成宪法宣传主题雕塑，打造法治宣传教育新地标。牢牢抓住领导干部"关键少数"和青少年等"关键群体"，严格执行领导干部和公务员学法考法制度，构建学校、家庭、社会"三位一体"的青少年法治教育格局。《青岛市"打破传统思维开启农业农村普法数字化新模式"》入选农业农村部公布的全国首批农业农村普法十大典型案例。广泛开展法治进学校、进乡村、进社区、进广场、进企业"五进"活动，在全社会营造学法用法尊法守法的浓厚氛围。

三是市域社会治理现代化取得实效。全面推进多层次多领域依法治理、源头治理、综合治理，被中央政法委确定为第一批市域社会治理现代化全国试点城市。大力创建全国社会治安防控体系建设示范城市，落实公安武警联勤巡逻和"135"快速反应机制。加快市、区（市）、镇街、城乡社区四级综治中心规范化实体化建设。大力发展行业性专业性调解，在全国率先制定出台《关于社会组织设立人民调解委员会指导备案工作指引》。在全省率先探索街镇、社区和服务单位"三方签约"模式，率先推广集服务、管理、监督、测评于一体的"一村（社区）一法律顾问"在线管理平台，着力提升工作实效。在全国率先发布《社会心理服务中心（站、室）建设管理运行规范》（DB3702/T0015-2022），这是国内正式出台的首个社会心理服务体系市级地方标准，进一步提升了青岛市社会心理服务体系建设规范化、精细化、制度化水平，完善了基层社会治理和公共服务法治保障体系。

四是公共法律服务水平不断提升。深入推进简政放权、放管结合、优化服务，完善自上而下与自下而上相结合的社会管理与公共服务职能，打造融实体、网络、热线于一体的现代化公共法律服务中心，着力满足群众和市场主体的实际需求。研发并启用线上督促惠企政策落实的法律服务平台，在政策制定、政策咨询、实施监督、权益保障等方面提质增效，不断增强企业获得感、幸福感，为法治化营商环境建设保驾护航，入选"2021政法智能化建设智慧司法创新案例"。组建法律专家服务团，服务中小微企业，为企业开展法治体检。探索建立劳动人事争议跨界衔接联动解纷机制，将劳动人事争议调解工作触角延伸至村居和社区，打通公共法律服务"最后一公里"。

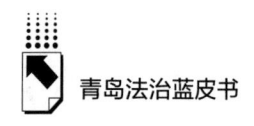

五是高度重视企业合规建设。在全国法律服务业行业主管部门率先设立企业合规指导工作机构。青岛市司法局法律顾问和法律事务处加挂"企业合规工作指导处"牌子，着力强化指导企业合规治理，引导企业依法合规经营，推进全市企业合规体系建设。这是国内行政机关内部正式设立的第一个企业合规指导工作机构。

（二）青岛市法治社会建设目前存在的问题与不足

青岛市法治社会建设也存在一些不足。例如，法治社会建设工作力量相对薄弱，基层治理行业性专业化人才较为短缺，法治社会建设领域的工作机构设置科学性合理性及其效能发挥有待提升，公共法律服务水平离人民群众的期盼和要求还有一定差距，普法工作的精准化精细化水平有待进一步提高，等等。需要在今后采取更有针对性的举措，尽快加以解决。

（三）青岛市全面加快法治社会建设展望及建议

要深入学习贯彻党的二十大精神，秉持"百尺竿头更进一步"的进取精神，强化实干、实绩、实效意识，提升干部作风能力建设水平，全面加快法治社会建设，助力打造更高水平的法治青岛、平安青岛，力争率先建成现代化治理样板城市。

一是不断巩固和加强党对法治青岛、法治政府和法治社会一体建设的领导。继续贯彻落实党政主要负责人履行推进法治建设第一责任人职责实施办法，总结推广村（社区）党组织主要负责人述法试点经验，积极打造述法工作"市、区（市）、镇（街道）、村（社区）"四级全覆盖的"青岛模式"。

二是切实抓好《青岛市法治社会建设实施意见（2021～2025年）》的贯彻落实工作。加快形成各区（市）、各部门与各单位各司其职、协同发力的法治建设工作体系，确保法治青岛、法治政府、法治社会一体建设任务落地落实。抓紧健全社会法治督察制度，更好地发挥社会法治督察员队伍作用，探索开展法治社会建设第三方评估工作。

三是全面贯彻国家机关普法责任制五项制度。将"谁执法、谁普法"

普法责任制更好地落到实处，继续完善普法责任清单制，务求更早见到实效。在全省率先实施"特色普法周"计划，尊重群众首创精神，探索新一代信息技术条件下线上线下相结合的普法新模式。

四是将法治文化建设与文明典范城市创建有机结合。着力促进现代法治元素与城市公共空间深度融合，加快培树岛城法治文化知名品牌。对中华优秀传统法律文化进行创新性发展和创造性转化，打造市民喜闻乐见的各级各类法治文化公园，努力提升基层社会法治文化阵地建设质量。

五是抓紧完善公共法律服务体系。全面推开公共法律服务分中心工作。借鉴发达城市提升公共法律服务国际化水平先进经验，加快涉外法律服务高质量发展。将全面加快法治社会建设与法治化营商环境建设工作有机结合，深入开展政府购买法律服务督促惠企政策落实工作，以更为普惠、更加优质的公共法律服务供给，切实增强中小微企业等市场主体和普通群众的获得感、幸福感。更好地服务引导企业依法合规经营，推进企业合规治理体系建设。

六是不断夯实基层社会治理的法治基石。健全网格化公共服务管理体系，提升城乡社区治理法治化、智慧化、精细化、精准化水平。将深入推进镇街法治建设和法治社会建设相结合，持续推进"一站式"矛盾纠纷调解中心建设，拓展行业性专业性调解，加强人民调解、行政调解、司法调解衔接联动，推进基层社会矛盾纠纷多元化解。深化"法律明白人""法治带头人"培养工程，完善政府购买服务和对村（社区）法律顾问公益性服务进行适当经济补贴的经费保障机制。继续争创全国"民主法治示范村（社区）"，不断提升广大群众的法治意识和法律素养。

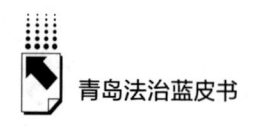

参考文献

[1] 靳方华主编《天津法治发展报告No.1（2021）》，社会科学文献出版社，2021。

[2]《更好展现城市软实力的善治效能》，《解放日报》2021年10月15日。

[3]《"法治青岛"建设展现新作为新成效》，《青岛日报》2022年10月28日。

[4]《青岛出台全国首部三级行政决策合法性审查标准》，《青岛日报》2022年8月11日。

[5]《为加快建设现代化国际大都市提供优质高效法治保障——青岛在法治中国建设中争做表率当标杆》，《法治日报》2022年11月29日。

[6] 姜福东：《全面加快青岛法治社会建设》，《青岛日报》2022年12月26日。

[7] 卓泽渊：《习近平法治思想要义的法理解读》，《中国法学》2021年第1期。

[8] 江必新：《习近平法治思想是全面依法治国的根本遵循和行动指南》，《中国法律评论》2022年第4期。

海洋法治篇

Local Marine Rule of Law

B.2 青岛市海洋立法发展报告

董跃 宋城阳 李明明 刘懿霆*

摘　要： 立法是经略海洋的重要手段，地方海洋事业发展离不开地方海洋立法。青岛作为山东半岛蓝色经济区龙头城市，做好地方海洋立法工作是确保青岛市在全球海洋中心城市竞争中脱颖而出的重要手段。近年来青岛市地方海洋立法工作顺利开展，形成了海洋环境保护、渔业管理、海岸带管理、海事管理、海洋牧场管理和无居民海岛管理等六个主要涉海法律部门，逐步健全了青岛市涉海法律体系。青岛市地方海洋立法特色鲜明，"小切口"灵活立法、区域协同立法等一系列举措取得显著成效。但不可否认的是，青岛市地方海洋立法仍存在一些问题，如立法碎片化现象明显等。应进一步完善地方海洋立法体系，加强海洋经济立法，强化管理制约，发挥激励促进作用。

---

* 本文由中国海洋大学法学院课题组撰写完成。课题组组长：董跃，中国海洋大学法学院教授，博士生导师，副院长。课题组成员：宋城阳，中国海洋大学法学院硕士研究生；李明明，中国海洋大学法学院硕士研究生；刘懿霆，中国海洋大学法学院硕士研究生。

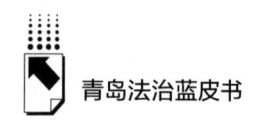

关键词： 海洋法律体系　区域协调立法　海洋经济立法

法律是治国重器，良法是善治前提。立法作为法治建设的首要环节，发挥着极为重要的作用。立法是经略海洋的重要手段，良法是实现海洋有序治理的前提。地方海洋法治工作能否顺利开展与地方海洋立法工作密不可分，实现海洋法治需要良法。本报告结合青岛市地方海洋立法最新进展，对青岛市海洋立法现状进行分析，梳理现阶段海洋立法的特点和存在的问题，并提出完善青岛市地方海洋立法的对策建议。

一　地方海洋立法的定义、依据及范围

（一）地方海洋立法的概念及意义

地方海洋立法是指具有立法权的地方国家机关，根据宪法和法律规定或者授权，从本地的政治、经济和文化生活实际出发，制定、修改和废止本地区适用的涉海地方性法规和规章的活动。

国家海洋法、区域海洋法和地方海洋法构成了世界各国海洋法体系的三个层次。国家海洋法的立法目的在于解决海洋法治的全局性问题，原则性强，但缺乏灵活性，难以根据各个地方海洋法治的不同情况作出具体规定；区域海洋法重点在于协调区域内各个地方的涉海法规，同样难以顾及区域内各个地方的现实情况，一些不宜中央和区域海洋立法解决的具体事项必须由地方海洋立法完成。

我国各地区不同的海洋自然地理条件和经济社会发展状况，决定了海洋立法必须重视地方海洋立法，充分发挥地方海洋立法工作在国家海洋法治建设中的作用。地方海洋立法的立法质量和精细化程度，是影响我国海洋法治和依法治国目标能否顺利实现的重要因素。因此，地方海洋立法越来越受到国家和地方的重视，作为海洋法律体系的重要组成部分发挥着不可替代的作用。

目前，青岛、深圳、上海、广州、天津、大连、南通等诸多滨海城市把发展成为全球海洋中心城市写入了城市规划，或者将其确定为海洋领域发展的主要目标。全球海洋中心城市构想的提出者、北京大学张春宇教授认为，当前我国临海城市的全球海洋中心城市建设工作基本处在启动阶段。大连、深圳等城市相继开展海洋中心城市法治论坛或者立法规划研究工作。做好地方海洋立法工作，是确保青岛在全球海洋中心城市竞争中脱颖而出的重要手段。

（二）地方海洋立法依据

国家对海洋事业发展的法律保障工作非常重视，《全国海洋经济发展"十三五"规划》为地方海洋立法提供了政治依据。根据《立法法》的规定，设区的市的人民代表大会及其常务委员会根据本市具体情况和实际需要，可以对城乡建设与管理、环境保护、历史文化等方面的事项制定地方性法规，这为地方海洋立法提供了法律依据。

青岛市作为设区的市，市人大及其常务委员会和市政府在党和国家的领导下，根据自身管理海洋的需求制定有关法律法规，具备充分的政治依据和法律依据。

（三）地方海洋立法的基本范围

地方立法的权限范围在《立法法》中有明确规定，《立法法》第64条以及第73条列出了地方政府规章可以作出规定的事项：一是为执行法律、行政法规、地方性法规需要制定规章的事项，二是属于本行政区域的具体行政管理事项。

根据《立法法》的这两项规定，在不同上位法抵触的情况下，地方海洋立法的范围应当控制在地方性海洋事务领域。具体来说，包括海洋经济开发、海洋管理、海洋环保、海洋自然保护区开发建设、滨海旅游、海岛管理、渔业管理、海产品安全等领域。

二 青岛市海洋立法现状

尽管国家已经通过立法制定了一系列相关的法律法规对海洋进行管理,山东省也针对本省海洋事业发展特点制定了相关的补充性立法,但这些法律法规原则性较强,不可能针对每个地市的差异作出事无巨细的安排,这为青岛市地方海洋立法留下了空间。为促进海洋资源可持续开发利用,推动海洋事业蓬勃发展,青岛市人大常委会和青岛市政府先后在近岸海域环境保护、海岸带规划、海洋渔业管理等涉海领域出台了相关法律法规,形成了海洋生态环境保护、渔业管理、海事管理、海岸带管理、海洋牧场管理和无居民海岛管理六个主要涉海法律部门,使海洋立法成为青岛立法的重要特色,走在了全省、全国前列。

(一)海洋生态环境保护立法

为解决海域生态环境问题,出台了《青岛市海洋环境保护规定》与《青岛市胶州湾保护条例》这两部地方性法规。

1.《青岛市海洋环境保护规定》

随着市场经济的发展和城市化步伐的加快,海洋环境保护工作面临的突发性海洋灾害事件压力日益增加。青岛市十四届人民代表大会常务委员会第十四次会议批准了《青岛市海洋环境保护规定》,专章规定加强胶州湾环境保护,对环境保护要求更高、措施也更严格,亮点突出、特色鲜明。

一是明确管理部门的职责。《海洋环境保护法》第5条对国家海洋环境监督管理部门的职责作了明确规定,并授权省级人民政府确定沿海县级以上地方人民政府行使海洋环境监督管理权的部门的职责。《山东省海洋环境保护条例》第4条对沿海县级以上人民政府环境保护行政主管部门、海洋与渔业行政主管部门以及海事行政主管部门的海洋环境监督职责作了明确规定。为避免重复山东省条例的规定,《青岛市海洋环境保护规定》第4条只对本市有关部门的海洋环境保护工作职责分工作了简要规定。

二是建立海洋环境保护协调机制。海洋环境保护工作涉及诸多方面,为有效组织有关部门、单位共同做好海洋环境保护管理工作，在政府统一领导下，围绕本市环境保护工作总体目标要求和需要，建立海陆联动的海洋环保工作协调机制，整合各方面资源，形成合力，提高行政效能。《青岛市海洋环境保护规定》第5条规定，人民政府应加强海洋环境保护工作领导，对海洋环境保护实施责任考核与追究制度。

三是制定海洋环境保护规划。为推动海洋环境保护工作有计划、有目的地进行，《青岛市海洋环境保护规定》第8条规定："海洋与渔业部门应当会同有关部门，根据上级海洋环境保护规划和重点海域环境保护专项规划，拟定本行政区域海洋环境保护规划，报同级人民政府批准后实施。"第9条规定了海洋环境保护规划应包含的内容。第10条规定，影响海洋环境的活动，应当符合海洋功能区划、海洋环境保护规划和重点海域环境保护专项规划。

四是对胶州湾实施重点保护。对胶州湾的保护是青岛市做好海洋环境保护工作的关键所在。加强对胶州湾及周围海域的保护工作，对于贯彻落实"环湾保护、拥湾发展"战略有重要意义。《青岛市海洋环境保护规定》根据胶州湾环境保护面临的问题，规定了最严格的环境污染预防和生态保护措施。

五是加强监视、监测网络建设。针对目前海洋与渔业、环保、海事等部门均有依法对海洋环境实施相关监视、监测的责任，《青岛市海洋环境保护规定》第19条第1款和第2款规定了环保部门和海洋与渔业部门的分工，第3款规定了应当建立海洋环境监视、监测网络，提供有关海洋环境监测和海洋环境监督管理资料，实现资源共享。

六是明确法律责任。《青岛市海洋环境保护规定》规定的行政处罚条款原则上坚持了不重复设置的原则，凡有关法律、法规已有明确规定的不再重复，对有关法律、法规没有设定处罚或者已经设定的处罚需要补充细化的，在第45~49条分别作出了规定。

2.《青岛市胶州湾保护条例》

胶州湾被誉为青岛的"母亲湾"，是青岛市"山、海、城"特色都市景观的基本要素之一，通过立法保护胶州湾，对更进一步优化城市空间布局、构建"海湾型大都市"意义重大。《青岛市胶州湾保护条例》经青岛市第十五届

人民代表大会常务委员会第十八次会议第二次全体会议表决批准，对胶州湾保护的机构与职责、规划、生态保护与修复、污染防治、监督检查等作出了具体规定。

一是明确保护范围。《青岛市胶州湾保护条例》第2条规定，本条例适用于胶州湾保护范围和入胶州湾河流及其两侧控制区域。第3条规定，胶州湾的保护范围包括胶州湾海域以及胶州湾沿岸陆域。

二是明确管理机构与职责。《青岛市胶州湾保护条例》第8条规定，胶州湾的保护管理工作实行分级、分部门管理，以市级管理为主。第9条规定，市人民政府负责胶州湾保护工作，环胶州湾以及胶州湾河流流经区域的各区（市）人民政府以及相关经济功能区管理机构负责本辖区内的胶州湾保护工作。

三是完善规划。《青岛市胶州湾保护条例》第13条规定，市人民政府应当对胶州湾保护范围内的海岸线、建设用地等资源进行战略储备，严格控制开发时序，确保土地、海洋资源的可持续利用。第17条规定，市规划部门应当根据城市总体规划和海洋功能区划，组织编制胶州湾沿岸陆域控制性详细规划。

四是加强生态环境保护。《青岛市胶州湾保护条例》第25条第2款规定，任何组织和个人不得改变胶州湾内自然岸线的属性，不得破坏胶州湾自然岸线保护范围内的礁石、滩涂、湿地以及其他自然地貌和景观。第26条规定，胶州湾保护范围内的山体、林木、湿地和绿地是禁止毁坏的。有关的人民政府、经济功能区管理机构应采取措施，提升胶州湾保护范围内森林覆盖率，增加绿地面积，防治水土流失。

五是加强监督检查。《青岛市胶州湾保护条例》第55条规定，市人民政府应当每年向市人民代表大会常务委员会报告胶州湾保护、管理情况。市人民代表大会常务委员会应当通过听取专项工作报告或者执法检查等方式，对胶州湾保护工作情况开展监督。第56条规定，市人民政府应当建立胶州湾保护目标责任、评估考核、终身责任追究等制度，并加强监督检查。

六是明确法律责任。对于违反《青岛市胶州湾保护条例》相关规定的单位和个人，第64~73条作出了详细处罚规定。

（二）渔业管理立法

为破解青岛市渔政监管难题，青岛市出台了一部地方性法规和一部政府规章，分别是《青岛市海洋渔业管理条例》和《青岛市海洋渔业安全生产管理办法》。

1.《青岛市海洋渔业管理条例》

为加强海域的统一规划和环境保护，促进海洋渔业科学技术研发与推广，保护及合理利用海洋渔业资源，促进海洋渔业可持续发展，青岛市人大于1997年制定了《青岛市海洋渔业管理条例》。

一是强化对养殖业的管理。《青岛市海洋渔业管理条例》第6条规定了具体的禁止从事养殖生产区域。第7条规定，从事养殖生产的单位和个人应当向海域、滩涂所在地的渔业行政主管部门提交相关材料并申请领取养殖证。

二是强化对捕捞业的管理。《青岛市海洋渔业管理条例》第16条规定，捕捞生产根据国家规定实行捕捞限额制度。市渔业行政主管部门负责依照捕捞限额总量，提出分解方案，报市人民政府批准后实施。市和区（市）渔业行政主管部门具体负责捕捞限额的组织实行和检查监督。

三是促进渔业资源的增殖和保护。《青岛市海洋渔业管理条例》第23条规定，人民政府应当加快渔业结构调整，向高科技渔业、休闲渔业发展，鼓励、扶持远洋捕捞业的发展，引导从事近海捕捞作业的渔民转产转业。渔业行政主管部门应当依据近海渔业资源状况，合理安排捕捞力量。第25条是有关禁渔期捕捞、制造销售禁用渔具的禁止性规定。

四是加强水产品质量监管。《青岛市海洋渔业管理条例》第28条规定，市场销售的水产品应符合国家规定的水产品质量安全标准。渔业、市场监管等部门应当依据职责分工，加强对各环节水产品质量安全的监督管理。第29条规定，禁止经营含有违禁药物或者有毒、有害物质超标的水产品。

五是促进安全生产。《青岛市海洋渔业管理条例》第34条规定，海洋渔业安全生产工作由应急管理部门、渔业行政主管部门实施监督管理。从事海洋渔业生产的单位和个人应当加强海洋渔业生产的日常管理工作，落实各

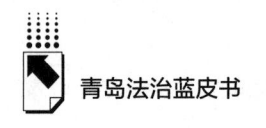

项安全生产措施，保证渔业船舶的安全性能符合有关规定。对船舶上各种机械设备应当经常维修检查，并保证各种安全设施完好齐全。

六是明确违法者法律责任。《青岛市海洋渔业管理条例》第39条规定，违反本条例第6条规定，由渔业行政主管部门实施行政处罚。

2.《青岛市海洋渔业安全生产管理办法》

《青岛市海洋渔业安全生产管理办法》规范了青岛市管辖范围内从事养殖、增殖和捕捞等海洋渔业生产及其相关活动的单位和个人进行渔业生产活动所应履行的职责，进一步强化对海洋渔业安全生产的有效监督管理，促进青岛渔业经济健康发展。

一是明确生产管理原则。《青岛市海洋渔业安全生产管理办法》第4条规定，海洋渔业安全生产管理工作，应当贯彻安全第一、预防为主的方针，坚持"管生产必须管安全"的原则。

二是构建管理体制。《青岛市海洋渔业安全生产管理办法》第3条规定，市、沿海区（市）渔业行政主管部门对渔业安全生产实施监督管理，其所属的渔政、渔港监督、渔业船舶检验机构按照有关规定，具体实施渔业安全生产监督管理工作。应急管理、公安边防、海事等行政管理部门应当按照各自职责，相互配合，做好渔业安全生产有关管理工作。

三是明确责任主体。《青岛市海洋渔业安全生产管理办法》第22条规定，市、沿海区（市）人民政府及有关部门、镇（街道办事处）、渔村（社区）、船舶所有人、经营人、船长，应当层层签订渔业安全生产责任书并落实渔业安全生产责任。

四是明确奖惩措施。《青岛市海洋渔业安全生产管理办法》第29~33条规定了相关奖惩措施。对在渔业安全生产工作中作出突出贡献的单位或者个人，依照有关规定给予表彰和奖励。

（三）海事管理立法

为解决海上交通安全管理问题，青岛市出台了《青岛市海上交通安全条例》。

青岛市海上交通管理相对滞后，与迅速发展的海上交通事业不相适应。尤其是在青岛海域出现船只泄漏污染海域事件，对海域环境保护工作产生较大威胁，对水上交通安全管理和水体污染防治工作产生了新的挑战。

一是明确适用范围。《青岛市海上交通安全条例》适用于在青岛海域航行、停泊和作业的船舶、设施以及相关人员。

二是突出近岸海域交通安全特别规定。为确保近岸旅游观光海域海上公共交通安全，《青岛市海上交通安全条例》专门设了"近岸海域交通安全特别规定"一章，通过限制各类船舶的航行区域和潜水、滑水、水上滑板、水上降落伞、帆船（帆板）的活动区域，将有关船舶和相关活动适当分离，尽量使其在近岸海域活动不交叉、不重叠，不与正常海上航行船舶争海域，防止近岸海域交通秩序混乱。

三是规范海上旅游船舶。《海上交通安全法》《国内水路运输经营管理条例》等法律、法规从不同角度和层面对海上旅游观光经营活动进行了规范。考虑到青岛市海上旅游正处于大发展、大调整阶段，特别是新类型海上旅游项目不断出现，通过《青岛市海上交通安全条例》修订，吸收有关法律法规的基本精神和内容要求，对海上旅游船舶和经营活动作出系统规定，规范海上旅游观光活动。《青岛市海上交通安全条例》第五章从海上旅游经营许可、海上旅游经营活动、海上旅游船舶安全要求、潜水经营等方面作了详细规范。

四是强化海上安全监督管理。由于地方涉海管理机关多，法律法规依据多，目前有关部门确实存在监管责任划分不清，管理职能空白、交叉等问题。为完善海上交通安全管理，尤其是近岸海域交通安全监督管理工作，《青岛市海上交通安全条例》专门设定了海上安全保障和海上应急和事故处理工作事项，进一步明确各有关主管部门的海上交通安全监督管理职能，对海事、交通运输、旅游、船舶检验、海洋和渔业、体育、公安边防和安全生产监察等管理部门和机构的监管工作进行了明确。

五是明确法律责任。坚持从重从严处罚违法行为，《青岛市海上交通安

全条例》对相关的海上违法行为，凡上位法有明确处罚规定的，按照就高不就低原则引用上位法；对上位法没有规定的，根据《行政处罚法》《行政强制法》等相关法律，设定了力度较大、措施从严的行政处罚。

（四）海岸带管理立法

为处理海岸带管理问题，青岛市出台了《青岛市海岸带保护与利用管理条例》。

青岛市对海洋中心城市打造、海洋环境保护、陆海统筹发展等的要求更高，迫切需要在海岸带规划管理、自然资源开发利用和生态保护等方面加强立法。2019年颁布的《青岛市海岸带保护与利用管理条例》内容更加全面系统，切合当前和今后的管理实际。

一是明确管理体制。2019年颁布的《青岛市海岸带保护与利用管理条例》取消了海岸带规划管理委员会和海岸带规划咨询委员会，由市城乡规划委员会进行统一管理。

二是促进规划实施。《青岛市海岸带保护与利用管理条例》根据陆海统筹方针，将与海岸带相关联的陆域范围和海域范围作为城乡规划的一部分进行统一管理；详细规定了涉海建设项目规划和用地手续的受理程序。

三是加强监督管理。《青岛市海岸带保护与利用管理条例》规定，青岛市相关管理机构必须落实完善湾长制，实现对区域内重要海域的全方位覆盖，发现问题的，及时督促开展综合整治。

（五）海洋牧场管理立法

为解决海洋牧场管理问题，青岛市出台了《青岛市海洋牧场管理条例》。

青岛市高度重视海洋牧场建设。已有在建海洋牧场27处，其中21处获评国家级海洋牧场示范区，占国家级海洋牧场总数的11%，海域总面积已达1.4万公顷，投放人工鱼礁335万空方。海洋牧场建设有助于促进海洋渔业产业结构调整，完成渔业转型改造，也有助于保护海洋生物资源，改善海洋生态环境。

2021年8月底，山东省人大常委会确定启动胶东经济圈地方立法协同工作，"海洋牧场管理立法"成为首个协同立法项目，并要求青岛市充分发挥带头作用，率先启动海洋牧场管理立法工作。为使海洋牧场得到有效管理，海洋生态环境实现有效保护，进而推动海洋经济持续健康发展，青岛市人大制定了《青岛市海洋牧场管理条例》。

一是明确海洋牧场概念、原则及管理职责。《青岛市海洋牧场管理条例》第2条根据国家相关技术规范，对海洋牧场、人工鱼礁等概念进行了明确。第5条明确了部门责任分工。

二是促进规划建设。《青岛市海洋牧场管理条例》第8条明确了海洋牧场规划的编制实施要求，应当符合国土空间规划，并与海上交通、生态环境保护等规划相衔接。第9条、第13条进一步明确海域使用权办理和海洋牧场配套设施用地的支持措施。

三是加强生态保护。《青岛市海洋牧场管理条例》第11条规定，海洋牧场人工鱼礁应当避开主要航道和重要锚地，人工鱼礁礁体材料应当符合环保标准。第26条规定，渔业养殖应当科学评估环境承载力，合理确定养殖密度和养殖方式。

四是加强监督管理。《青岛市海洋牧场管理条例》第15条规定，在海洋牧场内从事休闲渔业活动应当具备符合检验标准的船只和码头，并采取有效防护措施保障乘客的人身安全。船只应当配备规定数量的职务船员，船员持证上岗。第16条规定，建设海洋牧场平台应当按照规定办理检验手续后方可投入运营。同时明确海洋牧场平台应当按照规定核准承载负荷，限制登临平台人数。

五是强化海洋牧场管理五市协同。《青岛市海洋牧场管理条例》第6条规定，在海洋牧场规划建设、开发运营、生态保护和监督管理活动中，应当做好与胶东经济圈其他设区的市的协同工作。

（六）无居民海岛管理立法

为解决无居民海岛管理问题，青岛市出台了《青岛市无居民海岛管理条例》。

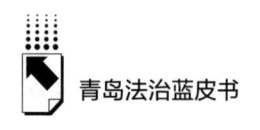

在青岛海岸线上散落着56个无居民海岛，这些海岛大都具有丰富的生物资源和旅游资源，有巨大的保护与开发利用价值。青岛市十四届人民代表大会常务委员会第六次会议审议通过《青岛市无居民海岛管理条例》，促进无居民海岛可持续利用。

一是加强海岛保护。《青岛市无居民海岛管理条例》规定，无居民海岛管理应当遵循统一规划、保护为主、限制利用的原则。

二是促进海岛利用。《青岛市无居民海岛管理条例》规定，严格无居民海岛利用的审批制度。

三是强化监督检查。《青岛市无居民海岛管理条例》明确了监督检查方式和措施。

四是明确法律责任。对于违反相关规定的单位和个人，《青岛市无居民海岛管理条例》在第24~34条作出了详细的处罚规定。

三 青岛市地方海洋立法的发展特点

青岛市拥有丰富的海洋资源，海洋经济发展潜力巨大。尽管国家和山东省已经出台了一系列有关立法规范涉海管理事项，但不可能事无巨细，这为青岛市地方海洋立法工作留下了空间。近年来，青岛市极为重视涉海地方立法，以修改调整为主，修改旧法与创制新法兼顾，坚持制定与清理并重：制定了《青岛市海岸带保护与利用管理条例》和《青岛市海洋牧场管理条例》，逐步健全了青岛市涉海法律体系；对《青岛市海洋渔业管理条例》《青岛市海洋环境保护规定》《青岛市无居民海岛管理条例》等一系列法规进行了修改与调整，顺应了青岛海洋事业发展的新形势、新变化。青岛市海洋立法具有如下特点。

（一）"小切口"灵活立法

"小切口"立法是近年来青岛市地方海洋立法的显著特色。"小切口"

立法的目的，是有效发挥地方立法补充性、试验性作用。国家立法往往从全局出发作出规范，将国家立法落实到地方，经常需要"小切口"立法来补充。面对海洋治理出现的新问题，"小切口"立法可以发挥快速灵活的优势，为相关部门迅速处理新问题提供新途径。

近年来，青岛市聚焦加快迈向"活力海洋之都、精彩宜人之城"两个城市愿景，强化"小切口"立法，修改《青岛市海洋渔业安全生产管理办法》等涉海法律法规，充分发挥"小切口"立法针对性和灵活性强的优势。立法坚持问题导向，聚焦对海洋事业发展有重要影响的渔业、海域使用等小范围突出问题，立足青岛本地海洋事业发展状况，突出地方海洋特色。

（二）区域协同立法

所谓区域协同立法，是指在特定区域内，具备立法权的国家机关在立法过程中相互协作，实现区域协调乃至统一。区域协同立法是适应时代发展需求的立法手段，可以有效解决因行政区划冲突而无法形成法律实效合力的问题。

通过立法方式与相邻地市实现"共治共理"，是青岛市地方立法的鲜明特点。青岛市人大协同胶东四市共同调研论证后，在《青岛市海洋牧场管理条例》中确定了需出台协同管理举措的"显性条款"，开创了青岛地方海洋立法高质量发展的新局面。

（三）保障人民群众参与立法

地方海洋立法关涉本市海洋经济发展和海洋环境保护，与人民群众的利益密切相关。青岛市在立法过程中重视向社会公开征询采纳群众意见，回应群众关切，保障人民群众参与地方海洋立法。在《青岛市海岸带保护与利用管理条例》制定过程中，回应市民提出的增加社会监督内容，特别增加一条规定。

（四）聚焦环境保护，重视资源利用

尽管青岛市海洋资源十分丰富，但海洋生态系统较为脆弱，遭到破坏后

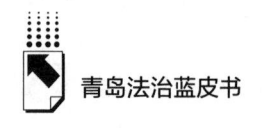

的恢复会耗费大量人力物力。青岛市非常重视环境保护和自然资源开发利用立法。市人大先后颁布了《青岛市海洋环境保护规定》和《青岛市胶州湾保护条例》，对海洋环境和胶州湾自然生态保护工作作出明确规定，并通过《青岛市海洋牧场管理条例》等一系列立法规制海洋资源开发利用，实现了海洋开发与海洋环境保护兼顾，贯彻落实了"绿水青山就是金山银山"理念。

（五）顺应青岛海洋事业发展新要求

随着时代发展，海洋事业管理中出现了新问题，一些法律适用出现困难。因此，青岛市制定了《青岛市海岸带保护与利用管理条例》，该条例和《青岛市海域使用管理条例》顺应了新时代青岛市海洋事业发展的新要求。

（六）以地方法规为主、政府规章为辅

在青岛市地方海洋立法体系中，地方法规起到了主要作用，政府规章则起辅助作用。青岛市政府先后出台了《青岛市海洋渔业安全生产管理办法》《青岛市海上旅游管理规定》《青岛市水上旅游客运管理规定》三部涉海地方政府规章，后两部规章目前已经失效。

四 青岛市地方海洋立法存在的问题

（一）海洋立法碎片化明显

青岛的海洋立法以海洋环境保护和海洋开发利用为主线，具有鲜明的功能性、碎片化特征。这是由于地方立法层级较低，突出实用性和特色性。涉海法规的制定，通常是在地方有关部门的立法条件较为成熟之时，往往成熟一个、制定一个，但地方海洋立法是一个整体性工程，这种部门主导的碎片化立法模式忽视了地方海洋开发治理的整体性与协调性，使得地方海洋立法受部门利益影响。

（二）海洋立法调整对象偏离

海洋立法调整的对象主要是管理者而非开发者，目的是协调海洋事务权力关系，以实现综合治理。尽管青岛市海洋管理立法范围涵盖了包括近岸海域环境保护、海岸带规划、海洋渔业管理等各个领域，但这些法律大都是规制海洋开发者的管理法，缺少调整海洋管理关系的立法，使青岛市地方海洋立法体系不完整，也使海洋管理者缺乏法规制约。

（三）缺乏激励措施

我国地方立法往往重视规定责任和惩罚措施，对激励措施的作用重视不够。青岛市现有涉海立法中，只有《青岛市海洋渔业安全生产管理办法》第 29 条的模糊性规定，对在渔业安全生产工作中作出突出贡献的单位或者个人依照有关规定给予表彰和奖励。激励措施可以有效提高海洋开发参与者发展生产、保护环境的积极性，对地方海洋事业发展有不可忽视的作用，立法者理应重视将激励措施体现在地方海洋立法中。

（四）法律法规结构不统一

附则是法律法规的重要组成部分，它对保障法的实施具有重要意义。完整的法规附则应该包括专有术语的定义、适用范围的说明、补充规定等。地方海洋法规具有很强的技术性和专业性，附则部分尤为重要。目前青岛地方海洋法规中"附则"部分规定较为混乱：有的法规缺少附则部分，有的法规附则部分仅有本法施行时间这一条规定，有的法规将应当规定在附则部分的名词术语规定到了总则部分，未能充分发挥"附则"应有的作用。

（五）海洋立法数量较少

目前青岛涉海相关立法主要有《青岛市海洋渔业管理条例》《青岛市海洋牧场管理条例》《青岛市海岸带保护与利用管理条例》等七部地方性法规和《青岛市海洋渔业安全生产管理办法》一部地方政府规章。青岛作为山

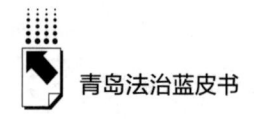

东乃至国家的重要港口城市，拥有巨大的海洋经济体量，目前的立法数量难以与之相匹配，也与青岛市建设全球海洋中心城市的诉求不相适应，影响了青岛市海洋法治事业的发展。

（六）海洋法律体系不完备

青岛市海洋立法主要集中在海洋特殊区域管理、渔业管理、海洋环境保护这几个部门，海洋旅游休闲娱乐、海洋资源开发等部门尚未制定相关法规。随着青岛市海洋开发事业的蓬勃发展，已有的法规不足以应对海洋管理利用的新形势和新问题，亟须建立完备的海洋法律体系。

（七）对发展海洋经济的重视不足

当前，中国海洋经济正在经历从高速发展向高质量发展的重要转变。2018年7月，青岛市颁布了《大力发展海洋经济 加快建设国际海洋名城行动方案》。青岛海洋经济年均增速15%以上，海洋生产总值稳居全国前三。然而，青岛市对海洋经济立法保障的重视程度还不够。行政主导、政策推动等传统手段可以在某些方面解决发展海洋经济遇到的问题，但这种方式解决问题的效果不佳。随着青岛市海洋立法部门的逐步完善，加强海洋经济立法工作已经迫在眉睫。

五 青岛市进一步完善地方海洋立法的对策建议

（一）立法加强对管理者的制约

通过立法规范海洋管理者的权责利关系，厘清各涉海管理部门的权责界限，逐步把海洋管理立法重点从约束海洋开发者转移到约束海洋管理者，防止涉海管理者出现政策过度竞争、政策兑现失信等行为，从而达到通过立法有效约束和督促各管理部门行动的效果。

（二）通过立法发挥激励措施的促进作用

对于破坏海洋管理的行为主体，应采取严格的惩罚措施，但对于保护海洋环境、促进海洋产业发展等为青岛市地方海洋事业进步作出突出贡献的主体，应采取激励措施并体现在各涉海部门立法中。

（三）构建完整科学的立法体系

开展青岛市涉海法规完善工作，逐步建立完善的涉海立法体系。参照其他城市已出台的地方性法规和地方政府规章，在海洋旅游休闲娱乐、海洋资源开发等领域制定相关法规。在构建本市海洋立法体系过程中，重视立法的民主性和科学性，立法草案要广泛听取民众和相关领域专家的意见和建议，防止出现盲目立法情形；立足青岛市海洋事业发展全局，做好立法前期调研工作，明确立法所要解决的问题，保证立法的可行性，真正为青岛建设现代海洋城市提供法治保障。

（四）重视海洋经济立法

青岛市应加强经济立法，促进海洋经济发展。可以通过青岛市人大及政府促进经济立法，制定保障青岛市海洋经济发展的专门条例，填补青岛市海洋经济立法空白。相关立法要在海洋强市战略基础上，从海洋经济发展实际出发，坚持问题导向，明确海洋经济发展定位，紧紧围绕保护与促进青岛海洋经济产业发展这一目的，为青岛市发展海洋经济保驾护航。

参考文献

［1］王建廷：《我国地方海洋立法技术分析》，《海洋环境科学》2009年第1期。
［2］徐艺丹、孔昊、侯昱廷：《新时代厦门海洋经济发展地方立法初探》，《海洋开发与管理》2019年第9期。
［3］刘乃忠、戴瑛：《辽宁省海洋管理地方立法研究》，《学理论》2010年第36期。

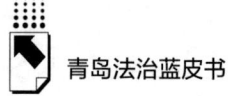

［4］《海洋立法特色突出——市人大常委会制定一系列法律法规推动海洋资源的可持续利用》，2011年5月19日，［2022-10-15］，青岛市人大，http：//rdcwh.qingdao.gov.cn/n8146584/n31031326/n31031341/150821235036775630.html。

［5］《〈青岛市海上交通安全条例（修订草案）〉及说明》，2014年5月6日，［2022-10-16］，青岛市人大，http：//rdcwh.qingdao.gov.cn/n8146584/n8393575/n8395741/150821164830754018.html。

［6］《〈青岛市海岸带规划管理条例（草案）〉及说明》，2018年11月2日，［2022-10-16］，青岛市人大，http：//rdcwh.qingdao.gov.cn/n8146584/n8393575/n8395741/181102145954520225.html。

［7］《〈青岛市海洋牧场管理条例（草案）〉及说明》，2021年10月25日，［2022-10-16］，青岛市人大，http：//rdcwh.qingdao.gov.cn/n8146584/n8393575/n8395741/211025144920515648.html。

B.3
青岛海事司法发展报告

吴锦标 牛萌 于昊 等*

摘 要： 近年来，青岛海事法院致力于构建"一二三四五"海事司法新格局，服务海洋经济高质量发展和高水平对外开放，保障海洋强国和贸易强国战略实施，打造忠诚干净担当的海事司法"铁军"，较好地发挥了海事司法职能作用。青岛海事司法工作的亮点和取得的成效主要体现在：提炼海事裁判标准，完善繁简分流多元解纷机制，提升海事行政审判与海洋环境资源审判水平，服务保障青岛自贸片区高质量发展，妥善处置重大系列案件，打造船舶扣押监管全流程新模式，擦亮"书香法院"品牌。今后，青岛市将全力推动海事司法高质量发展，青岛海事法院将全面强化思想政治建设，全面夯实审执主责主业，突出服务保障高水平对外开放和海洋经济高质量发展两大重点，全面锻造干警专业素养，加快培养高层次海事司法专业人才。

关键词： 青岛海事法院 海事司法 海洋经济 对外开放 海事审判精品战略

近年来，青岛海事法院坚持以习近平新时代中国特色社会主义思想为指导，深入学习宣传贯彻党的二十大精神，全面贯彻落实习近平总书记对山东

---

* 本文由青岛海事法院课题组撰写完成。课题组组长：吴锦标，青岛海事法院党组书记、院长。课题组成员：牛萌，青岛海事法院研究室副主任。执笔人：于昊，青岛海事法院研究室法官助理；娄雅灵，青岛海事法院研究室法官助理；吕晨昊，青岛海事法院研究室法官助理。

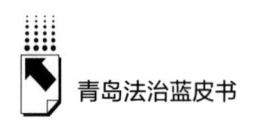

和青岛工作的重要指示要求，锚定"走在前、开新局"，主动服务和融入新发展格局，在山东省委的坚强领导、青岛市委和山东省高级人民法院党组的有力指导下，围绕省委提出的"打响海事法院品牌"，全力服务保障国家战略和海洋经济高质量发展，为青岛市建设引领型现代海洋城市和新时代社会主义现代化国际大都市贡献海事司法力量。

一 青岛海事司法发展现状

作为国家首批设立的六个海事法院之一，青岛海事法院管辖区域涉及山东沿海七个地级市和所有港口，专门受理辖区发生的一审海事海商、海事行政和海事刑事案件。近年来，每年收结案数量均在4000件左右，稳居全国海事法院系统前列。青岛海事法院通过各类案件的审理，较好地发挥了海事审判的职能作用，为海洋经济高质量发展和高水平对外开放提供了有力的海事司法保障。

（一）贯彻新发展理念，构建"一二三四五"海事司法新格局

1. 突出"一个重心"

2021年6月23日，山东省海洋强省建设工作会议明确提出"打响海事法院品牌"目标任务。青岛海事法院全面落实省委、青岛市委决策部署和工作安排，将做大、做强、做优青岛海事法院作为工作重点，以推进涉海纠纷全领域管辖为工作重心，积极推动海事审判"三合一"试点工作改革，将青岛"4·27"碰撞溢油重大事故所涉海事行政、民事、商事、刑事案件，全部导入诉讼程序，依法审查处理。依法行使海事行政诉讼专门管辖权，运用司法建议手段有效理顺全省海事行政案件管辖体系，三年（2020~2022年）来，审结海事行政案件154件，全面规范海洋行政执法机制建设。

2. 激活"两种功能"

青岛海事法院将维护社会公平正义的司法功能与服务海洋经济高质量发展的经济功能有机结合，推动两大功能同向发力。依法审理全球首件全潜式

渔业养殖装备"深蓝一号"案，为深海渔业养殖装备技术指标的设定提供司法支撑。建立海事司法文库编纂制度，推出中英双语海事审判白皮书，将典型案例、优秀文书翻译成外文，面向国际社会发布，提升了海事司法国际公信力和影响力。以实施海事审判精品战略为契机，积极打造国际海洋治理的"中国范本"。在"塔利门"轮案中，通过实施海事禁诉令，一揽子解决包括英国禁诉令在内的国际纠纷。《中国日报》《法治日报》等30余家中央、省、市媒体予以集中报道。

3. 做好"三个连接"

青岛海事法院作为专门审理涉外涉海纠纷的司法机关，在全球经贸往来和法治文化沟通交流方面具有独特地位：一头连着港口航运贸易金融，一头连着全球资源；一头连着国内大循环，一头连着国内国际双循环；一头连着国内法治，一头连着涉外法治。青岛海事法院秉持"人类命运共同体"和"海洋命运共同体"理念，准确适用域外法律和国际条约、国际惯例，平等保护中外当事人合法权益，三年来，依法审理涉外案件982件。在法国达飞海运纠纷案中，充分参照国际公约《海牙规则》，认定法国达飞公司符合我国法律规定的免责情形，为国际航运提供了有力的司法保障。

4. 发挥"四项职能"

一是发挥对外开放的法治引领保障职能。在马绍尔群岛籍"尼莉莎"轮扣押案中，青岛海事法院灵活运用船舶扣押手段，为涉事希腊、新加坡、印度等六方利害关系人挽回4000万美元巨额损失，利比里亚籍新船东天际国际集团公司特意将轮船更名为"尊重"，向中国法治致敬，该案例被两度写入最高人民法院工作报告。二是发挥涉外涉海资源的配置职能。通过与青岛市委海洋发展委员会联合签署《服务保障青岛海洋经济高质量发展战略协作框架协议》，青岛海事法院提供涉外企业"信息包"，与青岛市"双招双引"的"政策包"对接，实现精准招商引资与招才引智。三是发挥全球海洋争端解决机制职能。青岛海事法院审理的涉外案件覆盖包括美国、英国、法国等主要经济体在内的世界50多个国家和地区。2022年11月25日，依法拍卖涉案金额达123亿元的原泰国籍"诺丹娜·安德里亚"轮，实现

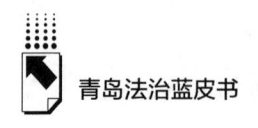

了青岛海事司法领域涉《区域全面经济伙伴关系协定》（RCEP）执行案件的首次突破。四是发挥涉外人才培养支持职能。依托最高人民法院国际海事司法研究基地，与青岛西海岸新区、海事局、港务局等部门建立人才联合培养机制，为青岛培养"懂外语、懂国际贸易和航运规则、懂国内法和国际法"的"三懂"人才队伍提供支持。

5. 彰显"五大特色"

海事法院作为全球唯一由国家设立的审理海事纠纷的专门法院，具有鲜明的中国特色和制度优势，同时海事司法又带有很强的国际性、专业性、涉外性。青岛海事法院始终坚持"全球眼光、中国气派、海洋意识、中心视阈、厚生境界"特色发展。在"北极星1"轮案中，面对外籍船东弃船、外籍船员弃管的局面，青岛海事法院坚持国际人道主义精神，及时向船员提供生活物资，并成功将外籍船员遣返归国，展现中国海事司法的大国风范和责任担当。在"春雪"轮船舶碰撞案中，案件双方当事人放弃新加坡管辖协议，主动选择青岛海事法院管辖。青岛海事法院自主研发的船舶扣押拍卖管理平台，作为全国海事法院首创，重塑船舶扣押、监管、鉴定等六大节点，打造"互联网+"船舶管理新模式，入选最高人民法院智慧法院建设成果巡礼。

（二）立足新发展格局，服务海洋经济高质量发展

青岛海事法院依法审理涉海纠纷，积极规范行业秩序，为山东省和青岛市海洋经济高质量发展提供司法保障。

1. 海洋渔业

聚焦国家粮食安全、树立大粮食理念，积极服务青岛国家深远海绿色养殖试验区建设，为海上养殖、捕捞、休闲渔业发展提供司法保障。三年来，共受理涉海洋渔业案件2704件。成功审结青岛国家深远海绿色养殖试验区"深蓝一号"渔业设备建造合同纠纷案，依法判定网箱两次倾斜和网衣破损责任，促成双方握手言和，使深海养殖项目得以顺利推进，为全球首座全潜式深海渔业养殖装备成功应用和山东省海洋渔业走向深蓝、深耕深蓝、向大海要食物提供了司法支持。

2. 海洋旅游业

支持海洋旅游新业态创新发展，服务青岛中国邮轮旅游发展实验区建设。聚焦旅游便捷安全、市场规范有序，推动旅游产业繁荣发展。三年来，受理涉海洋旅游经营案件344件。依法审理盛世飞洋游艇泊位租赁合同纠纷案，认定各方责任，规范游艇行业运营秩序，为青岛奥帆中心附近泊位实现规范管理提供了司法支持。妥善处理"蓝海明珠"豪华游轮改建合同纠纷，该案涉及承包、租赁、合伙等诸多法律关系，关联群体众多，利益冲突激烈，青岛海事法院查明事实后依法判决，通过法治手段化解了青岛旅游产业中的"老大难"。

3. 海洋工程装备及船舶制造业

船舶工业作为国民经济和国防建设的综合性战略性产业，是实施海洋强国和制造业强国的重要支撑，青岛海事法院依法保障深远海养殖装备等新兴海洋装备制造业、青岛船舶建造行业健康发展。三年来，共受理涉船舶工程案件703件。成功审结标的额为12亿元的青岛北海船舶重工船坞建造合同纠纷案，作出了6万字的裁判文书，案件最终以自动履行方式结案，保障了船舶工业的有序发展。准确审理范某某打捞钢材案，震慑了针对造船企业的不法行为，维护了企业生产秩序。

4. 海洋交通运输业

聚焦人畅其行、货畅其流、人货安全、建设世界一流港口，积极为海洋交通运输保驾护航，支持海上交通运输良性发展，推动国内外海上运输规则衔接，保障国内国际双循环体系构建。三年来，共受理海上运输案件1517件。成功审结"天鹰座"轮大豆货损纠纷案，该案涉及中国、巴拿马、新加坡、英国、巴西等多个国家，经过审理判决，确立了对大豆货损案具有广泛指导意义的国际裁判规则，为此类货物的国际海上运输提供了行业示范指引，获得了中外当事人的较高评价，提升了中国海事司法的国际公信力。

5. 海洋能源产业

聚焦海洋资源开发利用、国家能源安全、开发与保护并重，积极为提升能源保障能力提供支持。三年来,受理涉海洋能源产业案件371件。妥善处理了货值1.1亿元的原油交付案,依法向外国船东发出海事强制令,责令利比里亚籍船东根据约定交付原油,有效保障了我国企业的正当权益,维护海洋能源产业秩序。积极服务海上风电等新能源全产业链发展。依法审理中国电建集团中南院运输合同纠纷案,对风电设备的海上运输标准作出规范,保障了山东省首个平价海上风电项目顺利推进。

(三)服务高水平对外开放,保障贸易强国战略实施

海事审判工作具有国际性、专业性、涉外性强的特点,处在改革开放最前沿,事关国家主权安全,事关国家海洋权益,事关高水平对外开放。青岛海事法院通过妥善审理涉外案件,打造国际海事纠纷解决优选地,为高水平对外开放提供法律保障。

1. 搭建高水平对外开放服务平台

根据青岛市委政法委统一部署,积极参与上合"法智谷"建设,提供信息资源支持和司法服务保障。运用智慧法院建设成果,汇集海洋、海事、海警等涉海行政机关的信息数据,建立海事司法数据中心。积极推进域外法查明中心建设。与山东大学、华东政法大学、大连海事大学、上海海事大学、蓝海法律查明和商事调解中心等院校、机构签订域外法查明专项合作协议,建立快捷权威的域外法查明机制,为高水平对外开放提供涉外法律支持。充分运用海事司法资源,整合涉海法律服务力量,组织召开"服务海洋经济高质量发展"研讨会、山东涉海律师座谈会,就涉外海事审判焦点问题进行交流探讨,吸引涉外法律服务资源向青岛聚集。

2. 建立高水平对外开放服务机制

青岛海事法院与青岛自贸片区管委会签署合作备忘录,设立青岛海事法院青岛自贸片区审判区,在海事司法、理论研究、产业平台建设、人才培养等方面开展合作,协同推进国际海事司法研究基地、航运交易所建设,打通航运信息壁垒,共同培养高层次涉外法治人才,打造国际海事纠纷解决优选地、国际海事司法研究高地,共同推动山东自贸试验区青岛片区高质量发

展,探索可复制可推广的自由贸易"青岛经验"。落实国际司法协助工作试点任务,依法受理、快速办理中外当事人在仲裁前或仲裁中提出的财产保全、证据保全、行为保全等临时措施申请,依法承认与执行外国仲裁裁决,搭建起涉外海事海商纠纷高效、便利的解决通道。

3. 平等保护中外当事人合法权益

依法为中外当事人提供普惠均等、高效便捷、智能精准的司法服务,充分彰显中国气派。在利比里亚籍"狮子"轮系列案件中,因船东宣布弃船,船上21名外籍船员陷入困境。青岛海事法院迅速指定船舶临时管理人,为船上提供充足补给和医疗所需,不仅解决了船员工资等问题,还积极与外国驻华使馆、国际劳工组织以及外事、公安、海关等部门协调,顺利将21名外籍船员遣返回国,受到当事国的称赞。坚持生命至上,尊重和保障生命健康权。在外派塞内加尔的船员劳务合同纠纷案中,依据《民法典》关于保护生命权、健康权的规定,依法作出判决,有效维护了船员的合法权益。该案在最高人民法院海上丝绸之路(泉州)司法合作国际论坛上被确定为典型案例。

4. 完善国家海洋权益保护手段

"海事强制令""船舶扣押"是海事司法特有的法律制度,海事法院可以通过发出海事强制令纠正扣留船舶、船载货物、海运单证等违反法律规定和合同约定的行为,通过船舶扣押迅速解决国际纠纷,以此反制西方国家的"长臂管辖"和经济制裁措施,彰显我国司法权威。三年来,青岛海事法院发出海事强制令13次,扣押船舶593艘,其中外轮37艘。在巴拿马籍原告与葡萄牙籍被告船舶碰撞案中,被告在本院应诉后又在澳大利亚联邦法院提起诉讼。本院依据原告申请,通过发出"海事强制令"禁止被告在澳大利亚另行提起诉讼,促成双方达成和解,产生了良好的国际司法效果。

(四)坚持全面从严治党,建设忠诚干净担当的政法"铁军"

青岛海事法院深入学习贯彻习近平法治思想,牢牢坚持党对司法工作的绝对领导。认真落实"第一议题"制度并一以贯之,及时跟进学习贯彻习近平总书记重要讲话、重要指示批示精神,不断提高政治判断力、政治领悟

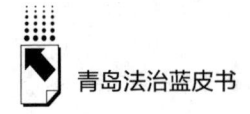

力、政治执行力，增强"四个意识"，坚定"四个自信"，做到"两个维护"，捍卫"两个确立"。强化政治机关意识，把全面从严治党要求贯穿人民法院工作始终，深入学习贯彻《中国共产党政法工作条例》，严格落实重大事项请示报告制度，做到在党的领导下依法独立公正行使审判权。全面落实司法巡查反馈整改工作，实施基层党组织组织力提升工程，规范基层党组织建设，发挥党员先锋模范作用，树立"党的一切工作到支部"的鲜明导向。

紧紧围绕习近平总书记关于文化建设的重要指示要求，把文化建设融入法院工作各个方面。高标准建成"海洋法治教育基地"，打造学习型法院、学习型法官。"书香法院"文化建设项目获评"全国法院文化建设特色项目"，三人分别获评"齐鲁最美法官""全省优秀法官""全省法院先进个人"称号。扎实有力开展队伍教育整顿。把政法队伍教育整顿作为一项重大政治任务，着力抓好"筑牢政治忠诚、清除害群之马、整治顽瘴痼疾、弘扬英模精神"四项任务。对695件重点案件展开两次评查，梳理出五大类57个问题，推动查纠整改落实落地。研究制定《队伍教育整顿顽瘴痼疾专项整治实施方案》，聚焦重点领域、重点环节存在的11个方面突出问题，制订40项措施精准整治顽瘴痼疾。找准队伍教育管理监督的短板漏洞，建立完善各类规章制度30余项。围绕青岛市委"作风能力提升年"活动，用好监督执纪"四种形态"，五年来，对司法鉴定机构选择、建设项目招标等活动监督330余次。始终保持正风肃纪越来越严的高压态势，不断擦亮"清风徐来、廉自盛开"廉政品牌，努力打造忠诚干净担当的海事法院"铁军"。

二 青岛海事司法高质量发展的典型经验

青岛海事法院充分发挥对外开放的法治引领功能、涉海涉外资源的配置功能、全球争端解决机制功能、涉外人才培养支持功能，在海事司法服务保障海洋经济高质量发展、服务保障高水平对外开放等方面发挥了重要作用，多项工作走在了全国、全省前列，积累了一批可复制、可推广的好经验好做法。青岛海事司法高质量发展的典型经验主要体现在如下八个方面。

（一）提炼海事裁判标准，对接国际经贸规则

为贯彻落实党的二十大关于"稳步扩大规则、规制、管理、标准等制度型开放"的战略部署，近年来，青岛海事法院通过提炼裁判标准为企业参与国际竞争提供规则指引，蹚出了一条具有中国特色的实践路径。"标准供给"工作被最高人民法院《司法决策参考》和简报选用，写入山东省高级人民法院工作报告，入选"山东法院司法改革这五年"典型案例，并被多家中央、省、市级媒体报道。

1. 围绕规则，摸清行业实情

针对中国港航企业在国际海运交易中面临的困境，青岛海事法院主动担当作为，立足审判实际，与青岛自贸片区共建创新协作机制，创立了由标准合同资料库、海事审判案例库、涉外仲裁案例库、模板案例资料库组成的"四库"模式，将已有的具有中国特色、能够有效解决中国问题的裁判规则进行加工提炼转化，推动"海事法院—港航企业"协同推进大格局全面形成。

2. 立足需求，供给司法标准

充分发挥港航企业实践检验作用，通过书面反馈、现场座谈方式，与青岛港、烟台港、东营港等山东省各个港口单位、航运企业、海工企业对接，听取企业需求，改进供给模式。目前，青岛海事法院已形成八大类合同范本，均被纳入山东港口集团合同管理平台，在山东省沿海各大港口推广使用，得到了包括前湾集装箱码头在内的港口企业的高度认可，目前已运用标准供给文本签订合同超 2000 份。

3. 聚焦实践，强化维权能力

依托海事司法标准供给文本，港航企业对涉外贸易合同中各项条款法律风险的认识更加清晰，有效降低我国涉外涉海企业经营中的法律风险，有效提高我国企业在国际航运贸易中的话语权。例如，海事司法标准供给文本通

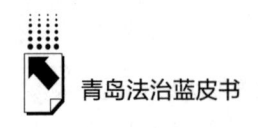

过对留置权的界定、对监管货物占有等条款的详细解读，实现了质权和留置权利益维护的平衡，切实维护了港口的合法权益。近年来，青岛港通过行使留置权，有效维护了自身合法权益。

（二）服务保障青岛自贸片区高质量发展

为深入贯彻落实党的二十大报告关于加快建设贸易强国的重大部署，青岛海事法院与中国（山东）自由贸易试验区青岛片区管委会签署合作备忘录，共同推动中国（山东）自由贸易试验区青岛片区高质量发展。

1.设立青岛自贸片区审判区

青岛海事法院设立青岛自贸片区审判区，旨在打造自贸区对外开放的窗口、自贸区平等保护中外当事人合法权益的高地及海洋法治科普基地。通过庭审观摩、公开宣判、新闻发布会、海事法律报告、海事司法文库等形式，推进海事司法资源有效配置，不断提升海事司法透明度，以高质量的海事司法服务保障青岛自贸片区高质量发展。青岛自贸片区审判区作为全国海事法院首个设立的自贸片区审判区，实现了海事司法资源与自由贸易试验区建设的深度融合，为新时代海事司法工作提供了鲜活样本。

2.建设国际海事司法研究基地

高标准建设"最高人民法院国际海事司法研究基地"，搭建国际学术研究交流平台，组织重大理论问题学术研讨，加大对外宣传与交流力度，召开重大国际海事司法会议，增强制度和解释国际规则的国际话语权，主动对接国际学术机构、国际金融机构以及国际海事、海商、海运、船舶制造等机构和组织，吸引其来自贸片区设立亚太大区分部和地区分支机构。

3.协同开展制度创新

将制度创新作为服务保障青岛自贸片区创新发展的首要任务，聚焦航运金融、国际船舶运输、国际船舶登记管理、国际航运经济等海洋经济领域，开展国际船舶登记制度改革和第二船籍港制度政策研究，探索复制推广"船舶扣押预担保"创新举措，探索设立"船员司法救助资金池"，为开展航运政策制度创新提供司法研究保障。目前，青岛海事法院自主研发"互联网+"船舶扣押拍卖管理新模式,已作为中国(山东)自由贸易试验区制度创新成果被省政府在全省推广。

4. 培养高端涉外人才

充分激活青岛自贸片区在高水平经贸人才、法律人才、航运人才引进、培养政策方面的优势,增强自贸片区对高端人才的吸引力,形成人才集聚高地效应。通过双向交流、司法实践、课题研究、共建基地等形式健全高层次涉外人才培养机制,构建复合型海事人才培养实践基地,共同培育懂外语、懂国际经贸规则、懂国内国际法的涉外涉海法治人才、高端航运服务业技能人才。

(三)构建海事行政审判工作新格局

青岛海事法院坚持以实质性化解行政争议为目标,充分发挥海事行政审判职能作用,行政审判工作取得新进展。

1. 明确案件管辖范围,海事行政审判职能作用明显提升

明确海事行政案件的受理范围,向山东省高级人民法院报送《关于明确海事行政案件受理范围的请示》,召开海事行政审判工作座谈会,加强海事行政案件受案范围的宣传和解释工作,监督全省海事行政机关准确告知当事人海事行政诉讼的管辖法院。2023年初,省法院下发《关于预防和解决行政诉讼案件推诿管辖问题的通知》,再次强调海事行政案件的专门管辖。

2. 注重工作沟通协调,府院良性互动机制不断完善

严格落实行政机关负责人出庭应诉制度,依法向行政机关发送负责人出庭应诉通知书,实现行政机关负责人出庭应诉率100%,取得了良好的社会效果和法律效果。与山东省农业农村厅建立海洋渔业司法执法协作联动机制,联合出台22条措施,全面加强协作配合。与山东海警局探索建立海事司法与海上行政执法协作联动机制,预防化解行政争议,共同保护国家海洋自然资源与生态环境、保护行政相对人的合法权益。

3.加强行政审前和解工作，推动行政诉讼实质性化解

出台《青岛海事法院关于行政案件审前和解程序的规定》，建立行政争议审前和解程序。畅通行政执法工作咨询渠道，从源头预防和化解行政争议的产生。与山东海警局探索建立行政争议审前化解中心，设立联合工作室，由驻地派出法庭与海警局下设的工作站对接，畅通日常沟通咨询渠道，有效促进了行政行为的规范，从源头减少了行政争议的产生。

4.积极开展司法建议工作，依法延伸海事行政审判职能

针对审判实践中发现的行政执法问题，运用司法建议形式加强督导。分别向山东省农业农村厅、山东海警局发出规范行政执法行为的司法建议，向烟台市政府发出关于规范海上养殖管理的司法建议，得到了有关部门的高度重视和积极回应，相关部门均在复函中表示将在今后的工作中予以采纳，以进一步规范相关行政执法行为。

（四）海洋环境资源审判工作实现新发展

青岛海事法院深入学习贯彻习近平生态文明思想，不断加强海洋环境司法保护力度，创新审判机制，搭建协同工作平台，海洋环境资源审判工作实现新发展。

1.聚焦机制建设，搭建海洋环境共治平台

完善海洋环保司法机制。建立海洋环境审判专业化力量，设立长岛海洋生态文明综合试验区、灵山岛省级自然保护区巡回审判庭，构建海洋环境司法立体格局。建立跨区域司法保护合作机制。与大连、天津海事法院签署《渤海生态环境保护司法协作机制框架协议》，参与黄河三角洲生态环境保护司法机制建设，推动海洋环境污染问题源头治理。

2.聚焦司法职能，拓展海洋环境保护路径

落实最新"两高"《关于办理海洋自然资源与生态环境公益诉讼案件若干问题的规定》，集中管辖海洋环境公益诉讼案件，与沿海地市检察机关建立对接机制，成功审结一起由日照市人民检察院作为公益诉讼起诉人提起的海洋渔业资源生态损害赔偿案件。突出恢复性司法理念，以海洋生态恢复措

施作为核心标尺，近年来已实现55%的案件调解结案。

3. 聚焦实践基础，破解海洋环境污染难题

开展海洋污染损害理论探索。成功申报"海上生态环境损害评估鉴定法律制度研究"应用法学理论研究课题，组织召开海洋生态环境损害司法鉴定研讨会，邀请最高人民法院、山东省高级人民法院以及大连、南京、天津、上海海事法院等21家单位及鉴定机构座谈研讨，共同破解海洋环境保护中的司法实践难题。

（五）繁简分流多元解纷机制建设见成效

青岛海事法院积极打造符合海事司法规律和特点的繁简分流多元解纷模式，形成诉前分流、简案速裁、繁案精审的分层递进解纷路径，在更高水平上实现司法公正与效率的有机统一。

1. 聚焦一站式机制建设

印发《青岛海事法院繁简分流多元解纷工作方案》，在派出法庭设立海事海商诉前调解中心，组建"法官+法官助理+调解员+书记员+执行员"组成的调解团队，积极对接驻地党委、政府、法院、涉海行政机关，形成诉源治理合力，在日照法庭推动建立"安岚无漾"诉源治理新模式，在石岛法庭设立"老船长调解室"，实现石岛法庭受理案件数量比上年同期下降55%。

2. 高效管理优化办案流程

制定《网上立案审核分流工作流程及要点》，进一步优化分案机制。各类纠纷立案后，全部分流至相应派出法庭进行诉前调解，调解成功并当场过付案款的，直接结案；调解成功不能当场过付案款的，及时进行司法确认；调解不成的，进行网上立案并适用速裁程序15日内结案。经司法确认和速裁程序结案后，不能及时付款的直接由法庭执行。少数案件进入普通程序后，全部按精品案件标准打造。有效整合解纷资源，为当事人提供了多途径、高效率、低成本的纠纷解决方案。

3. 科学考核助力多元解纷

合理配置速裁法官和调解员，组建速裁团队，优化考核办法。将经过调

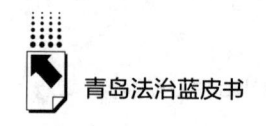

解确认不进入诉讼的案件和即时过付的案件纳入绩效考核范围，适度提高司法确认案件权重系数，鼓励法官以上述两种方式化解矛盾。通过与信息技术部门紧密合作，研发适合海事审判特点的统计监控系统，为全面准确反映工作情况提供第一手数据，切实提升一线矛盾纠纷化解效率。

（六）妥善化解"中华富强"轮火灾事故系列纠纷

2021年4月19日，"中华富强"轮载客677人、载车162辆及相应货物、物品等，由威海开往大连，途中发生火灾，返航后救助过程中船舶发生燃爆。省委高度重视，就相关事故处置作出批示。青岛海事法院积极作为，主动担当，有效推动相关纠纷顺利化解。

1. 办理经过

5月7日，"中华富强"轮船东威海市海大客运有限公司（以下简称"海大公司"）向青岛海事法院申请设立海事赔偿责任限制基金，基金限额人民币28274236.09元。6月9日，本院专班与威海"中华富强"轮火灾事故理赔处置工作专班进行会商，确立以本院司法程序为主、威海专班协助配合的府院联动工作方案。2021年5月15日~7月15日公告期间，1050名事故受损方进行债权登记。8月6日~9月22日，889件确权诉讼案件在本院集中立案受理，案件进入正式审理阶段。11月16日，国家海事局发布《威海"4·19""中华富强"轮调查报告》，对事故经过、事故原因、责任方等作出认定，作出"海上交通事故责任认定书"。2022年7月13日，基金项下案件全部审结，裁判文书全部依法送达。7月21日，召开全体债权人线上会议，确定海事赔偿责任限制基金分配方案。12月30日，基金款项基本支付完成，事故相关纠纷得以顺利处置。

2. 经验做法

统一行动，严格贯穿案件始终。一是案件发生之初，院党组即统一部署、统一谋划。二是具体办理过程中，统一研究、统一决策、统一裁判尺度、统一行动时间节点。三是各专班成员均服从指挥，服从决策。

以终为始，后续程序靠前筹划。一是基金设立公告发出后即成立综合专班。二是债权登记时即研究审判方案,发送债权登记裁定同时发送诉讼立案指导材料,并指导债权人举证等。三是判决一经报结即归口管理、按事登记,为基金分配做好准备。

应时创新,法律社会效果兼顾。一是采用表格式判决,各案仅需根据庭审撰写不同要素。二是在法律框架内创新庭外和解模式,出具判决。三是通过腾讯会议研讨会新模式线上召开债权人会议,首次发布债权人会议公告。

(七)打造船舶扣押监管全流程新模式

长期以来,船舶扣押、监管领域标准不统一、操作不规范现象较为突出,为提升船舶拍卖成交率和溢价率,满足海事司法需求,规范船舶扣押监管行为,青岛海事法院发挥首创精神,打造了船舶扣押监管全流程标准化新模式。

1. 主要做法

2021年4月,青岛海事法院发布《扣押与拍卖船舶流程管理规范(试行)》,该文件对船舶扣押裁定、船舶扣押实施、船舶看管和检验评估、船舶拍卖、债权登记与清偿分配等6个方面进行了全面规范。7月,制定《青岛海事法院法警支队扣押船舶团队工作规范》,建立专门船舶扣押团队,协助案件承办人实施登船扣押、船舶交接等工作,全面加强船舶扣押规范化。自主研发设计船舶扣押拍卖管理平台。2022年1月正式上线运行,全面实现海事司法涉船事务信息化管理,作为全国海事法院首创,受到2021年中国—上合组织国家地方法院大法官论坛与会人员广泛赞誉,被《人民法院报》等媒体刊发,获评山东省政法系统提升全民数字素养与技能创新实践案例、法治日报社2022年度智慧法院创新案例。

2. 应用成效

平台运行后,组建了由25家检验机构和8家看管评估机构组成的机构库,共处理242名当事人的扣押船舶申请,线上出具扣押命令167份,37艘船舶线上摇号选取了检验评估机构,17家船舶看管机构和42家检验评估机构线上提出申请。自当事人提交船舶扣押申请至船舶拍卖成功进行价款分

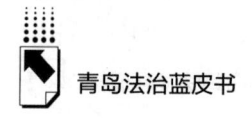

配,内部逐层审批,全程节点留痕。机构选取方面,畅通了选取机构途径,为当事人提供对案件办理进度、机构选取透明度、法官和辅助人员司法作风进行监督的可靠途径,改变了船舶评估、看管环节的乱象,净化了船舶看管、评估领域的生态,有效解决了船舶看管、评估检验环节不透明、不可预期等痼疾,全面展现司法为民理念。

(八)创新文化建设途径,打造"书香法院"品牌

青岛海事法院将文化建设融入法院工作的各个方面,引导干警勤学、善思、笃行,培养学习型法官、打造学习型法院,"书香法院"文化建设项目获评"全国法院文化建设特色项目",写入山东省高级人民法院工作报告,并被多家中央、省、市级媒体报道。

1. 升级配套设施,打造多层次文化空间

设置"书香思享空间",全面升级配套设施,为干警打造富有书香法院特色的文化空间。与青岛市图书馆合作开设青岛海事法院分馆,配备电子阅览设备,现有图书6000多册。增设楼层电视展示平台,进行时政热点、法律新闻、人文纪录片等内容展播。打造海洋法治教育基地,以"向海向洋向未来济航济民济天下"为主题,多角度、立体化、全景式展示了海事法院发展历程、青岛海事法院发展史,树立法治信仰、弘扬法治精神、传递法治强音。

2. 营造向学氛围,推进学习型法院建设

举办"海课堂",邀请国内外知名专家学者来院讲学授课,创建"青岛海事法院海课堂"微信公众号,精心打造《海法之声》等海事特色普法栏目。开设海事"译课堂",制定实施青年干警外语能力提升计划。开启"共读一本书"读书行动。成立读书兴趣小组,推出《忠诚写青春,学习正当时》《一起读好书》等主题专栏。开展"乐享运动"活动。坚持文化陶冶情操,成立8个文体活动小组,丰富干警业余文化生活,全面激发队伍的凝聚力、创造力和战斗力。

3. 书香建设见成效，"知行合一"结硕果

学习型、研究型法官队伍建设初见成效，具有国际影响力的海事司法案例接续涌现，多位干警撰写的多篇案例分析被《人民司法》等核心期刊采用，多篇论文获国家、省级奖项，多个案例入选最高人民法院、省高级人民法院优秀案例。以人民为中心的海事司法宣传成果丰硕，微电影《起航》在全国政法系统"三微"比赛中斩获十大微电影奖，"'平等保护'赢得中外尊重"入选最高人民法院天平杯，《海法之声》普法栏目在学习强国等平台取得了良好的社会反响。

三 青岛海事司法发展的不足及未来展望

青岛海事司法工作虽然取得了一些成绩，但与中央、省委的部署要求相比，与人民群众对海事司法的期待相比，仍有很大差距。特别是海事司法国际影响力有待进一步提升，在精准服务高水平对外开放和海洋强国建设上还需继续加力；服务海洋经济高质量发展的手段有待进一步丰富，在海事司法经济功能破题上还需继续加力；司法理念、司法能力与新时代要求还有差距，在培养高层次涉外法治人才上还需继续加力。为此，青岛海事法院将采取积极有效措施，切实加以改进和解决。

（一）全面强化思想政治建设

将学习宣传贯彻党的二十大精神作为首要的政治任务。做到领导带头学习、带头宣讲，带动干警原原本本学、融会贯通学、联系实际学，把学习成效转化为做好审判执行工作、推动人民司法事业发展的生动实践。进一步把基层党组织的战斗堡垒作用发挥出来，全面提升党支部组织生活规范化水平，充分发挥党员先锋模范作用，严格落实"三会一课"制度，进一步强化政治机关意识，把全面从严治党要求贯穿人民法院工作始终，深入贯彻《中国共产党政法工作条例》，严格落实重大事项请示报告制度，做到在党的领导下依法独立公正行使审判权。用好监督执纪"四种形态"，始终保持

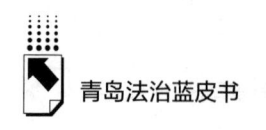

正风肃纪越来越严的高压态势。认真落实意识形态工作责任制，加强新媒体等意识形态阵地管理，进一步完善"两网一号"平台建设，持续打造具有鲜明海事特色的宣传成果，不断展现中国特色海事司法制度的优越性。

（二）全面夯实审执主责主业

以深化海事司法责任制改革为动力，以加快智慧法院建设为手段，全面贯彻落实"小案事不小、小案不小办"工作理念，推进"五位一体"一站式纠纷化解模式，落实海事审判精品战略，完善"平安海洋"保障体系建设，着力提升海事审判执行质效、海事司法公信力和影响力，努力实现让人民群众在每一个司法案件中感受到公平正义的目标。进一步细化精品案件的生成机制、遴选程序和监督手段，为精品案件的生成创造优良土壤，做到判决无错漏、程序无瑕疵、宣传无死角，充分发挥精品案例在提升国际话语权、促进国际规则制定方面的积极作用。把握历史机遇，压茬推进海事审判"三合一"试点工作任务，彰显海事司法全领域管辖的独特优势。不断增强海事行政审判水平和能力，真正做到以海事司法手段化解涉海纠纷，规范行政行为，提升海事司法影响力。

（三）服务保障对外开放和海洋经济高质量发展

按照"走在前、开新局"目标要求，全面落实海洋强省建设要求，秉持系统观念，提高创新思维，主动融入青岛自贸片区建设大局，在理论研究、合规建设、产业发展等领域同青岛自贸片区管委会进一步深化合作，依托与自贸片区管委会签订的合作协议，积极打造可复制、可推广的创新工作成果，实现服务高水平对外开放的新突破。把握人民需求，激活海事司法促进海洋经济高质量发展的基础功能。加快推进海事司法标准供给工作，充分运用海事司法裁判规则，为国内企业"走出去"、国外企业"走进来"提供规则支撑。积极运用"船舶扣押""海事强制令"等海事司法专属职能，促进涉外涉海领域资源要素的高效聚集，为高水平对外开放贡献力量。

（四）全面锻造干警专业素养，加快培养高层次海事司法专业人才

坚持党建引领，夯实干警思想根基，不断提高干警的政治判断力、政治领悟力、政治执行力，为服务保障贸易强国战略和海洋强国战略实施提供人才支撑。进一步加强"书香法院"文化项目建设，将打造学习型法院、学习型法官作为青岛海事法院建设的长期目标，将勤学、善思、笃行打造成为青岛海事法院的鲜明底色，不断在全院营造管理规范、积极作为、乐于奉献、和睦共荣、社会尊重的工作环境。进一步完善干警知识结构，充分运用涉外案件资源，引导干警在案件审理过程中深入了解案件涉及国家的社会与法律知识，有效运用《劳氏法律报告》，为海事法院干警拓宽视野、增长才干提供充足机会。完善与涉海行政机关的人才联合培养机制，鼓励干警进一步加强对《民法典》《海商法》《海事诉讼特别程序法》等相关法律的研究学习，提升运用船舶扣押、海事强制令等海事司法工具破解难题、服务经济的能力，着力打造"懂外语、懂国际贸易和航运规则、懂国内法和国际法"，具有丰富国际航运实务经验的高水平人才队伍。

参考文献

[1] 吴锦标：《青岛海事法院工作报告》，2021年1月12日在青岛市第十六届人民代表大会第五次会议上。

[2] 吴锦标：《青岛海事法院工作报告》，2022年4月15日在青岛市第十七届人民代表大会第一次会议上。

[3] 《充分发挥海事司法专业优势 全力服务保障青岛海洋经济高质量发展》，《青岛日报》2021年3月26日。

[4] 《最是书香能致远，勤思善学促审判——青岛海事法院"书香法院"文化建设侧记》，《半岛都市报》2022年7月22日。

城市更新和城市建设法治保障篇

Urban Renewal and Construction Rule of Law

B.4 青岛市以轨道交通为导向的城市开发模式制度保障调研报告

王松山*

摘　要： 轨道交通TOD作为城市更新的重要引擎，是涉及多要素与多方利益平衡的系统性、综合性工程，能够促进土地资源有效集约利用，构建城市发展新格局。轨道交通TOD给轨道交通建设、土地供给侧改革、城市综合开发带来巨大改革与创新。建立和优化与轨道交通TOD相配套的制度保障体系具有重要意义。本文根据青岛市的TOD实践情况，结合对目前国内各地TOD案例的调研，尝试从顶层设计到实践操作各层面对TOD加以分析，对建立系统化规范化的TOD法规政策体系，为TOD配套行之有效、保障到位的推动机制和措施等提出建议。

关键词： 轨道交通　TOD　青岛　立法　规范

---

* 王松山，青岛青铁金汇控股有限责任公司董事长。

以公共交通为导向的城市开发模式（Transit-Oriented Development，TOD），即以"公共交通+物业"为主的城站一体化综合开发模式，能有效实现统筹规划、土地集约利用目的，并通过土地溢价及物业运营收益反哺轨道地铁等公共交通的建设、运营和发展。TOD理念起源于20世纪90年代的美国，后来被日本、新加坡、中国香港等经济发达但土地资源紧缺的地区引入，因地制宜进行本土化改造，开发形成了诸如日本东京涩谷站的更新建设、新加坡巴耶利峇地铁站的创新规划、中国香港九龙站上盖物业开发等TOD项目，均取得了良好的社会经济效益。因TOD概念涉及的公共交通包括火车站、机场、地铁、轻轨、BRT等多种形式，本文选择以地铁轨道交通为导向的城市开发模式作为调查研究对象。

一 青岛市轨道交通TOD发展现状

自2012年起，我国开始引入轨道交通TOD发展理念，在国家层面陆续颁布了一系列政策文件，旨在对TOD模式应用进行"本地化"引导。随着TOD开发理念的宣传普及，全国越来越多的城市意识到TOD开发对促进城市高质量发展、提升居民生活幸福感的重要意义，陆续将TOD上升到城市发展战略高度。对此，深圳、上海、成都等城市较早尝试TOD开发，围绕TOD整体规划、政策扶持、资金筹措、组织保障、土地收储等核心问题积极探索，形成了各具特色的轨道交通TOD实践模式，在城市用地集约化、城市立体空间延伸、沿线物业增值反哺等方面取得了有益效果和宝贵经验。

（一）青岛市轨道交通建设与愿景

自2010年青岛地铁首条线路正式开工建设，到2015年开通第一条地铁线，至今青岛地铁已有11条在建线路。青岛轨道交通发展从无到有，持续"冲刺"，在地铁建设和运营赛道上，青岛成为十年来全国地铁发展最快的城市之一。截至2022年底，青岛已开通7条线路，全长315公里，运营153座车站，跻身我国城市地铁运营里程前十名，是仅次于北京的北方第二城。

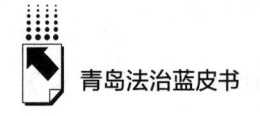

2022年，青岛地铁线网总客运量达到2.83亿人次，日均客运量达到77.58万人次，最高日客运量123.64万人次，累计运送乘客突破10亿人次，地铁客运量在城市公共交通中的占比达到30%。2023年以来，青岛地铁线网日均客流更是稳定在"百万级"水平。

预计至2028年，三期规划所有线路全部建成后，青岛地铁运营总里程将达到503公里，日均客运量达到500万人次，胶州湾东岸城区轨道交通网络进一步织密，西岸、北岸城区网络骨架初步搭建，航空、铁路、公路、港口等重要交通枢纽实现全面覆盖。未来，青岛将持续发力，计划规划轨道交通线路19条，里程872公里，构建以"一环四线、三城三网、网间互联"为基本形态，城区之间45分钟可达、"三城"之间1小时可达的中心湾区轨道交通网络。

（二）青岛市轨道交通TOD战略目标及布局

青岛在加快建设轨道交通线路的同时，也在积极探索和推动轨道交通TOD项目落地。2021年12月28日，《关于城市更新和城市建设三年攻坚行动方案的报告》明确提出，"全域推进地铁沿线TOD综合开发，力争至2024年底实现21个TOD项目落地"。2022年初，青岛地铁提出"十四五"期间TOD开发投资一千亿元的目标，21个重点项目计划三年内全部启动，至2024年底预计获批土地6000亩，带动投资1000亿元。到2024年，青岛地铁拟向各类市场主体提供超过600万平方米的物业开发建设体量，至少30个商业项目的运营以及超过100万平方米的产业承载空间。

经过多年实践，青岛在推进全域TOD综合开发过程中摸索出适合青岛特点的TOD总体发展格局：依托"一心四射三岸通达"轨道交通线网骨架支撑和引领青岛产业、城市功能升级与完善，构建"1核5新城、多片区联动"的网络式发展格局：其中的"1"是TOD主城核，重点助力老城区、老工业区改造升级，提升区域产城服务能力；"5"是蓝谷、即墨、胶州、胶南、董家口5个TOD新城，重点推进轨道交通引领城市建设与发展，完善区域产城；"多"是重大产城功能片区，结合片区产城功能发展需要，提供高品质空间载体，引导产业与城市功能资源高度集聚，提升城市发展效率。

（三）青岛市轨道交通 TOD 开发现状与特色

青岛在吸取国内其他城市 TOD 成功经验的基础上，积极探索和研发"TOD 青岛模式"，因地制宜推进全域 TOD 综合开发，已探索构建了"地铁集团+区（市）+龙头企业+央企施工+资本运作""五位一体"的联合开发体系，覆盖了"一级土地整理+二级项目开发+三级项目运营"三级联动，实现 TOD 项目全生命周期开发运营。2022 年，青岛多个地铁沿线 TOD 项目抓紧同步开工建设，如观海地 TOD 项目、公园里 TOD 项目、市北区人工智能产业集聚区 TOD 项目、青岛创新创业活力区 TOD 项目、南岛 TOD 项目、青岛北站交通商务区 TOD 项目等。

青岛在规划设计各个 TOD 项目时，因地制宜，大胆探索，赋予 TOD 项目精准的功能定位和鲜明的生态特色。例如，被誉为青岛 TOD 项目"一号工程"的青岛创新创业活力区 TOD 项目，位于青岛市低效用地再开发三年行动的重点片区，项目的定位是"青岛门户、城市客厅"，建成后不仅能加强产业生态创新，成为人才引育创新的载体，同时也能为 3 万人提供高品质居住空间，提供约 7 万个就业岗位，成为青岛创新创业的活力源泉。再如，青岛最大的 TOD 文旅商综合体"长江地一城"项目位于西海岸新区地铁 1 号线与 13 号线换乘站井冈山路站上方，项目全长约 1400 米，总建筑面积约 14 万平方米，投资约 20 亿元，规划有十大主题街区，配建 800 余个停车位，道路两侧规划建设的 96 个出入口直达地下商业城，连接起"长江地一城"，实现地铁、地下街区、地下停车场与周边建筑及商业综合体的有效对接立体连通，将打造集吃喝游乐为一体的西海岸商业新地标。又如，南岛 TOD 项目的定位是"老城改造、引领城市更新"，项目地处市南区西部的"老西镇"，片区内自然资源丰富，但设施相对陈旧，通过 TOD 一体式开发模式，打造生态复合型的样板街区、山海一体的城市景观，着力提升居民生活的舒适度和幸福感。

二 青岛市轨道交通TOD制度保障现状

（一）青岛市轨道交通TOD相关立法情况

基于轨道交通TOD公益及商业属性兼具、涉及环节复杂、参与主体众多、政策依赖度高等特点，青岛市近年来在相关规范、政策的制定方面开展了诸多工作，取得了一定效果。

早在2001年，青岛市政府就出台了《青岛市城市快速轨道交通线网规划用地控制管理办法》（已废止），该办法将市区内轨道交通用地控制正式纳入城市规划管理体系，为轨道交通用地控制工作提供了依据。于2010年出台《青岛市轨道交通用地控制管理办法》（已废止），进一步规范轨道交通用地控制管理。

自2015年起，青岛针对轨道交通建设及沿线土地资源开发利用制定出台了一系列法规、规章及政策性文件。其中地方性法规层面制定了《青岛市轨道交通条例》（2015年9月1日起施行）、《青岛市地下空间开发利用管理条例》（2020年7月1日起施行），规章层面制定了《青岛市轨道交通建设管理办法》（青岛市人民政府令第229号，2014年3月1日起施行）、《青岛市轨道交通土地资源开发利用管理办法》（青岛市人民政府令第249号，2017年1月1日起施行）、《青岛市轨道交通保护区施工作业管理办法》（青岛市人民政府令第254号，2017年12月1日起施行）、《青岛市轨道交通运营安全管理办法》（青岛市人民政府令第266号，2019年2月1日起施行）等文件。另外，还出台了《关于加强青岛市轨道交通沿线用地规划控制的通知》（青政办字〔2015〕88号）、《关于进一步加强轨道交通资金筹措等有关事宜的通知》（青政办字〔2020〕41号）、《关于青岛市轨道交通土地资源规划管理和开发利用的实施意见》（青自然资规字〔2020〕146号）、《青岛市地下空间国有建设用地使用权管理办法》（青自然资规〔规〕字〔2020〕1号）等一系列政策性文件。

2017年1月1日起施行的《青岛市轨道交通土地资源开发利用管理办法》（青岛市人民政府令第249号），在全国地铁城市中首次以地方政府规章形式规范轨道交通沿线土地开发利用。该办法对轨道交通沿线土地规划控制、站点周边土地集约开发、土地规划与城市控规冲突调整、综合开发项目整体规划与一体设计、土地出让收益归集管理等进行了规定，力图通过将轨道交通沿线土地增值、沿线物业增值、商业集聚效应等外部化产出效益还原为轨道交通经营单位的内部效益，实现轨道交通可持续发展的目标。

另外，目前青岛市正在开展"青岛市轨道交通TOD综合开发战略规划""轨道交通土地资源开发利用专项规划""中心城区地下空间综合利用专项规划"等顶层规划编制工作。

（二）现有制度对轨道交通TOD的引领支撑作用

1.确定了参与主体和工作机制

轨道交通TOD开发涉及面广、周期长、手续复杂，需要对参与主体明确职责分工，并建立一套有效的工作机制。

《青岛市轨道交通条例》规定，"市人民政府依法确定的轨道交通经营单位依照本条例负责轨道交通建设、运营、开发以及有关管理工作"，明确赋予了轨道交通经营单位综合开发职能。

《青岛市轨道交通土地资源开发利用管理办法》初步确定了轨道交通TOD开发各相关主体及其工作职责，包括：市地铁工程建设指挥部负责轨道交通土地资源开发利用的组织、协调、监督，发展改革、财政、自然资源和规划等部门按照职责分工做好轨道交通土地资源开发利用的相关工作，区（市）人民政府负责做好辖区内的轨道交通土地资源开发利用相关工作，轨道交通经营单位负责轨道交通土地资源开发利用具体工作。

《关于城市更新和城市建设三年攻坚行动方案的报告》指出，建立市级统筹协调、部门协作配合、区级为主实施、市区两级联动的工作机制；构建完备的组织实施体系，成立城市更新和城市建设总指挥部，由市长担任总指挥；下设包括"地铁建设及地铁沿线开发建设"等8个专业指挥部，根据

实际情况，结合片区实施或重点项目建设需求，由相关部门或区（市）牵头成立专项指挥部，从而形成"总指挥部"+"专业指挥部"+"专项指挥部"的三级指挥体系。

2. 界定了土地规划利用控制范围

2015年青岛市人民政府办公厅发布的《关于加强青岛市轨道交通沿线用地规划控制的通知》规定，对轨道交通线网规划线路两侧各1000米范围内的建设用地严格控制，凡在控制范围内的建设项目，规划、国土资源部门审批时，应征求市地铁工程建设指挥部办公室意见。

《青岛市轨道交通土地资源开发利用管理办法》《关于青岛市轨道交通土地资源规划管理和开发利用的实施意见》进一步明确，纳入轨道交通规划控制范围的土地分为核心区和特定区，轨道交通车辆基地、停车场、车站、区间及其用地红线外200米区域内为轨道交通土地资源开发利用核心区，轨道交通规划线路两侧各1000米内的土地除核心区以外的区域为轨道交通土地资源开发利用特定区。

调研上海、广州、南京、成都、郑州等地轨道交通土地利用的相关规定发现，多数城市将轨道交通特定区的范围划在500米或800米半径范围内，个别城市限定仅有线路端头（含车辆段、停车场及末端站等）用地边界范围半径可达1000米。青岛市将线路两侧1000米全部划分为特定区，属于划定范围较大的城市。

3. 确立了以公共交通为导向，整体规划、统筹开发的原则

建地铁就是建城市，对地铁沿线站点、场段周边土地进行地上地下空间统一规划、一体开发，从而壮大轨道交通经济，带动城市发展，是大力发展TOD模式的初衷。

《关于青岛市轨道交通土地资源规划管理和开发利用的实施意见》规定，要坚持交通导向、规划引领、综合开发、协同发展的基本原则，统筹地上地下空间，鼓励轨道交通站场和周边区域实施土地综合开发，促进轨道交通站场及相关设施用地布局协调、交通设施无缝衔接、地上地下空间统一利用、统筹开发，提升轨道交通城市综合服务功能，推动轨道交通建设和沿线

区域经济协同发展。

《青岛市轨道交通土地资源开发利用管理办法》规定，核心区土地资源开发利用应当与轨道交通设施建设项目整体规划、一体设计、有序开发。其中，与轨道交通设施结构上不可分割、工程上必须统一实施的地上和地下开发项目，以及应当结合轨道交通设施统一开发的公共交通、商业服务、居住等项目，纳入轨道交通工程可行性研究报告分析论证，由轨道交通经营单位组织实施，并与轨道交通设施同步建设。特定区土地资源开发利用应当结合轨道交通建设统筹规划、功能衔接、协调推进。有关区（市）人民政府应当根据特定区土地资源开发利用专项规划，制定特定区开发计划并组织实施。

4.明确了土地资源合理有序供应

土地要素是轨道交通TOD开发的核心要素。《青岛市轨道交通土地资源开发利用管理办法》规定，轨道交通综合开发项目的经营性用地以招拍挂方式出让；涉及轨道交通建设施工、设施保护和运营安全要求的，经自然资源和规划部门审查后纳入供地方案；附着于轨道交通设施且不具备独立开发条件的经营性地下建设项目，可以采用协议出让方式。

据调研，目前青岛市TOD土地供应以公共交通为主，存在三种增量土地供应方式：一是经营性用地以招拍挂方式出让，地铁上盖物业及公共交通核心区开发项目土地定向招拍挂出让；二是经市人民政府批准，也可以依法按照作价出资方式由公共交通经营单位取得土地使用权；三是附着于公共交通设施且不具备独立开发条件的经营性地下建设项目可采用协议出让方式。

根据《青岛市轨道交通土地资源开发利用管理办法》，轨道交通上盖物业及轨道交通核心区开发项目土地出让前，确因轨道交通设施建设和运营需要，可以对竞买人资质、建设与运营经验、运营保护、公共设施代建移交等附加合理条件。

5.出台了较为充足的资金保障措施

轨道交通TOD开发投资规模大、建设周期长，其中包含的轨道交通部分公益属性强、运营维护成本高，资金保障问题是关乎项目能否成功实施的关键。

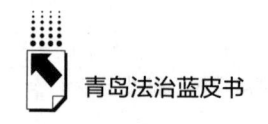

经调研，轨道交通建设所需资金主要是通过政府拨款与实施主体自筹资金相结合方式来解决；同时，无论是财政资金还是自筹资金，最终主要来自土地收益，包括从普遍的土地收益中计提地铁建设基金，从轨道沿线或其他配套土地开发收益中弥补轨道交通的建设与运营缺口；等等。

青岛市2010年发布了《关于设立地铁建设基金的意见》，确定了从土地出让收入中计提一定比例作为地铁建设基金的制度。2020年出台的《关于进一步加强轨道交通资金筹措等有关事宜的通知》，提出了轨道交通资金合理分摊、以地铁等公共交通为导向发展等原则，明确了资金分摊比例、出资方式、基金集体、预算管理等要求，以及加强土地控制利用、加大政策支持等土地开发方面的措施，为青岛TOD开发建设提供了一定资金保障。

6.出台了地下空间开发相关规定，有助于支持轨道TOD立体化开发

通过轨道交通TOD开发，合理、有序、安全开发利用地下空间，是拓展城市发展空间、实现城市可持续发展的重要途径。

2020年，青岛市相继出台了《青岛市地下空间国有建设用地使用权管理办法》（2020年1月12日施行）和《青岛市地下空间开发利用管理条例》（2020年7月1日施行），对地下空间的分类、开发利用规划、统筹开发和互联互通、不动产登记等内容进行了规定。在规划设计方面，要求地下空间详细规划应当明确地下交通设施之间、地下交通设施与相邻地下公共活动场所之间互连互通的要求，地下空间建设项目的设计方案也应当与之相匹配；在不动产登记方面，对单建式和结建式地下建（构）筑物所有权及其建设用地使用权的不同登记方式进行了规定，并特别规定地下公共停车场、公共连通通道等公共设施的登记要求。

2021年青岛市已经启动《中心城区地下空间开发利用专项规划（2021~2035）》编制工作，规划提出了青岛市地下空间开发利用发展目标、总体布局、开发原则，并对地下空间的开发建设进行规划引导和控制。2022年以来，青岛市进一步完善规划成果，为地下空间依法、有序、科学、合理开发奠定坚实的规范基础。

三 青岛市轨道交通 TOD 制度保障面临的问题

（一）地方性法规、规章等不够完善

目前青岛市暂未形成有关 TOD 模式的独立性专门性法规、规章或其他规范性文件，TOD 开发模式、工作方法等内容散见于多份规范性文件，系统性较弱，甚至有的规定内容相互矛盾。此外，青岛现有的规范性文件中，规划管理、用地管理、资金筹措、实施推进、合作开发、商业运营、技术规范等规范尚不完善，缺乏可直接指导实践的实施细则。

（二）扶持政策相对缺失

就现有政策来看，青岛市规划政策、土地政策、资金政策等保障尚不完善，且在 TOD 项目认定、支持标准、规模、范围、申请与批准程序等方面缺少详细规定。相对于其他地市，青岛市 TOD 项目的政策支持、具体实施均存在一定不足。

（三）缺乏针对性的标准、规范

现行的国家标准、规范性文件，对轨道交通建设及 TOD 项目的特别规定缺乏，不太适应 TOD 项目建设需求，且部分标准、规范性文件规定与 TOD 项目实际需求存在一定冲突。例如，《燃气工程项目规范》《建筑设计防火规范》《地铁设计规范》《地铁设计防火标准》《人民防空地下室设计规范》《轨道交通人防设计规范》等文件要求的层高限制、锅炉设计、地下油烟排放等限制性规定一定程度上对轨道交通与商业联动造成了阻碍。TOD 项目建设需要更具针对性的标准、规范。

（四）部分规定落实情况不佳

据调研，部分规定存在落实不到位的情况。例如，《青岛市轨道交通土

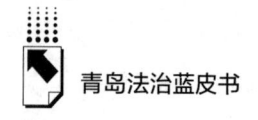

地资源开发利用管理办法》确定了轨道交通土地资源开发利用核心区和特定区的范围,并针对资金归集规定"特定区内的土地使用权出让收入由市和区(市)按照3比7比例分配""本市行政区域轨道交通规划控制范围外的土地,按照土地使用权出让金总额的10%计提地铁建设基金,不得减免",但前述规定在实践中并未得到全面贯彻执行,一定程度上影响了TOD的建设。

(五)未建立有效的一体化协调工作机制

TOD综合开发是轨道交通枢纽与城市用地一体化综合开发的系统性工程,涉及用地规划、土地征收、土地储备、土地出让、开发建设、管理运营等诸多环节,具有跨部门、全流程、长周期的特点。但根据调研,针对TOD综合开发,目前青岛市尚未形成有效的一体化统筹协调机制,TOD实施过程中遇到的障碍难以顺畅解决。

(六)资金保障不足

根据调研情况,《关于进一步加强轨道交通资金筹措等有关事宜的通知》(青政办字〔2020〕41号)出台两年来,实际落地效果难称理想,主要表现在:资金和土地的权限分散在各区(市),针对资金归集、预算列支、土地控制等事项的统筹推动难度大,轨道交通实施主体自行沟通协调效果差;TOD综合开发中轨道交通建设的投资额较大,相比而言经营性土地的收益明显不足,项目资金自平衡难度大;针对TOD的配套扶持和优惠政策较少,力度不够大;轨道交通建设工期紧,前期投资任务重,配套土地的整理、供应、开发时序滞后,无法及时取得平衡收益。

(七)规划与TOD建设不匹配

TOD建设过程中,规划是至关重要的一环。但目前实践中对"无策划不规划,无规划不设计"的理念认识和贯彻不足,存在地铁沿线土地开发利用规划和城市设计明显滞后的问题。一方面,轨道交通线网规划对周边土地的开发利用考量和预留不足，后期 TOD 的规划与开发因基本农田、林地、生态保护区、文物保护建筑控制区等因素而受限；另一方面，缺乏与线网建设同步匹配的 TOD 项目建设计划和修建性详规，地铁建设与 TOD 项目开发难以实现整体规划、一体设计、同步施工。

（八）针对 TOD 项目的土地供应不足

土地供应问题是 TOD 综合开发中的难点，主要体现在以下几方面。其一，供应方式的选择与衔接工作难度大。先进城市对土地供应方式的选择各有侧重，各种供应方式利弊并存，青岛应如何选择土地供应方式有待进一步探讨。其二，已有土地供应方式之间的界限、适用条件、流程均不明确，现阶段并未实现地铁和城市建设的良性互动和一体化发展，如何理清各种方式之间的界限、优化土地供应方式、细化土地供应流程也应推动落实。其三，多座城市适用的定向招拍挂方式近期在国家层面与青岛市层面均被收紧，优化附加条件难度高。其四，青岛现存市区未出让土地规模小，增量土地供应不足，且存在存量土地开发中土地整理与开发挂钩难度大的问题。上述原因导致 TOD 项目的土地供应不足。

（九）地下空间开发利用、登记制度需要完善

目前，《青岛市地下空间国有建设用地使用权管理办法》《青岛市地下空间开发利用管理条例》是青岛市地下空间利用的规范性文件，但前述文件对地下空间开发利用具体内容的管控与引导不足，缺乏对地下交通、市政设施、公共服务、商业和防灾防护等不同功能类别地下空间利用的统筹规划，缺乏规划编制，对各地块（包括地下）的规划条件核定、土地供应、规划设计方面的具体规定不足。此外，在地下空间登记制度方面，前述文件对地下空间使用权的用地审批程序、地下空间确权方式、地下空间范围确认规则、测绘方式等仍缺乏具体规定，对不同地下空间领域也未作出进一步细分。

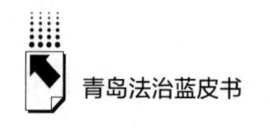

四 青岛市轨道交通TOD制度保障完善建议

（一）立法保障

目前青岛市TOD相关立法并不完善，应针对现有法规、规章、规范性文件具体内容对TOD发展不一致、不协调、不适应的问题及时修订完善，增强立法的系统性、针对性、适用性、可操作性。同时，加强立法的协同配套工作，实行法规草案与配套规定同步研究、起草，增强法规解释工作。建议青岛市制定TOD总领性、专门性的法规体系，以地方性法规与政府规章、政策性文件共同指引TOD发展，并从政策层面给予TOD项目相应的扶持。

成都作为全国首个实施TOD的城市，经验相对成熟，已形成资金筹措、实施推进、用地管理、规划管理、合作开发、商业运营、技术规范七个方面相对体系化的配套政策与技术规范。

青岛市可对标成都，围绕多个方面构建并完善TOD配套政策与技术体系。具体而言：一是资金筹措方面，青岛市应完善TOD模式项目用地开发资金筹措的实施细则，不能仅停留在原则性规定层面；二是实施推进方面，青岛市可借鉴成都市制定轨道交通综合开发实施细则，指导推进实践工作；三是用地管理方面，青岛市的相关规定散见于多份文件，应有所侧重，根据不同的功能空间使用权、针对不同的使用主体分别设置用地管理办法；四是规划管理方面，可制定轨道交通和沿线土地资源的统筹规划及开发专项规划；五是合作开发、商业运营、技术规范方面，尚未形成具体规定，建议对标成都进一步明确。

（二）规范保障

青岛市可通过围绕轨道交通TOD综合开发中的关键要素，如土地开发强度、土地混合利用、地下空间利用、交通体系衔接、工程建设等，细化各项指标体系，编制完善的导则或技术标准，以量化标准指导和规范TOD规划和建设。同时，建议借鉴先进地区做法和行业经验，研究TOD综合开发效果评价技术标准，围绕发展目标科学设置评价指标，建立量化指标体系和科学的评估方法，对各项政策实施效果和TOD开发成效进行量化评价，将评价结果反馈到规划、建设等阶段，不断提升发展水平。

（三）机制保障

基于青岛TOD开发一体化协调工作机制缺失的现状，以及TOD综合开发落地中存在的现实问题，参考成都、广州TOD开发中的组织协调机制，建议青岛市构建自上而下的一体化统筹推进机制，解决目前推进主体不明、推进主体责权利界定不清的问题。例如，由青岛市政府牵头，召集TOD综合开发所涉的市自规局、市发改委、市住建局、市国资委、市财政局、地铁集团及各区（市）政府等相关部门，共同成立青岛市轨道交通TOD一体化开发领导小组，为统筹跨部门协作、协调各部门工作，以及针对TOD项目特殊问题一事一议，提供全面高效的保障。领导小组通过征询意见、定期会议等形式，实现多部门规划管理一体化，形成多部门协调工作机制，统筹政策制定、规划管控、用地保障、目标考核等工作，确保TOD一体化开发的顺利开展和实施。

（四）资金及运营保障

建议在TOD领域增设针对性、可行性强的资金保障政策，在资金补贴、财政税收调整、城镇设计法规制定与修订、资金补助、贷款、贷款担保、税收减免、财政激励等方面，以及在TOD规划、建设、销售、招商、运营等环节，制定和实施支持TOD的全方位政策。

例如，可在TOD项目认定、支持标准、来源、规模、范围、申请与批准程序等方面作出详细规定，可将TOD项目纳入城市更新规划，在立项、融资等方面予以扶持。通过轨道交通建设资本金注入、日常运营补贴等方式弥补TOD项目资金缺口。加大对轨道交通TOD项目建设部门自持物业运营的政策扶持力度，包括财税收益分成、人才引进激励、政府优先利用TOD

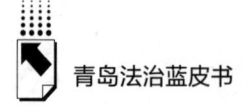

物业打造产业园区等。

增强TOD参与主体的活力和市场竞争力，对参与TOD的国有企业，可依据实际情况设立更为合理的考核体系，综合考量轨道交通TOD项目长期性、复杂性、公益性的特点，避免"一刀切"式的考核评价。通过完善TOD综合开发的约束、引导、奖励政策，吸引社会资金参与TOD开发和后期TOD商业运营。支持TOD项目商业开发与文化产业、休闲旅游、大健康产业相结合，提高TOD的潜在收益等。

（五）规划保障

基于"公共交通为导向的开发模式"这一TOD基本理念，应当通过场站、产业、城市的一体化设计，实现轨道交通和沿线土地资源的统筹规划及开发，有效吸引先进资源要素向TOD这一城市综合业态极点汇聚，带动周边地区土地升值和产业集聚，实现轨道交通的可持续发展。

另外，应注意在城市总体规划基础上进行TOD规划叠加，实施叠加区域特别管理。明确TOD规划核心约束性指标，建立引导性条款，引导、鼓励、奖励符合TOD模式的规划。完善地下空间开发规划、地下空间土地权属、地下空间互联互通等政策。制定地下空间土地出让金优惠政策操作办法，减免公益性地下空间开发相关费用，鼓励金融机构加大扶持力度，促进TOD项目实现地上地下空间的高水平立体互联互通。对于城市中心区、交通枢纽、地铁站点周边等重点地区，要加强地上地下一体化综合规划，并基于站点综合开发成熟度，采取动态规划、预留弹性空间。制定规划过程中应做好与人防、交通、市政、水利、应急等规划的协调衔接。

（六）土地供应保障

将以轨道交通为导向的城市一体化规划落实到位，确保TOD综合开发所需土地能够及时供应到位。同时，根据TOD开发时序和周期需求，合理提前启动土地的收储和供应工作，加快土地收益反哺的节奏，缓解轨道交通建设前期投入资金压力。

结合青岛实际情况，可根据不同功能的空间使用权、针对不同的使用主体分别设置。在具有合适附加条件、可保障TOD综合开发的情况下，可采取定向招拍挂方式。在增量开发有限、土地价值较高的情况下，建议采用以单个地块为单位的作价出资或协议出让方式，并通过完善相关政策和配套办法，来明确具体操作流程。

另外，值得注意的是，其他城市做法中有扩展平衡土地范围、用于资金筹措的有效方式。例如，郑州市2021年5月出台的《郑州市城市轨道交通场站及周边土地综合开发实施管理办法（暂行）》有不同于其他城市的创新，除了轨道交通线路区间两侧各500米、800米、1000米等半径和用地边界范围外，还首创了TOD综合开发"筹资地块"（为筹集轨道交通建设资金，各出资责任主体在辖区范围内划定可成片开发建设的土地作为筹资地块），进一步扩展了TOD综合开发相关土地范围，能够有力支撑轨道交通建设的资金需求。此举也值得青岛市借鉴，进一步支持TOD有效开展。

参考文献

[1] 2021年中国城市轨道交通TOD年报-政策篇：《2021年中国城市轨道交通TOD年报》。

[2] 郝振清、卢毅、李理：《美国TOD相关法律政策及其启示》，《交通企业管理》2013年第28期。

[3] 王权典、欧仁山、吕嚻：《城市土地立体化开发利用法律调控规制》，法律出版社，2017。

[4] 成都市规划设计研究院、成都轨道交通集团有限公司：《TOD在成都——公园城市理念下成都市TOD实践探索》，广西科学技术出版社，2020。

[5] 杨家文、段阳、乐晓辉：《TOD战略下的综合开发土地整备实践——以上海、深圳和东莞为例》，《国际城市规划》2020年第4期。

[6] 《"1核5新城、多片区联动"，青岛加速TOD布局》，《青岛日报》2022年9月19日。

B.5 青岛市城市更新和城市建设的司法保障

——以青岛市两级法院为例

刘 英[*]

摘　要： 2022年是青岛市实施城市更新和城市建设三年攻坚行动的开局之年，未来三年全市上下将着力推动城市功能品质实现新提升。城市更新和城市建设作为一项系统工程，现已迈向聚焦基层、聚焦政策、聚焦实施的新阶段，需要汇聚全社会力量，精治、共治、法治，久久为功。推进城市更新建设，司法不能缺位。本文从法院视角出发，分析人民法院在城市更新和城市建设中的作用及存在问题，分别从提升司法服务保障的系统性、精准度、执行力以及提供司法舆论支撑等四个方面，提出通过司法保障破解城市更新和城市建设困局的对策建议，以期为加快促进青岛城市更新和城市建设三年攻坚行动提供高质量司法服务和保障，为将青岛建设成为高质量发展、高品质生活、高效能治理的现代化国际大都市贡献司法力量。

关键词： 城市更新和城市建设　制度架构　法治　司法服务

随着城市化发展阶段由增量扩张转入存量更新，城市更新行动已经成为

---

[*] 刘英，莱西市人民法院党组书记、院长。

推动城市高质量发展的重要方式。城市更新和城市建设行动以"控制土地增量、调整盘活土地存量"为根本,对不适应现代化城市社会生活的地区作必要的、有计划的改建活动,目的是重新建构物质空间、人文空间,实现城市已有建筑形态、空间布局和环境功能的提升和改善,使之获得重新发展和繁荣的机遇,在城市产业结构调整、功能完善以及人文历史环境整治提升和邻里社交网络保护延续等方面,取得"高质量"的突破与进展。

一 城市更新和城市建设的重要意义

城市更新和城市建设并非简单的旧城旧区改造,而是由大规模增量建设转为存量提质改造和增量结构调整并重。它既要求城市发展中新建部分的结构优化,又要求对已建成部分进行提质改造,使整个城市更加适宜人的生存与发展,是进入新的发展时代所必须建立并完善的一种可持续城市建设模式。

(一)从发展维度看,城市更新和城市建设是推动城市高质量发展的必然要求

城市更新和城市建设是贯彻落实新发展理念的重要载体,是构建新发展格局的重要支点,是建设社会主义现代化强国的重要战略,是推动消费升级、加速经济内循环的重要抓手,是实现产城融合发展的重要路径,是适应城市发展新形势、推动城市高质量发展的必然要求,更是满足人民群众日益增长的美好生活需要、促进经济社会持续健康发展的重要工程。

(二)从顶层设计看,城市更新和城市建设是未来城市工作的重要目标任务

2020年,党的十九届五中全会通过的《中共中央关于制定国民经济和社会发展第十四个五年规划和二〇三五年远景目标的建议》明确提出,实施城市更新行动。这是以习近平同志为核心的党中央站在全面建设社会主义

现代化国家、实现中华民族伟大复兴中国梦的战略高度,准确研判我国城市发展新形势,对进一步提升城市发展质量作出的重大决策部署,为"十四五"乃至今后一个时期做好城市工作指明了方向、明确了目标任务。

(三)从青岛层面看,是中央厚望、人民期待和时代机遇

习近平总书记对青岛的发展寄予厚望,先后作出了"办好一次会,搞活一座城"、建设现代化国际大都市等重要指示要求。近年来,随着城市边界的不断延伸,青岛逐步走到了从"增量扩张"到"存量更新"的转型节点,城市发展的主战场也朝着更新改造逐渐转移。围绕深入贯彻习近平总书记重要指示要求,2022年初青岛市委决定在全市开展为期三年的城市更新和城市建设攻坚行动,并写入青岛市第十三次党代会报告。在未来三年力争有效解决交通拥堵、停车难停车乱、居住环境差、配套不完善、绿化品质低等一些城市发展不平衡不充分的问题,通过重点低效片区的升级改造,为产业升级提供空间载体,充分激发城市再生活力,不断提升人民群众的获得感、幸福感、安全感。

二 人民法院在城市更新和城市建设中的作用

在推进城市更新和城市建设行动中,无论是盘活低效用地、释放存量空间,还是破解拆迁困局,必须要强化法治思维,坚持依法推进,注重法治保障。人民法院在护航城市更新和城市建设中,发挥着重要的司法职能作用。

青岛市中级人民法院在2022年发布了《关于为城市更新和城市建设三年攻坚行动提供司法服务和保障的实施意见》,该意见从5个方面提出了20条贯彻落实措施。包括:构建一体化前沿阵地、一盘棋保障体系、一站式诉服模式、一站式解纷机制"四个一"机制,努力提升服务保障水平;聚焦行政审判、破产审判、执行攻坚、民事审判、刑事审判等五个重点审执领域,积极增强服务保障精度;建立重大案件专项管理机制、加强审判管理和调研指导、开展定制化普法宣传三项配套制度,大力拓宽服务保障维度。从

青岛市中级人民法院推出的举措来看,在推动城市更新和城市建设中,人民法院主要发挥着司法服务保障作用。其中,在服务项目建设用地、诉讼纠纷全过程调解、涉城市建设重要案件审判质量和执行效能提升、精准化普法宣传等方面,都发挥着重要作用。

莱西市人民法院针对部分行政案件,庭前主动沟通,引导行政机关与行政相对人朝着协作共赢的方向实质性解决纠纷,避免采取对抗式方法激化矛盾。截至目前,莱西市人民法院无一起因城市更新征迁引发的行政诉讼案件,真正做到法律效果、社会效果、政治效果的有机统一。同时,莱西市人民法院积极探索建设"双莱一体化"法庭,创新设立涉企纠纷化解"绿色通道",为企业提供一站式诉讼服务,持续深入探索"双莱"地区涉企案件立、审、执无缝对接机制,提升"双莱"地区涉企纠纷化解的效率、效果。莱西市人民法院针对司法查封闲置土地和"半拉子工程"问题,通过专项清理等活动,集中攻坚涉及城市更新、城市建设重大项目及闲置土地处置等执行案件,全程跟进望城街道东方化工片区、白酒厂片区、果品公司片区拆迁项目,现场对接项目推进。其中,果品公司片区拆迁项目仅用18天完成片区内查封标的物的变更,一举盘活二十余年老旧片区。该案例获评青岛两级法院"服务保障城市更新和城市建设、实体经济振兴发展典型案例"。

三 人民法院在城市更新和城市建设中发挥作用面临的困难和问题

近年来,全国各地法院在推动本地区城市更新和城市建设中积极作为,青岛在推动城市更新和城市建设上探索了不少创新举措。除了出台《关于为城市更新和城市建设三年攻坚行动提供司法服务和保障的实施意见》外,还包括以下几方面。一是延伸城市更新司法服务工作触角到一线。指导基层法院全面设立城市更新工作室,执行盘活司法查封闲置土地53.6万平方米,为实体经济发展释放土地房产要素。二是充分发挥青岛破产法庭功能作用。

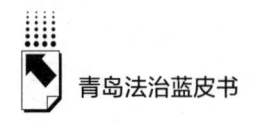

带动全市法院运用破产重整、和解等程序,解决具有挽救价值的中小微企业债务危机,审结破产案件78件,化解不良资产15.3亿元,帮助4家有发展前景的中小微企业涅槃重生。三是倡导"诚信兴商"理念,健全完善信用修复机制。审理企业起诉银行要求消除不良征信记录案,判决银行更正企业信用评价,入选"人民法院助力中小微企业发展典型案例"。四是完善与青岛市总工会、银保监局等41个部门诉调对接机制,吸纳137家调解组织、1771名调解员入驻线上调解平台。五是开设法治营商环境微课堂,在城阳人民法院成立全省首家优化营商环境巡回审判工作室,在莱西人民法院设立"涉企服务工作室",把法律送到企业"家门口"。六是发布服务城市更新、保障实体经济典型案例等。但人民法院在护航城市更新和城市建设过程中仍面临一些困难和问题。

(一)系统设计不到位,联动推进工作机构尚未健全

由青岛市牵头,区(市)一体、上下联动的专门工作机构尚未建立健全,法院提供司法服务保障面临上下纵向指导和沟通不足、各区县或各部门横向协调推进不畅等问题,缺少牵头抓总的机构整体协调。

(二)审判执行难度大,创新性推进工作举措探索不足

整理分析大量涉城市更新和城市建设司法案例发现,最为集中的纠纷为国有土地房屋征收、集体土地征收、违法建设治理等行政纠纷类案件,以及因土地权属、建筑物产权等产生的民事纠纷类案件,有的地方甚至会出现刑事案件。此类案件往往呈现案由单一、案件数量大、执行难度大等特点。这类案件审判执行质效提升困难,多数缺乏创新性解决举措,信息化手段运用不到位,相关工作机制、流程不够健全优化,以及攻坚行动力度不够等。

(三)普法宣传不精准,没有做到全过程、多形式、定制化宣传

一方面,城市更新和城市建设相关主题的普法宣传内容不够丰富。相关

工作宣传的专题化、专业化不够，很多群众对这项工作的理解多停留在字面。另一方面，宣传形式不够灵活。当前普法多停留在讲课、发宣传彩页等传统方式。同时，户外各类媒介载体的相关宣传覆盖度也不足。

四 司法保障破解城市更新和城市建设困局的对策建议

对于城市更新和城市建设，青岛市已加足马力，三年攻坚势在必行、志在必得。大刀阔斧的改造不仅需要各部门通力配合，更需要加强司法保障。为精准履行司法服务保障职能，发挥人民法院应有作用，提出如下对策建议。

（一）强化组织领导，提升司法服务保障的系统性

青岛市委、市政府牵头抓总，通盘谋划，协调推进各项工作。

一是提高政治站位，切实增强责任感。城市更新和城市建设三年攻坚行动是青岛市委、市政府作出的重要工作部署，对于推进城市更新和城市建设、提升城市功能品质、创造市民更满意的生活具有重要现实意义，是建设现代化国际大都市的内在要求和题中应有之义。各相关单位应切实提高政治站位，人民法院要牢固树立"服务城市更新和城市建设就是服务大局"理念，增强服务保障城市更新和城市建设三年攻坚行动的思想自觉和行动自觉，找准人民法院工作的切入点和结合点，妥善化解涉城市更新和城市建设攻坚行动中的行政争议，为青岛市城市更新和城市建设三年攻坚行动圆满完成提供精准有力的司法保障。

二是组建工作专班，全面动员。成立青岛市、区（市）两级城市更新和城市建设工程指挥部，建立城市更新和城市建设工作专班。为统筹协调、系统推进工作，抽调业务骨干充实指挥部办公室工作专班，指导各区级指挥部，压实责任，做好目标推进、措施落实、问题协调等工作，进而推动各项工作高效运转；抽调"水、电、气、暖、通信"等专业人员，组建工作专

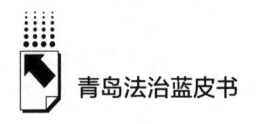

班，集中办公、同向发力，统筹协调推进设施改造；人民法院成立城市更新和城市建设法治保障工作专班，充分发挥城市更新和城市建设法治联合体作用，破解制度"瓶颈"和障碍，为高效推进城市更新和城市建设提供司法服务保障。

三是加强统筹指导，推进工作落实。根据青岛市委、市政府关于实施城市更新和城市建设的决策部署制订建章立制工作方案，落实任务分工，倒排工作限期，实行"挂图作战"。由青岛市领导担任城市更新和城市建设负责人，确保重点领域突出问题得到有效解决。压紧压实牵头单位责任，责任单位指定专人实时跟进，工作台账每日更新、每周通报，对进度慢的及时督导，确保工作压茬推进。

四是深化府院联动，确保行动系统化推进。通过座谈会、联席会议等形式，强化府院关于城市更新和城市建设行动的沟通协调机制。加强与政府、公安局、司法局、自然资源规划局、综合行政执法局等相关单位的沟通，就重点项目征迁工作推进情况进行研讨，及时解决工作中遇到的新情况、新问题，促进行政机关依法行政，有效避免矛盾升级。

（二）聚焦审判实效，提升司法服务保障的精准度

笔者曾于2021年7月到德州市中级人民法院、曲阜市人民法院实地参观征迁巡回法庭及行政争议审前和解中心，详细了解和解中心人员构成、组织制度、工作流程等相关情况，对巡回法庭及行政争议审前和解中心的设置理念、结构设置与设立法院进行了沟通交流，深受启发。2022年5月19日，莱西市人民法院成立了青岛首个城市更新法庭，后升级为工作站。工作站吸收原法庭功能，集"法律咨询、风险评估、诉讼服务、矛盾化解、案件执行、普法宣传"等功能于一身，对涉及城市更新和城市建设的民事、行政和执行案件快立、快调、快审、快判、快执，为城市更新和城市建设提供全方位"一站式"司法保障。截至目前，已通过该平台为莱西高铁新城建设、果品公司片区拆迁、白酒厂片区拆迁等项目提供法律咨询160余次，并有效盘活司法查封闲置土地，为法治保障城市更新和城市建设提供了有益

参考。

一是依法审查涉城市更新和城市建设行政行为，维护当事人合法权益。对于城市更新和城市建设过程中出现的"国有、集体土地征收拆迁""拆违拆临"等行政案件进行重点审查，依法保护当事人合法权益，监督和支持行政机关依法行政，确保案件办理政治效果、法律效果和社会效果的有机统一。认真研究涉城市更新和城市建设行政案件的诉讼规律和特点，全面总结工作经验，为行政效率与司法保障如何实现和谐互动寻求良策。

二是推进案件繁简分流机制，提升行政审判质效。对涉城市更新和城市建设的政府信息公开、不履行职责等简单案件推行要素式审判；对行政非诉执行案件集中审查，充分适用听证程序，做好执前调查，严把审查环节；对涉征迁、强拆等多个当事人分别提起的系列性或者群体性行政案件，推行标准（示范）裁判，实现通过个案示范处理带动批量案件高效解决的效果。

三是发挥行政机关负责人出庭应诉功能，促进实质解纷。认真贯彻落实《关于推进行政机关负责人在行政诉讼中出庭、出声、出解、出治的实施意见》要求，确保负责人全程参与涉城市更新和城市建设行政诉讼案件处理各环节，进一步提升行政机关负责人应诉效果，通过讲方法、想办法、出解法，真正为涉诉群众解决实际问题，力争一揽子妥善解决矛盾纠纷，妥善化解行政争议，实现"案结事了"。

四是依托智慧法院建设提升办案实效，设立涉诉案件绿色通道。推行"一网通办""一号通办"诉讼服务，推动立案、审判、调解等诉讼环节高效便捷开展。坚持"面对面"与"屏对屏"相结合，引导当事人自愿选择通过互联网法庭参与证据交换、开庭审理、协调和解，实现方便诉讼与提高效率双重目标。坚持提高效率，缩短办案周期。对涉城市更新和城市建设的各类行政案件，建立专门台账，依法强化立案、排期、送达、开庭、调解、裁判、报结等各个环节的节点管控，设专人督办并定期梳理，加快办案节奏，做到快立、快审、快结。

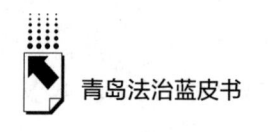

（三）开展"蓝色风暴春雷行动"，提升司法服务保障执行力

人民法院要针对司法查封闲置土地和"半拉子工程"进行专项清理，贯穿全年并形成长效处置机制，促进司法查封闲置不动产资源合理配置和高效利用，努力为城市更新和城市建设土地资源盘活提供有力司法保障。

一是加快梳理，列账清晰。弄清可以处置的闲置土地和"半拉子工程"底数，列明每个查封阶段、案件的进展、查封的位置与面积、查封的时间、未处置的原因以及下一步清理处置的方案。

二是精准分类处置，坚持重点突破。在法院执行局成立城市更新和城市建设专业化执行团队，用半年左右时间，根据调查摸底台账分类处置案件，对查封的不动产逐案清理，专门建立台账，一案一策，精准把脉，靶向治疗，加大盘活处置力度，提高开发使用效率。

三是完善协同联动机制，提高处置效率。与城市更新和城市建设行动指挥部共同梳理涉及司法查封闲置不动产情况，加强闲置资源信息的实时共享和案件信息的通报会商，立足城市更新和城市建设发展大局，将涉及城市更新和城市建设执行攻坚行动情况纳入重大事项请示报告范畴，主动向市委、人大和政府汇报重点案件工作措施、处置进展和办理情况，积极争取各方面的支持。结合"继续执行责任险""法拍贷"等创新举措，提高争议查封土地处置变现效率，缩短处置周期。

（四）着力普法宣传，提供强有力的司法舆论支撑

实施城市更新和城市建设攻坚行动，应做好普法宣传工作，巩固壮大主流舆论阵地，为城市更新和城市建设有序推进提供强有力的司法舆论支撑。

一是做好媒体普法宣传。精心策划城市更新和城市建设系列主题，依托广播、电视、报刊等传统新闻媒体，开设专题专栏，加大对城市更新和城市建设行动政策、推进情况和取得成效的宣传和解读。重视典型宣传，加大力度宣传有效果、有亮点、有特色的城市更新和城市建设工作举措，形成带动效应。会同新闻宣传部门及各类媒体，及时发布正面信息和典型经验，通过

形式多样的宣传，讲好"地方话"、唱好"特色歌"。

二是做大社会普法宣传。充分利用城市 LED 电子屏幕、户外公益广告、短信群发、公益微信推送等多种方式，做好城市更新和城市建设行动意愿征询和项目实施公示公告，增进项目实施透明度，推动城市更新和城市建设的各项政策和举措"飞入寻常百姓家"，引导群众认清当前形势的主流，找准思想认识的共同点、利益关系的交汇点、化解矛盾的切入点，有理有据解疑释惑、疏导情绪。

三是做强网络普法宣传。坚持平台思维，推广运用好"学习强国"平台，充分运用好市级融媒体平台，规范普法信息发布的内容、主体、流程等，让这些平台成为教育群众、服务群众、引导群众的综合性普法平台。发挥网络平台便捷、高效优势，更多针对人民群众需求采取"定制化""菜单式"宣传，积极动员广大自媒体和新媒体人士发布有关视频或文章，构建起传统媒体和新兴媒体同频互振的城市更新和城市建设普法宣传大格局。

参考文献

［1］刘贵文等：《我国内地与香港、台湾地区城市更新机制比较研究》，《建筑经济》2017 年第 4 期。

［2］任红波：《关于完善上海城市更新立法体系的思考》，《上海建设科技》2021 年第 3 期。

［3］王成芳等：《"自下而上"旧城更新模式与实施机制探讨——基于香港三个案例思考的借鉴》，《华中建筑》2022 年第 4 期。

［4］王奇：《城市更新背景下的老旧小区微改造》，《江西建材》2022 年第 4 期。

［5］姚迈新：《绿色城市更新：内涵、目标及问题治理》，《陕西行政学院学报》2022 年第 2 期。

［6］《青岛中院出台两个〈意见〉 强化司法服务保障 助力城市更新建设 推进实体经济发展》，《青岛日报》2022 年 6 月 14 日。

［7］《青岛中院：为城市发展注入强大司法动能》，《青岛晚报》2022 年 10 月 14 日。

［8］《青岛法院以司法能动提升营商环境》，《青岛日报》2022 年 8 月 26 日。

涉外法治篇

Foreign-Related Rule of Law

B.6 青岛市涉外律师人才队伍建设情况调研报告

青岛市律师协会国际商事与投资委员会课题组*

摘　要： 为助力青岛市加快打造涉外法律服务新高地，课题组对涉外律师人才队伍建设状况开展了调研，并进行数据分析。分析表明：青岛市涉外律师队伍建设初具成效，涉外律师整体素质较高；涉外律师事务所数量规模与业务深度发展较快；涉外法律服务市场发展迅速，呈现鲜明的地区业务领域适应性。在此基础上，建议青岛市今后进一步提升律师队伍素质，加强业务能力建设；强化资源网络建设，提供专业硬件支撑；扩大业务服务影响力，拓展涉外业务渠道；完善相关制度，建设专业系统的行业指引。

---

* 课题组成员：王宇，上海锦天城（青岛）律师事务所法定代表人，青岛市律师协会常务副会长（主持工作）；张毅，上海锦天城（青岛）律师事务所高级合伙人；张美萍，北京德和衡（青岛）律师事务所主任，高级合伙人；张澄澄，北京德和衡（青岛）律师事务所实习律师；刘震，青岛市律师协会综合办副主任。执笔人：张美萍、张毅、张澄澄。

关键词： 涉外法律服务人才 涉外律师 涉外律师事务所 涉外法律服务市场

引　言

党的十八大以来，中央高度重视涉外法律服务人才队伍建设。2016年12月30日，司法部、外交部、商务部、国务院法制办公室联合发布了《关于发展涉外法律服务业的意见》。该意见一方面明确中央及地方政府要采取扶持保障政策，推动涉外法律服务业发展；另一方面，也为涉外法律服务信息平台建设、咨询服务开展、法律人才培养等方面提供了指导性政策。该意见强调，要不断推动涉外法律服务机构建设，加快涉外律师人才队伍培养，为发展涉外法律服务业储备人才。该文件的出台，预示着我国涉外法律服务业即将迎来新时期。

2018年12月18日，习近平总书记在庆祝改革开放40周年大会上的重要讲话指出，"开放带来进步，封闭必然落后"，"改革开放已走过千山万水，但仍需跋山涉水"。伴随着改革开放40年的光辉历程，我国律师制度从无到有，律师队伍从小到大，取得了长足发展。当前，律师事业发展进入了新时代。

青岛市连海带路，作为"一带一路"新亚欧大陆桥经济走廊建设与海上合作的重要位点，对积极探索与上海合作组织（以下简称上合组织）国家经贸合作模式创新，打造面向上合组织国家的对外开放新高地具有重要意义。2018年6月10日，习近平总书记在上海合作组织成员国元首理事会第十八次会议讲话中指出，设立"中国—上海合作组织法律服务委员会"，为对外经贸合作提供法律支持。

为响应国家号召，推动涉外法律服务工作与涉外律师人才队伍建设，青岛市律师行业以"立足青岛，走向国际"为着眼点，立足服务"一带一路"、扎根"上合示范区"，在"专业、全面、高效、共赢"上下功夫，抓

培训，建阵地，强服务，发挥特长，精准服务，力求打造覆盖面广、专业能力强的涉外法律服务人才队伍。

在上述背景下，青岛市律师协会发起了此次涉外法律服务人才队伍建设工作调研项目，旨在针对性分析青岛涉外法律人才队伍建设现状以及青岛涉外律师执业中遇到的问题与挑战，为制定实施下一步行动计划，加快涉外法律服务人才培养、切实推动青岛涉外法律服务业发展提供参考。

一 青岛市涉外律师人才队伍建设调研背景与说明

（一）调研背景

随着"一带一路"等重大国家战略的实施，中国企业不断"走出去"，涉外法律服务业即将迎来新时期。涉外法律服务人才作为涉外法律服务工作的重要单元，直接影响涉外法律服务工作的质量与深度。培养优秀的涉外律师，建设全方位多领域的涉外律师人才队伍是青岛市适应对外贸易发展形势、应对国际贸易摩擦的现实需要。

为适应对外贸易发展形势，满足应对国际贸易摩擦的现实需要，推进涉外法律服务工作，为青岛市全面开放新格局保驾护航，青岛市律师行业以"立足青岛，走向国际"为着眼点，以服务"一带一路"、扎根"上合示范区"为重点，着眼于打造一支覆盖面广、专业能力强的涉外法律服务队伍。

青岛市律师行业依托青岛优越的地缘开放优势，顺应"一带一路"及"上合示范区"的有利政策导向，开展了一系列涉外律师人才队伍建设工作。截至目前，青岛市律协举办了6期"一带一路"法律服务"沙龙"和"欧洲知识产权讲座及研讨会"，不断提高律师涉外法律服务能力。同时，青岛市律师行业抢抓机遇，打造集涉外法律服务产业、涉外法律学术研究、涉外法律配套赋能于一体，线上线下全产业链发展的涉外法律服务基地。2022年6月23日，青岛涉外法务中心建设项目在市南区香港中路80号启动，这一项目有利于深化上合组织成员国之间的法治交流合作，服务于国际国内双循环发展格局以及全方位对外开放的战略部署，以建设青岛市适应经济全球化发展、形成对外开放新体制、应对维护国家安全稳定新挑战的高规格服务平台。

抓培训，强服务，青岛市涉外法律服务人才培养已初见成效。2022年2月至7月，青岛市律师协会联合山东大学法学院举办了青岛市涉外律师培训班，邀请了高校教授、法学博士、知名企业法务专家和省内外知名涉外律师等共30余名讲师，来自青岛市各律所50名从事涉外业务的律师参加培训。目前，来自青岛市的律师及律师事务所在全球70多个国家和地区设立了法律服务机构，涌现出一批优秀的涉外律师人才。在山东省律协建立的涉外律师领军人才库（40名）中，青岛市有12名律师入选；在司法部建立的全国千名涉外律师人才库中，青岛市有30名律师入选，占山东入选人数的50.85%。

（二）调研目的

回顾青岛市律师行业涉外律师人才培养成果，梳理青岛市律师行业涉外律师人才培养现状，总结涉外律师培养与人才队伍建设的先进经验，为制定实施下一步行动计划提供参考，切实推动青岛涉外法律服务业发展，课题组在青岛市范围内进行了以涉外律师及从事涉外业务的律师事务所为对象的青岛市涉外律师问卷调研。

具体而言，本次调研的主要目的为：厘清青岛涉外律师人才培养现状；总结青岛涉外律师人才队伍建设的先进经验，分析存在的劣势与不足；为青岛市进一步统筹协调涉外律师人才队伍建设工作提供数据支持和参考。

（三）调研方法

1. 调研形式

本次调研主要通过在线问卷调查形式开展，收集涉外法律服务提供方（律所和律师）的基本情况，了解涉外法律服务业务现状以及业务实践面临的机遇与挑战。

调研问卷内容分为被调查对象的基本情况、所在执业机构的基本情况、被调查对象境外经历/从事涉外业务/参与涉外事务基本情况、涉外业务工作

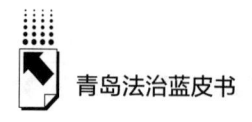

中存在的困难和建议四个组成部分。涵盖涉外律师基本情况及从业现状等多个维度层面，从涉外法律服务实际情况出发，深度调研涉外律师业务发展情况。

2. 调研对象

为理清青岛涉外律师人才培养现状，课题组选择的调研对象集中于青岛地区提供涉外法律服务的律师及律师事务所。关于"涉外法律业务"的认定，课题组采取的标准是：业务相关法律关系的任一要素具有涉外因素即为涉外法律业务，业务范围包括但不限于跨境投资、跨境并购、国际贸易、海外发行、涉外争议解决以及外商投资。

（四）调研参与情况

本次调研依托青岛市律协进行了在线网络问卷调查。参与本次调研的为来自青岛市二十余家律师事务所从事涉外业务或有意从事涉外业务的律师与律师团队。参与本次调研的律师及律师团队对调查问卷的全部问题作出了回答，说明填写调查问卷的律师的参与度和积极性较高。整体上，本次调研问卷可以相对直观地反映参与调研的青岛市涉外律师从事相应业务的基本信息与其所从事涉外法律服务业务的具体情况。

二 青岛市涉外律师人才队伍建设调研数据分析

经过统计，调查问卷各个题目反映的具体情况如下。

（一）青岛涉外律师发展情况

1. 涉外律师队伍年龄及执业年限分布较为均衡

数据显示，受访律师整体年龄集中在26~60岁，其中26~35岁的受访者占26.67%，36~45岁的受访者占42.22%，46~60岁的受访者占31.11%（见图1）。同时，受访律师的执业年限也较为多样，执业年限在3年以下的青年律师占受访者的20%（见图2）。这反映了青岛市从事涉外业务或有意从事涉外业务的律师涵盖的年龄范围与执业年限范围相对较广,青年律师从事涉外法律服务业务的意愿相对高涨。

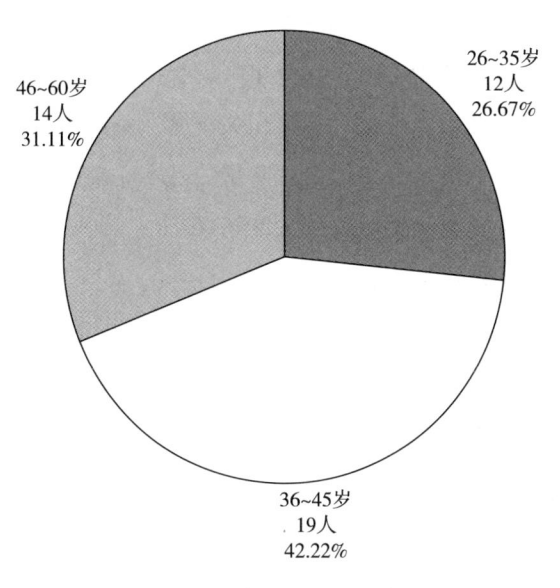

图1 受访者年龄分布情况

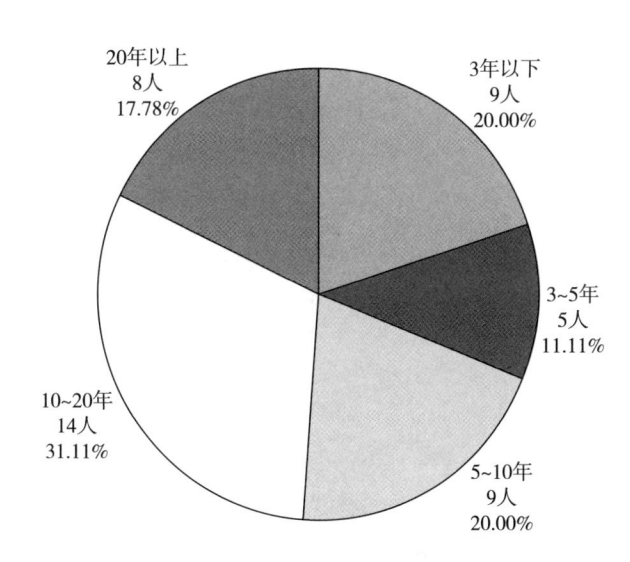

图2 受访者执业年限分布情况

这一数据反映了青岛市涉外律师年龄及执业年限整体分布比较均衡。一方面，较为年轻、执业时间相对较短的青年律师从事涉外法律服务业务的意愿与积极性较高，有利于涉外法律服务领域吸收更多具有海外背景的高素质人才；另一方面，从业经验丰富、执业年限较长的资深律师从事涉外法律服务也有利于青年律师的培养与提升本市相关领域业务的质量。

整体而言，目前本市涉外律师人才队伍的基本年龄结构比较合理，有利于涉外律师队伍的扩大与相关业务的深度拓展。

2. 涉外法律服务人才队伍整体素质较高

海外教育经历人才一般具备较高的外语水平，同时对境外的经济、政治、文化、法律制度以及沟通方式较熟悉。数据显示，青岛市从事涉外法律服务的律师大部分为本科或硕士研究生学历，亦有受访者具有博士研究生学历（见图3）。在受访律师中，有四成拥有海外教育背景或曾经参加过涉外法律服务培训，整体素质较高（见图4）。同时，本市相关行业协会及主管部门所组织的涉外法律服务培训作为弥补海外相关知识的重要组成部分，近年来也取得了较大成效。

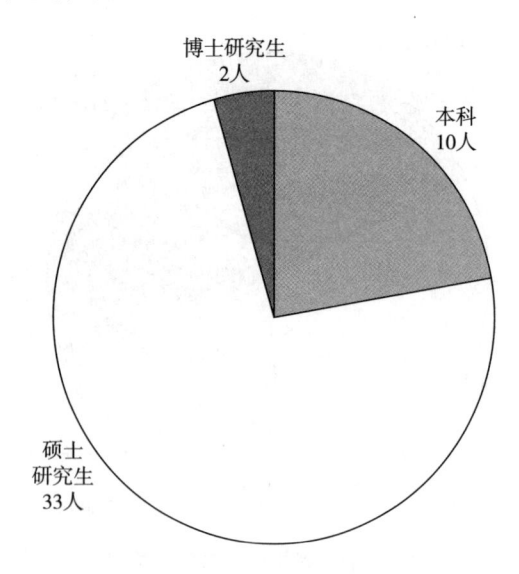

图3 受访者学历分布情况

30%　　　　　　　　　13%

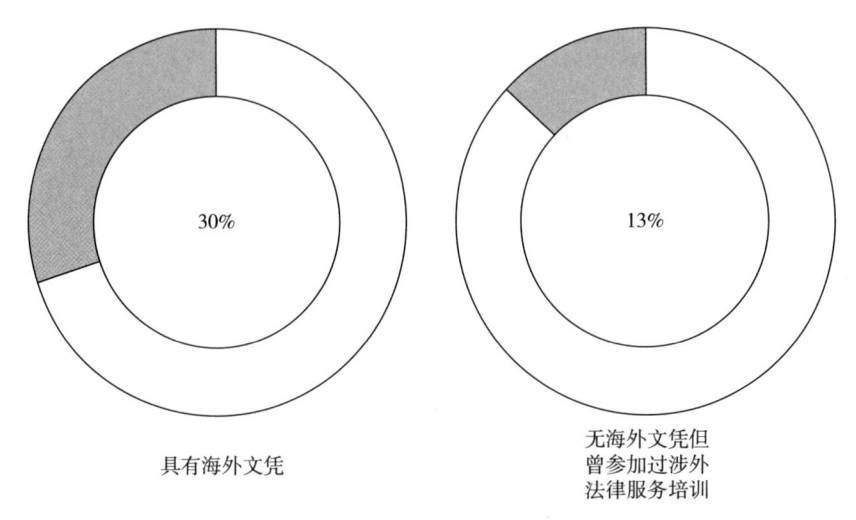

具有海外文凭　　　　　无海外文凭但曾参加过涉外法律服务培训

图4　受访者海外教育背景或参加涉外法律服务培训情况

与受访者海外教育背景相对应，青岛市从事涉外法律服务的律师均具有较为优秀的外语素养，能够熟练或精通应用外语的律师数量近七成，可将外语作为工作语言的律师数量亦超过三成，绝大部分服务语言为英语，涉外律师的英语水平整体比较理想。同时，有18%的受访者具备第二外语能力，32%可将第二外语作为工作语言（见图5）。这反映了目前青岛市涉外律师的基础语言能力较为出色，涉外法律服务业务发展基础较好。

■ 可熟练应用外语
■ 可将外语作为工作语言
■ 具备第二外语能力

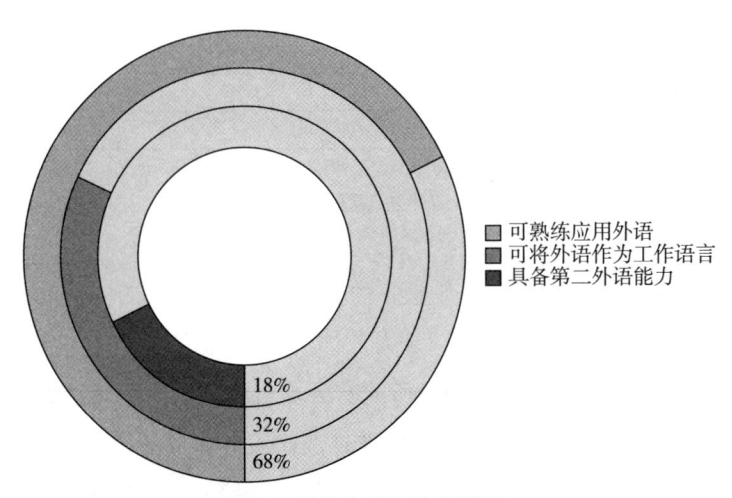

18%
32%
68%

图5　受访者外语使用情况

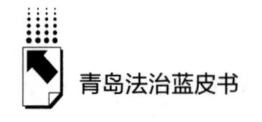

从青岛市涉外律师取得的相关资质与国际律师组织参与情况看，目前，山东省律协建立的涉外律师领军人才库（40名）中，青岛市有12名律师入选；在司法部建立的全国千名涉外律师人才库中，青岛市则有30名律师入选，整体人才队伍建设取得了较好成果。关于受访律师取得的涉外法律资质情况，在受访律师中，暂无律师具有境外执业资格，但有4名受访者具有在境外执业中国法的资格，亦有受访者参与了国外律师组织，暂无受访者在国际主要仲裁机构与调解机构担任仲裁员或调解员。

（二）青岛开展涉外业务律师事务所发展情况

1. 青岛市从事涉外法律服务的律所数量规模与业务深度发展较快

调查数据显示，受访者所执业的律师事务所大部分为30人以上中等规模，其中有87%的律所设有涉外业务部门，38%的律所设有境外分支机构，44%的律所开立了外币账户，绝大部分为美元账户（见图6）。

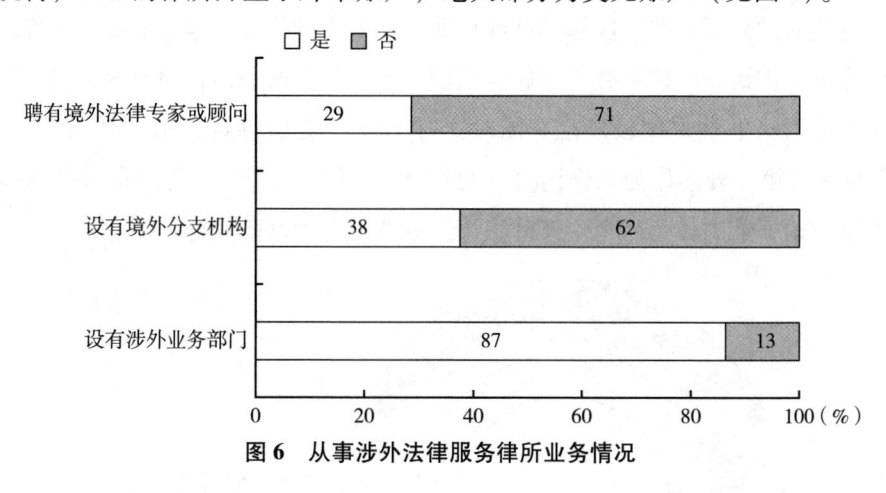

图6　从事涉外法律服务律所业务情况

关于律所从事涉外法律服务业务的人员情况，57.78%的受访律所从事涉外法律服务的人员数量为1~5人，涉外法律服务人员超过10人的占35.56%（见图7）。有近三成的律所或其分支机构聘有熟悉境外法律的专家或外国法律顾问。整体而言，在开展涉外法律服务业务的律所中，从事涉外法律服务的人员规模数量并不大，整体呈现小而精的人员组成特征。

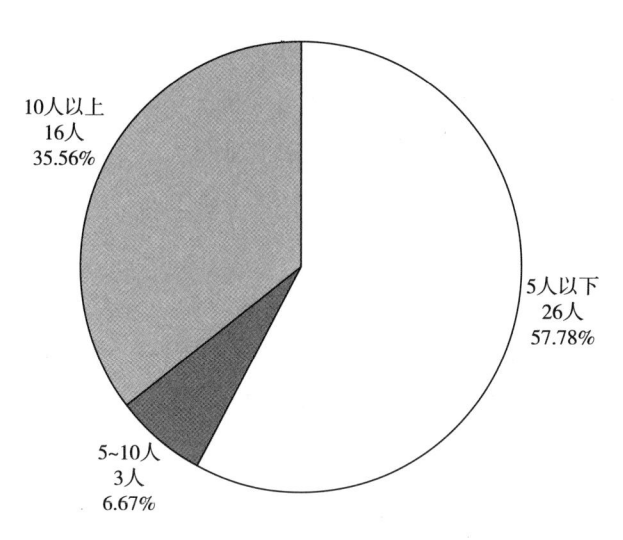

图 7　受访者所在律所涉外人员规模情况

数据显示，近年来青岛市从事涉外法律服务的律师事务所数量和规模发展较快，相继建立从事涉外法律服务的业务部门并配备相关专业人员，反映了涉外法律服务市场的巨大吸引力与发展潜力。青岛市法律从业人员对涉外市场的总体前景与发展潜力态度较为乐观，但也意味着未来一段时间涉外法律服务市场会面临比较激烈的竞争。

同时，青岛市从事涉外法律服务的律师事务所业务深度也有所拓展。超过三分之一的律所设立了境外分支机构，不仅为本市提供涉外法律服务，而且深入融合拓展海外市场业务。

2.涉外服务数据信息网络平台建设及涉外法律研究取得一定成果

不同于传统法律服务业务，涉外法律服务业务具有相当的复杂性，涉外律师及律师事务所需要基于相关数据平台进行大量法律调研工作，更为深入地理解与研究外国法律环境。然而，公开口径网络搜索方法在实践中有其局限性，效率低且效果有限；同时，涉外法律服务业务中的多国家多语种法律查明往往触及技术障碍。在这一背景下，推动涉外信息网络平台应用具有必要性；同时，将实务工作经验整理为业务研究成果，推动形成特色化体系化知识网络，对于提高涉外律所法律服务水平也具有现实意义。

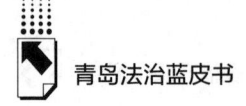

目前，青岛市提供涉外法律服务的律师事务所中，涉外数据信息网络平台利用情况较好。数据显示，在开展涉外业务的律师事务所中，有相当数量的律所应用了相关数据信息网络平台，并在业务实践中形成了涉外法律研究成果。有13%的律所具备境外法律法规及案例数据库，27%的律所应用了涉外法律服务科技产品及平台。

在涉外法律业务实践研究与体系化建设方面，有18%的律所制作了境外法律法规汇编，31%的律所发表过介绍境外法律法规的文章（见图8）。这表明，青岛市涉外律所在业务实践基础上形成了一定数量的法律研究成果，涉外法律服务业务实现了深度发展。

项目	是	否
有境外法律法规查明成功案例	31	69
发表过介绍境外法律法规的文章	31	69
制作了境外法律法规汇编	18	82
有涉外法律服务科技产品及平台	27	73
有境外法律法规及案例数据库	13	87

受访者认为律所有境外法律查明方面的需要：75%

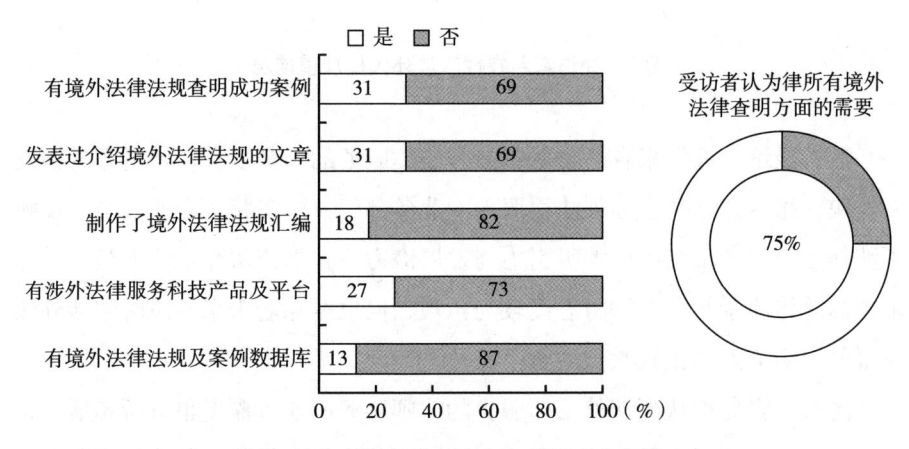

图8 受访者所在律所基本业务平台应用情况

但是，需要注意的是，目前境外法律查明问题在实践中仍然较为突出。在境外法律查明实践中，有31%的律所具有境外法律查明成功案例，而75%的受访者认为其从业的律所有境外法律查明方面的需要。这一数据表明，涉外法律服务实践中面临的境外法律查明问题仍需解决。

同时，涉外法律法规制度汇编工作还有较大发展空间。数据显示，仅有不到两成的受访律所制作了涉外法律法规制度汇编。一方面，法律汇编工作的复杂性与相对较大的工作量决定了规模较小的律所或律师团队承接难度较大；另一方面，这也提示相关部门及行业协会可以针对性地组织法律研究与整理汇编工作，利用行业协会的组织及影响力系统性积累业务参考资源，以更好地服务涉外律师业务开展。

（三）青岛涉外法律服务市场的综合情况

1. 涉外法律服务市场初具规模，重点行业领域服务发展前景较好

统计数据显示，青岛涉外法律服务业务已经形成了一定数量规模，但案件分布相对集中。有35.56%的受访者表示，执业以来办理的涉外法律业务超过30件，但也有26.67%的受访者少于3件（见图9）。这一数据显示，青岛市涉外法律服务业务市场仍然处于发展阶段，整体市场初具规模，但也呈现律师、团队以及律所差异。部分事务所或较专业的团队，承接的涉外案件数量相对较多，而经验较少或受限于服务领域的部分律师、团队以及律所，承接的涉外案件数量则相对较少。

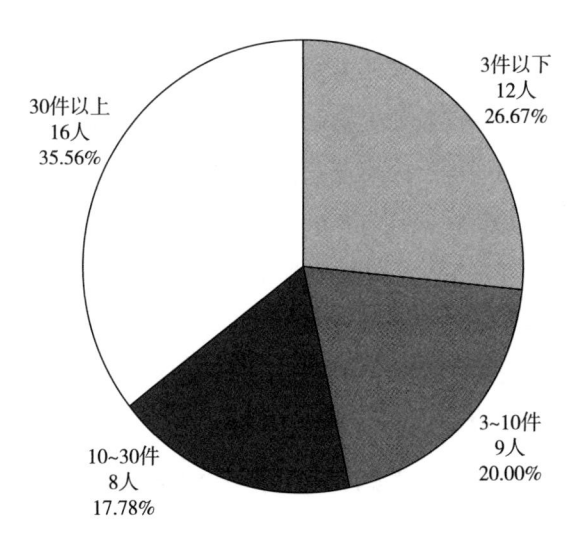

图9 受访者办理的涉外案件数量

同时，超过五成的受访者表示执业以来办理的重大（标的金额1000万元人民币以上）涉外案件数少于3件，仅有13.33%的受访者办理重大涉外案件数超过30件（见图10）。这说明，相对整体案件数量而言，青岛律师承接的重大涉外案件数量规模相对较小。

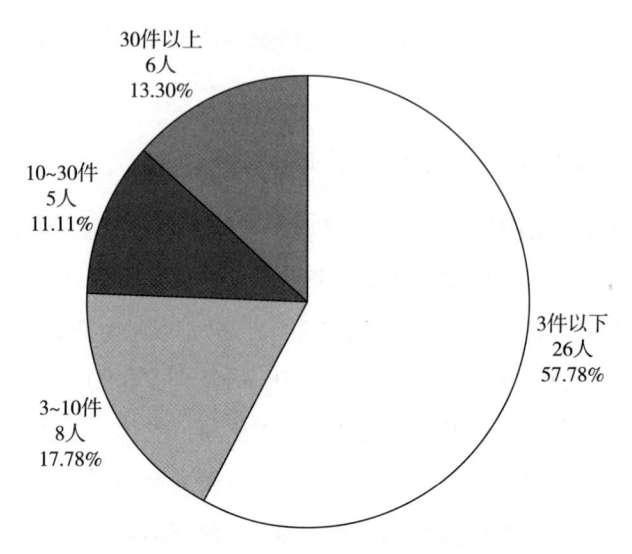

图10 受访者办理的重大涉外案件数量情况

另外，从涉外法律服务业务类型看，相关案件集中于民商事争议解决及非诉讼领域，涉外案件涉及的主要业务领域为国际贸易、争议解决，占比较高，跨境投资、海商海事、公司业务亦占一定比例。这表明，青岛市涉外法律服务业务领域相对集中，且与本市对外产业的法律服务需求情况相适应。

从案件涉及的地区看，以欧洲、北美、日韩、东南亚等地区为主，整体与青岛市的主要贸易地区以及"一带一路""上合示范区"的主要贸易与合作地区具有一致性（见图11）。整体上能够较好地适应市场需求，涉外法律服务业务发展前景较好。

2. 涉外法律服务案件来源多样，但仍具有发展空间

从涉外法律服务案件来源看，有87%的受访者表示其涉外业务客户以境内客户为主，其中境内民企客户占比较大。业务绝大部分来自同行或朋友介绍、律所内合作以及已有客户推荐或已有客户衍生的新业务，但专业组织与行业协会的客户推荐与介绍也发挥了一定作用（见图12）。与之相应，有超过七成的受访者表示，在寻求境外律师合作时，通常会选择律所的国外分所或合作律所以及同行或朋友介绍的相关渠道。这一数据反映了

目前青岛市涉外法律服务业务在发展境内国企客户与境外客户方面仍然有较大改善空间，提示有关部门以及行业协会可以进一步发挥组织与引导作用，为涉外律师发展境内国企客户与境外客户提供更加全面有效的渠道与平台。

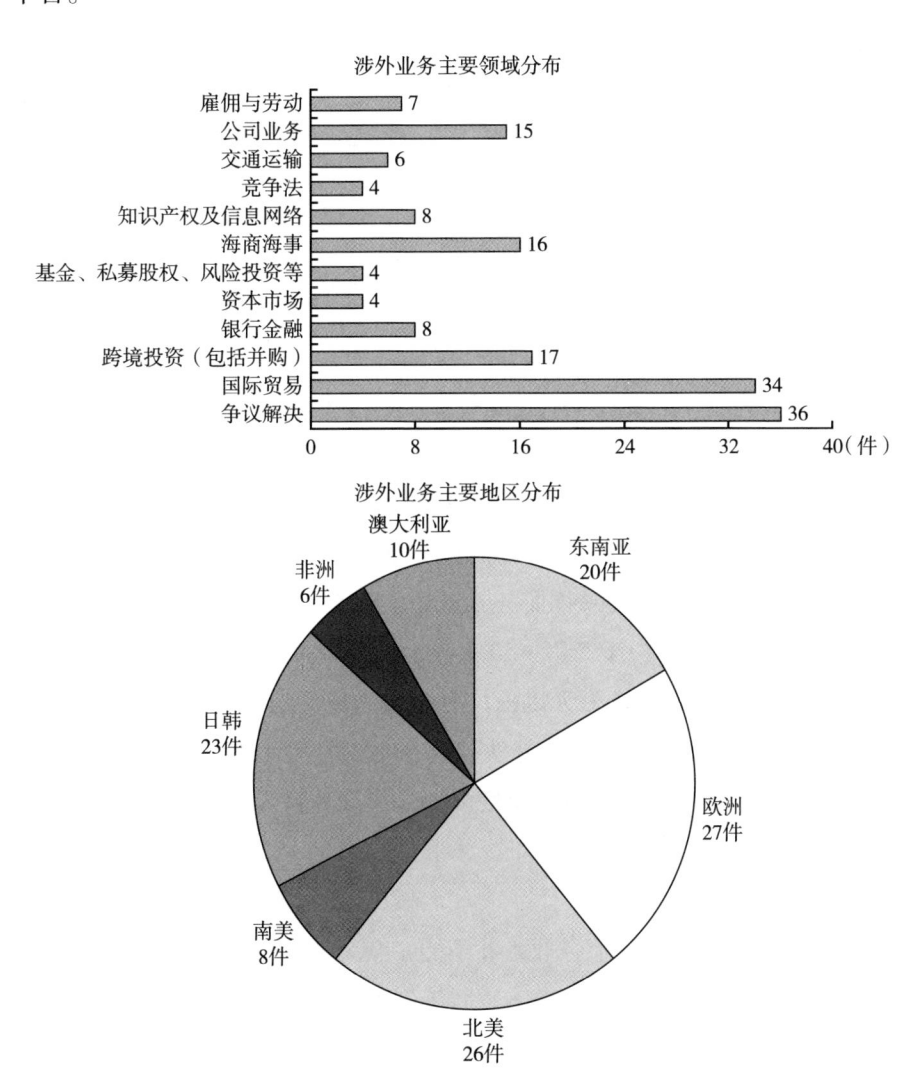

涉外业务主要领域分布

领域	件数
雇佣与劳动	7
公司业务	15
交通运输	6
竞争法	4
知识产权及信息网络	8
海商海事	16
基金、私募股权、风险投资等	4
资本市场	4
银行金融	8
跨境投资（包括并购）	17
国际贸易	34
争议解决	36

涉外业务主要地区分布

- 澳大利亚 10件
- 东南亚 20件
- 欧洲 27件
- 北美 26件
- 南美 8件
- 日韩 23件
- 非洲 6件

图11 涉外业务领域与地区分布情况

涉外业务客户以
境内客户为主

87%

境内客户以民企
客户为主

75%

已有客户推荐 18
已有客户衍生的新业务 17
律所内合作 19
公开招投标 2
同行或朋友介绍 38
新客户主动联系 15
专业组织转介 6
行业协会推介 6

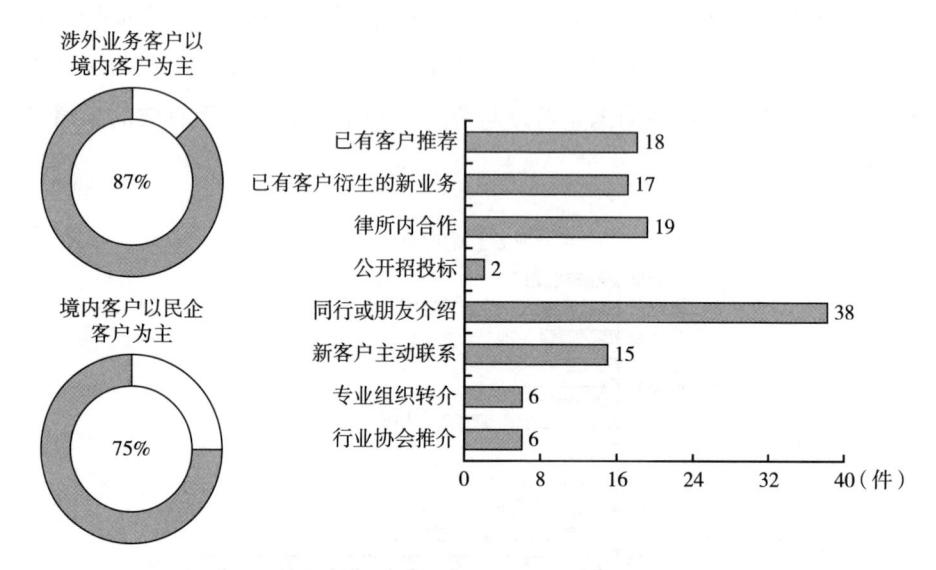

0　8　16　24　32　40（件）

图12　涉外业务客户类型与来源情况

3.涉外法律服务业务收费仍有较大提升空间

相较于青岛涉外法律服务市场的整体规模，目前涉外法律服务业务收入体量不大，在涉外律师总体业务收入中占比较小。统计数据显示，涉外业务个案收费整体集中于5万~50万元，有28.89%的受访者表示其涉外业务个案收费在人民币5万元以内，有超过六成受访者涉外业务个案收入达到5万~50万元。同时，涉外法律服务收入占受访律师总收入比重不高，有42.22%的受访者表示其年度涉外法律服务收入仅占总收入的5%以下，仅有4名受访者表示其涉外法律服务收入占比超过50%（见图13、图14、图15）。

与之相应，涉外法律服务收入并不能完全满足涉外律师的收入期待。有五成的受访者对涉外法律服务收入现状感到不满意，仅有2名受访者对相应业务收入情况表示满意（见图16）。这可能是由涉外律师的专业水平、业务经验以及客户来源等多种因素所造成的，同时涉外法律服务市场也尚未形成比较稳定的收费惯例与参考。但是，考虑到目前青岛市对外开放与合作的不断发展深化，而且培养了一批综合素质较高、具有专业知识能力的涉外法律图中数据：

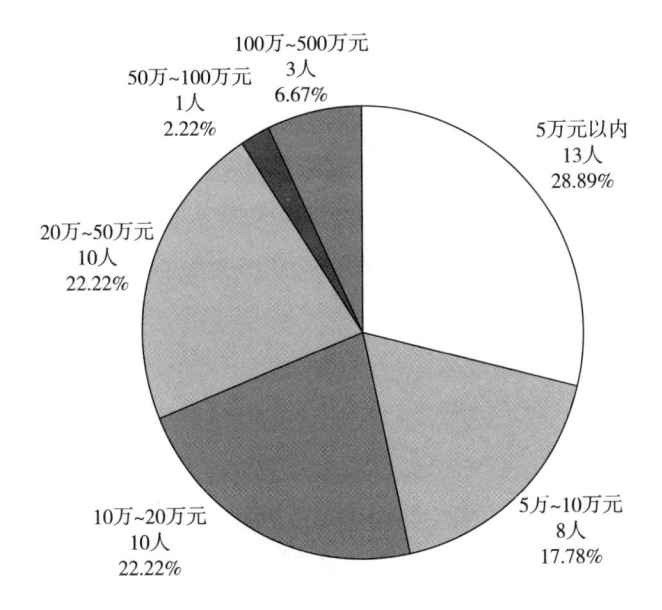

图 13　涉外业务个案收费范围
- 5万元以内　13人　28.89%
- 5万~10万元　8人　17.78%
- 10万~20万元　10人　22.22%
- 20万~50万元　10人　22.22%
- 50万~100万元　1人　2.22%
- 100万~500万元　3人　6.67%

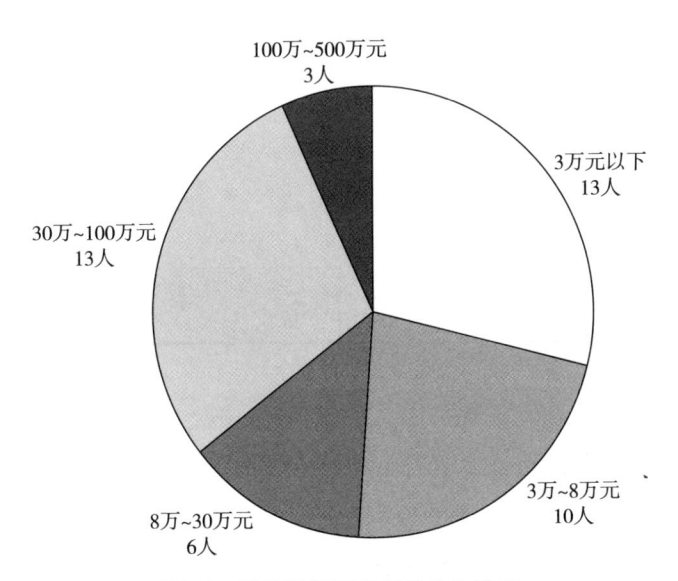

图 14　涉外法律服务平均收入情况
- 3万元以下　13人
- 3万~8万元　10人
- 8万~30万元　6人
- 30万~100万元　13人
- 100万~500万元　3人

服务人才，可以预见，未来具备专业业务知识以及丰富业务经验的律师、团队以及律所的涉外业务收入会有较大发展与提升空间。

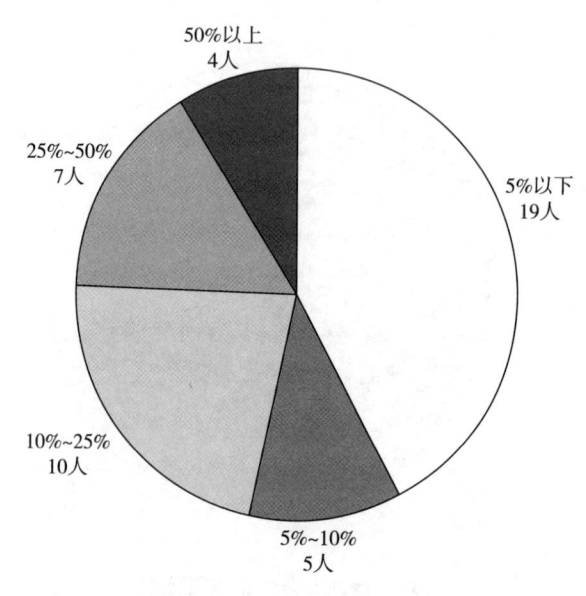

图 15　涉外法律服务收入占全年总收入比例情况

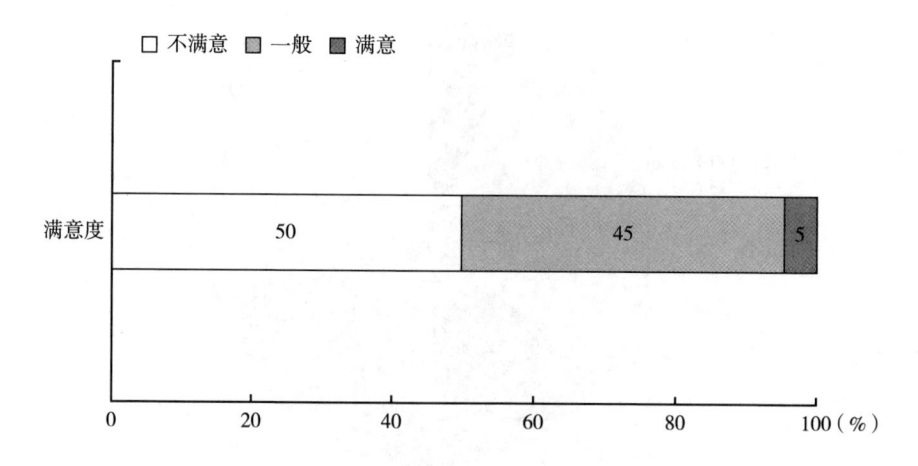

图 16　受访者对涉外业务收入的满意度情况

三 青岛市推进涉外律师人才队伍建设的对策与建议

为增强青岛市涉外律师竞争力，进一步推进涉外法律服务人才队伍建设，本文在调研分析的基础上提出以下对策与建议。

1. 提升律师队伍素质，加强业务能力建设

正所谓"打铁还需自身硬"，律师事务所、行业协会及有关部门仍需着眼于提升涉外律师专业能力和服务水平，基于市场与行业服务需求，有针对性地培养具有涉外专业知识及专门资质的涉外法律服务人才。

鼓励具有海外教育背景的执业律师及实习律师投身涉外法律服务工作。一方面，应充分发挥本市高校知名法学院的教育资源优势，吸引具有高等教育背景及海外学习背景的法律人才在青岛市执业；另一方面，可鼓励有条件的律师出国留学，系统学习外国法律或者其他相关法学专业。进一步扩大本市涉外律师队伍规模，在规模化基础上强化专业培养。

进一步开展涉外法律业务培训，组织对外交流学习、有针对性地培训或者邀请国外相关领域专家来华授课，拓宽涉外人才培养的路径与渠道，增强涉外律师专业培训的针对性和实效性。

重视涉外律师海外执业资格及其他专门资格的取得，鼓励有条件的律师加入跨国律师组织，增强与海外律师的合作与交流。可发挥律师协会的组织优势，基于综合服务交流平台，设立一系列有关主题的专栏与指引，包含一些重要的跨国律师组织的介绍、加入要求、活动内容等相关信息，使越来越多的律师了解跨国律师组织，积极选择加入适合自己的律师组织。

2. 强化资源网络建设，提供专业硬件支撑

行业协会及有关部门应加强基础平台建设，运用前沿信息技术推动完善本市律师涉外法律信息综合服务平台，为律师及律师事务所提供全面性针对性硬件设施保障。

如前所述，涉外法律业务的复杂性需要律师进行大量的境外法律调研工作，会面临多个国家多语种法律查明的技术障碍，行业协会及有关部门可着

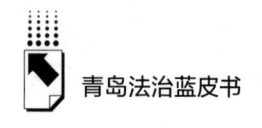

眼于提供重点国家法律法规、案例、国际规则的检索服务，扩展境外法律法规及案例数据库以及相关重点领域的出版物或行业报告等资源，为涉外律师日常工作提供完善的硬件支撑。

可鼓励有条件的涉外律师团队以及从事涉外法律服务的律师事务所合作编写境外重点法律法规汇编，或鼓励经验丰富的涉外资深律师发表境外法律法规及实践研究文章，发挥行业组织合力，形成系统性的业务参考与研究资源。

3. 扩大业务服务影响力，拓展涉外业务渠道

行业协会及有关部门应利用组织优势，积极举办更多专业性的涉外法律服务论坛及相关的学术会议，提升青岛市在涉外法律服务领域的知名度和参与度，帮助涉外律师拓展业务渠道。

同时，政府或行业协会可通过成立涉外法律服务顾问团的方式，由政府或行业协会牵头，通过考察、评比等方式，选择信誉好、服务质量高的律所成立涉外法律服务顾问团，推荐给企业，帮助企业及时找到所需的涉外法律服务人员，构建起涉外律师与企业沟通合作的桥梁。

4. 完善相关制度，建设专业系统的行业指引

行业协会及有关部门可进一步完善相关制度指引，在涉外业务收费、执业风险管理等方面为涉外律师提供相对完善的标准化保障。

参考文献

[1]《关于发展涉外法律服务业的意见》，《法制日报》2017年1月9日，第2版。

[2] 黄进、鲁洋：《习近平法治思想的国际法治意涵》，《政法论坛》2021年第3期，第3~13页。

[3] 王萌、滕媛：《青岛涉外法务中心建设项目启动》，《青岛日报》2022年6月27日，第9版。

[4] 青岛市律师协会：《青岛律师行业努力打造涉外法律服务新高地》，（2022-08-02）[2022-09-26]，http：//www.qingdaolawyer.org/contents/360/12598.html。

B.7
青岛法院涉外审判服务保障国际化大都市建设报告

王晓琼*

摘　要： 为持续放大上合峰会效应，以中国—上海合作组织地方经贸合作示范区建设为契机打造"一带一路"国际合作新平台，积极建设山东自贸试验区青岛片区，更好地发挥RCEP青岛经贸合作先行创新试验基地的作用，充分服务和保障山东对外开放新高地建设，青岛市中级人民法院坚持涉外商事审判精品战略目标，不断创新审判机制、积极构建多元纠纷解决机制。对标国际标准，健全完善一站式国际商事纠纷处理机制，不断提升青岛辖区国际商事纠纷解决质效，为中外当事人提供普惠均等、便捷高效、智能精准的司法服务，为将青岛打造成中国国际商事纠纷化解优选地不懈努力。通过优质高效司法助力青岛在构建新发展格局中充分发挥战略节点作用，全力打造国际化创新型城市、国际门户枢纽城市。青岛法院涉外审判在国际法前沿领域勇于探索，在法律规则尚不统一的领域大胆尝试，通过高水平高质量的裁判，讲好中国法治好故事，向世界传播中国法治好声音。

关键词： 涉外审判　精品工程　国际商事纠纷多元化解　域外法查明　司法协助

---

* 王晓琼，青岛市中级人民法院审判委员会委员，涉外商事审判庭（民四庭）庭长，三级高级法官，华东政法大学国际法学博士，山东省首批审判业务专家，山东省首批法学法律研究领军人物，青岛市拔尖人才，全国涉外商事海事审判工作先进个人。

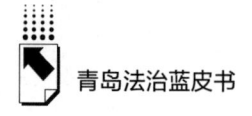

青岛是我国"一带一路"倡议中新亚欧大陆桥经济走廊主要节点城市和海上合作战略支点城市，是山东对外开放的桥头堡，拥有第九个国家级经济新区、上海合作组织地方经贸合作示范区、山东自贸试验区青岛片区、RCEP青岛经贸合作先行创新试验基地等特色区域，对外开放是青岛最大的特色和优势。当前，青岛正深入贯彻习近平总书记"办好一次会，搞活一座城"的重要指示精神，山东省第十二次党代会提出"走在前、开新局"的全局性定位，"塑造全面开放新格局"是其中一个重要方面。为持续放大峰会效应，以中国—上海合作组织地方经贸合作示范区建设为契机，打造"一带一路"国际合作新平台，积极建设山东自贸试验区青岛片区，更好地发挥RCEP青岛经贸合作先行创新试验基地的作用，充分服务和保障山东对外开放新高地建设，青岛市中级人民法院一直坚持涉外商事审判精品战略目标，不断创新审判机制、积极构建多元纠纷解决机制。

一 打造涉外商事审判精品工程，向世界传播中国法治好声音

青岛中院深入实施涉外商事审判精品战略，以推动创新、便利诉讼、优化外商投资环境为立足点和出发点，充分发挥审判职能作用，公正高效审理各类涉外商事案件。2013~2022年，青岛两级法院共受理涉外商事案件2300余件，涉案标的额近221亿元人民币，案件涉及全球50多个国家和地区，其中涉"一带一路"沿线国家21个。在案件数量逐年增加、法律关系日益复杂、新类型案件不断出现的形势下，青岛法院通过推进涉外案件繁简分流工作，不断提升审判质效。对于涉外案件中的民间借贷、金融借款、旅游合同等事实比较清楚、法律关系相对简单的案件，实行简案快审，推行要素化审理，表格式裁判，对于法律关系复杂、法律适用疑难的涉外案件，实行繁案精审。通过高水准的涉外司法，向世界传播中国法治好声音。

（一）不断加强国际法前沿领域疑难问题研究与探索，以高水准司法助推我国涉外审判国际公信力提升

青岛中院涉外审判注重加强对国际法前沿领域及疑难问题的深入研究，在审判中准确理解和适用域外法、国际条约、国际惯例，在国际规则尚未统一的领域勇于探索，通过高质量的裁判加强中国涉外审判国际话语权。多个涉外案例在全国、全省获奖，近年来，两个案例获评全国法院典型案例，四个案例获评全省法院典型案例。

1.与高校、学术科研机构等建立域外法查明合作机制，准确查明与适用域外法

域外法查明和适用是涉外审判中的一大难题。青岛中院深入研究经济全球化进程中出现的新情况、新问题，积极加强与高校、学术科研机构的合作，先后与华东政法大学域外法查明中心、深圳蓝海法律查明中心建立域外法查明合作机制。

青岛中院审理的俄罗斯某贸易公司诉青岛某企业申请承认与执行外国仲裁裁决案、青岛某公司诉美国某公司及何某某委托合同纠纷、英国甲公司诉英国乙公司及王某某不当得利纠纷等二十余起案件，青岛中院均委托华东政法大学分别对俄罗斯、美国、英国以及香港特别行政区的法律和案例进行了查明。有十余起案件在查明相关域外法后，经过法官耐心的解释和调解，当事人或达成调解或撤诉，多数案件也在查明和准确适用域外法后及时作出了判决。比如，查明美国加州公司法后，原告青岛某公司与被告美国某公司及其股东何某某的一起涉外委托合同纠纷顺利调解。

原告青岛某公司与被告美国某公司签约获得 the British Museum 官方旗舰店的独家经营权，并受托在天猫国际平台注册海外旗舰店，后各方因经营权问题产生诸多争议。原告青岛某公司将美国某公司及其股东何某某诉至青岛中院。本案的焦点是，根据被告美国某公司注册地美国加州法律，股东是否需要对公司债务承担责任、承担何种责任。在通过华东政法大学域外法查明中心查明美国加州公司法关于一人公司的成文法和判例后，办

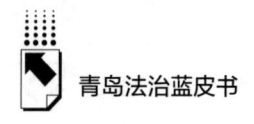

案法官及时向各方当事人明理释法，告知美国法的相关规定、诉讼风险以及判决后的执行情况，最终各方当事人达成和解协议，一起复杂的涉外纠纷圆满化解。

上述域外法查明合作机制在涉外商事审判实践中发挥了重要作用，帮助法官及当事人及时明晰域外法律的规定与适用，解决了涉外商事审判中域外法查明和适用的难题，提高了域外法查明和适用的权威性和准确性。高质高效化解了多起涉外疑难案件，既提高了涉外审判效率，又提升了青岛涉外审判的国际公信力。该项法律查明服务也同时向青岛企业开放，为青岛企业"走出去"参与国际经贸活动提供及时的法律服务与帮助。

2. 准确适用国际规则、国际惯例，致力维护正常的国际贸易秩序

随着开放型经济发展，我国与世界各国的经贸往来日益频繁，法律纠纷也相应增多。青岛中院涉外商事审判法官在审判中准确理解和适用国际条约、国际惯例，平等保护中外当事人的合法权利，公正高效化解涉外纠纷，维护国际经贸正常秩序。

原告青岛某进出口公司与被告日照某国际贸易公司及其法定代表人马某关于伊朗铁矿石买卖合同纠纷案中，原告与被告及其法定代表人马某签订购买3万吨伊朗铁矿石的销售合同，合同约定装运港为伊朗某港口，价格术语为FOB。被告马某对合同履行承担连带保证责任。原告青岛某进出口公司支付预付款后租船抵达伊朗港装货至1万余吨时，由于被告日照某国际贸易公司的上游供货商伊朗某公司涉及诉讼，伊朗法院要求停止装船并卸货。各方协商解决未达成一致，涉案船舶滞留后载货驶离港口，下落不明。原告诉至法院，请求判令被告日照某国际贸易公司返还已付货款并赔偿违约损失，被告马某承担连带保证责任。本案卖方的供货商为伊朗公司，货物装运港在伊朗。涉案船只现状无法查清，巨额货损已产生。案件焦点在于已装船货物的损失应由何方承担及应如何认定违约责任。关于已装船货物损失的承担，因合同约定的价格术语为FOB，主办法官根据《国际贸易术语解释通则》的规定准确界定了货物风险责任的转移时间，认为被告日照某国际贸易有限公司作为卖方，已按合同约定时间、地点将1万余吨货物装上买方指定的船舶并给予买方充分通知，其后，该部分货物毁损灭失的风险应由买方即原告青岛某进出口公司承担。判令被告日照某国际贸易公司于判决生效后十日内向原告青岛某进出口公司赔偿损失，被告马某承担连带保证责任。后双方当事人就判决的履行达成和解。原告律师由衷地向青岛中院的办案法官表示敬意："您这个判决让当事人又回到了理性、合作共赢的位置上，已经不再是之前针锋相对老死不相往来的态度了。感谢您的严谨负责、公正裁判，把一个困扰各方多年的问题在合理合法范围内解决得恰到好处，真正做到了定分止争。"

在这起疑难案件中，青岛中院涉外商事审判法官在审判中准确理解和适用国际贸易术语解释通则，准确界定了货物毁损、灭失风险责任的转移时间，公正高效化解涉外纠纷，维护了国际经贸的正常秩序。后该案例被评为2021年山东省法院平等保护中外当事人合法权利典型案例。

3. 秉持开放包容的司法合作理念，不断加强国际、区际司法协作

对外国判决的承认和执行一直是国际司法协助工作中的一个难点。根据《民事诉讼法》的规定，承认和执行外国法院判决主要是依据相关国际条约、双边条约或者互惠原则进行。韩国与我国缔结的关于民事和商事司法协助的条约中仅仅规定双方对于仲裁裁决的承认和执行，没有对相互承认和执行民商事判决予以规定。

2018年，青岛中院涉外商事审判庭受理了韩国人崔某申请承认和执行韩国水原地方法院判决一案，法官认真进行法律查明，寻找承认和执行判决的依据。最终发现，虽然长达十几年两国都互不承认和执行商事判决，但在1999年，韩国首尔地方法院曾经采用法律上的互惠原则在一份判决中确认了我国潍坊市中级人民法院的一份民商事判决结果。但之后多年，我国法院没有基于互惠原则承认和执行韩国法院的民商事判决，此后韩国法院也不再基于互惠原则承认和执行我国法院的民商事判决。在2015年，我国某中院还对一起申请承认和执行韩国法院判决的案件以"我国和韩国之间没有缔结或者参加相互承认和执行法院判决、裁定的国

际条约，亦未建立相应的互惠关系"为由，裁定驳回申请人的申请。而1999年韩国首尔地方法院在对我国潍坊中院生效判决予以确认的99甲合26523信用证货款纠纷案件判决书中明确阐述："如果我国法院认定与中国之间存在互惠关系，并承认中国的判决之后，中国法院仍以与我国之间不存在互惠关系为由，作出拒绝承认和执行我国判决的，我国法院也将不再继续维持两国之间存在互惠关系的意见。"在查明韩国法院承认过中国法院的商事判决，双方之间存在互惠关系之后，2019年3月，青岛中院在（2018）鲁02协外认6号案件中裁定，承认和执行韩国水原地方法院的商事判决。这是全国首例承认与执行韩国民商事判决的裁定，打破了20年来两国法院互不承认商事判决的"坚冰"，恢复了两国民商事判决承认和执行方面的互惠关系，进一步推进了两国司法协作和经济文化交流。这份裁定作出后不久，韩国大邱高等法院即对我国北京市朝阳区人民法院的一份民商事判决予以承认和执行，主要依据就是青岛中院对韩国民商事判决的承认和执行。

上述案例在国内外学术界和司法界引发了广泛关注。韩国驻青总领事馆特意到青岛中院走访，这是韩国驻青岛总领事馆1994年设立以来首次走访青岛中院。时任副总领事姜镐曾称赞青岛中院在涉韩纠纷中平等保护中韩两国当事人合法权益，为青岛营造良好的投资环境作出了重要贡献。他指出，20年来，中国法院首次作出对韩国民商事判决的承认，令韩国法院系统深受鼓舞，希望韩、中法院相互承认和执行民商事判决的互惠关系可以一直延续下去。中国和韩国经济贸易往来频繁，相互承认和执行民商事判决对于促进双方经贸往来意义重大，有利于加强对两国境外投资者合法权益的平等保护，鼓励、支持和引导韩国资本积极参与我国开放型经济建设。在经济全球化时代，各国都意识到相互之间加强司法协作的重要性。基于互惠原则积极给予外国判决以承认和执行，有助于密切国家间司法协作，促进国际经贸往来，实现共同发展。2022年，该案例入选全国法院第三批涉"一带一路"建设典型案例。

（二）加强司法文明规范化建设，平等保护中外当事人合法权利

1. 出台涉外审判规范文件，加强涉外审判规范化建设

针对涉外民商事案件类型复杂、审理程序特殊，当事人提交的境外证据形式不完备等情况，青岛中院涉外审判庭对涉外商事案件常见证据进行归纳和分类，编写了中英文《涉外商事案件诉讼指南》《涉外商事案件举证指引》，对当事人提供诉讼指引，既方便了中外当事人诉讼，又提高了涉外审判的质量和效率，深受中外当事人好评。为规范涉外庭审工作，专门制定了《涉外商事审判礼仪细则》，从庭审着装、行为、用语规范等方面作出了细致规定，加强涉外庭审礼仪规范化建设，提升我国涉外审判法官文明司法的国际形象。让参与诉讼的中外当事人内心感受到春风化雨般的"温和与包容"，提升我国司法的国际公信力，助力"各美其美，美人之美，美美与共，天下大同"的人类命运共同体建设。

为提高涉外审判法官的专业化水平和司法能力，青岛中院涉外审判庭通过总结审判经验，对涉外审判常用的法律、法规、司法解释及相关的国际公约、条约、国际惯例进行梳理汇总，编写了30万字的《涉外商事审判实用手册——法律集成与实务解答》由法律出版社出版发行，进一步统一和规范法律适用。

2. 积极采用互联网方式审理案件，克服疫情影响，便利中外当事人诉讼

新冠疫情期间，很多国家的使领馆无法正常办公，外国当事人的法人证明、授权委托的公证、认证手续迟迟不能办理，青岛中院利用互联网等智慧审判系统组织双方当事人进行网络开庭，及时解决中外当事人不能到庭审现场的难题，高效化解涉外纠纷。在办理一起跨境旅游合同纠纷时，因一方当事人身处美国，无法在境内签署授权委托书。而在疫情期间，若通过国外使领馆认证方式将耗费大量时间，会延误案件的正常审理进度。为提高审判效率，减轻当事人诉累，法官通过互联网庭审进行线上认证，让当事人进行线上授权，及时推进了案件的审理进程。

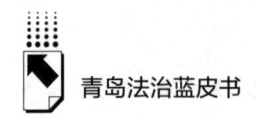

互联网庭审的应用极大地便利了涉外案件当事人参与诉讼，提升了审判效率。涉外法官尽职尽责、热心为当事人排忧解难的工作态度广受中外当事人赞誉。

二 积极构建涉外商事纠纷多元化解平台，倾力打造涉外商事纠纷化解的青岛优选地

青岛中院涉外商事审判庭积极创新司法服务保障开放型经济发展大局的新机制、新举措，与多部门、多机构建立联动工作机制，打造国际商事纠纷多元化解平台，不断提升化解涉外商事纠纷的能力和水平。为上合地方经贸合作示范区、山东自贸试验区青岛片区、RCEP青岛经贸合作先行创新试验基地建设提供了更加精准高效的司法服务和保障，推动青岛以更高水平开放增强城市核心竞争力。

（一）与高校、学术科研机构等合作，在上合示范区建立国际商事调解中心

青岛中院与华东政法大学、深圳蓝海法律查明与国际商事调解中心等高校和机构合作，深入研究国际法领域的前沿和疑难问题，不断提升涉外审判能力和水平。

积极搭建国际商事纠纷多元化解平台，与华东政法大学合作在上合示范区"法智谷"设立"一带一路"法律研究与实践基地，同深圳蓝海法律查明与国际商事调解中心合作设立蓝海法律查明与国际商事调解办公室，青岛中院的涉外商事审判网与蓝海国际商事法律专家库和"一带一路"大型中文法律数据库直接链接。依托山东法院电子诉讼服务网、山东移动微法院、人民法院调解平台，对接深圳蓝海法律查明中心、华东政法大学外国法查明研究中心等网络平台，实现网站指引、链接、数据交流互通，建立起"一站式"国际商事纠纷多元化解平台，为中外当事人提供立案、调解、仲裁、法律查明与适用等"一站式"全流程线上服务。通过线上、线下方式为中

外当事人提供高效、保密、低成本、易执行的国际商事调解服务，打造涉外商事纠纷解决的青岛新模式。

（二）与青岛仲裁委建立仲裁司法审查案件办理联动机制，聘请中外国际法专家化解涉外商事纠纷

仲裁与诉讼是解决纠纷的两种不同途径，犹如纠纷解决的"鸟之双翼"。法院对于仲裁协议、仲裁裁决具有司法审查权。青岛中院秉持司法谦抑原则，在行使司法审查权时，既规范仲裁权的依法行使，又注重支持仲裁的良性发展。与青岛仲裁委建立了良性互动关系，自2018年1月1日起双方便联合建立了关于仲裁司法审查案件办理的联动工作机制，制定《联动工作机制实施细则》。确定了双方的联络办公室，理顺了从仲裁委调卷的工作程序；对于申请确认仲裁协议效力案件，以及法院审查后作出不予执行仲裁裁决、撤销仲裁裁决的案件，明确了文书传递送达工作；建立了联动调解机制，对于符合条件的案件及时组织调解；规定了定期通报制度，对相关工作情况定期进行通报，及时提出建议；建立了共同调研和学习平台。通过上述机制，双方对仲裁领域的疑难问题、疑难案件共同研究、加强沟通，提高了仲裁司法审查案件办理效率。当事人申请撤销仲裁裁决的案件比例以及撤销仲裁裁决的比例大幅降低。

双方还建立起中外法律专家参与化解国际商事纠纷机制。通过青岛仲裁委推荐，青岛中院聘请了俄罗斯工业企业家联合会仲裁中心负责人丹尼斯等多名具有丰富国际商事纠纷化解经验的中外法律专家作为青岛中院涉外商事纠纷特邀调解员。在审理一起对俄罗斯仲裁裁决的承认和执行案件时，得益于两位法律专家出具的专业细致的法律意见书，青岛中院及时查明了俄罗斯仲裁法中关于送达的规定，准确适用法律审理了该起案件。

（三）与青岛市台港澳办、台商协会建立涉台纠纷联处工作机制，聘请台胞作为特邀调解员化解纠纷

贯彻"两岸一家亲"理念、推进两岸关系健康有序发展，青岛中院积极探索建立诉讼与非诉讼相衔接的涉台纠纷多元化解方式，与青岛市台港澳办

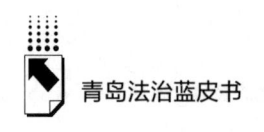

建立涉台商事纠纷联处工作机制。该机制包含建立联络员与定期通报制度、积极为台商提供法律服务等内容。根据该机制，青岛中院在青岛市台商协会先后聘请两批知名台商担任涉台纠纷特邀调解员，根据法院委托参与诉前、诉中及执行过程中的调解工作，为涉台纠纷当事人提供多元纠纷解决渠道。

通过上述机制，青岛中院已成功化解十余起涉台纠纷，均取得了良好的法律效果和社会效果。调解的陈某某与耿某某租赁合同纠纷案被评为全国人民法院台胞权益保障十大典型案例。原告陈某某是台商，在大陆投资近亿元人民币，通过开办茶馆形式推销台湾的高山茶等产品。他在青岛市黄岛区租赁耿某某的房屋作为经销点，双方因房屋租赁合同产生纠纷。一审判决后，双方均不服，上诉至青岛中院。为及时高效化解纠纷，青岛中院及时启动涉台纠纷联动机制，邀请涉台纠纷特邀调解员介入调解。全国台商协会副会长兼青岛台商协会会长张新政及青岛台商协会监事长黄清莲对本案进行了调解。78岁的黄清莲老先生冒酷暑从烟台开车数小时赶到庭审现场与当事人交流协商。经过多方共同努力，双方当事人最终达成和解，案件即时履行。

根据涉台纠纷联处工作机制，青岛中院定期邀请青岛市台港澳办领导、涉台纠纷特邀调解员、台商代表等观摩庭审。经常安排从事涉外商事审判的资深法官为台资企业、台商进行法律宣讲，提示应注意防范的法律风险，现场答疑解惑。上述举措使得台胞、台商充分感受到大陆司法的公平正义和人文关怀，也对大陆司法的高效、便捷有了充分认同，坚定了他们在大陆投资的信心，促进了台湾地区与大陆的经贸往来。

青岛中院的台商权益保护工作获得国台办、山东省台港澳办、青岛市台港澳办的充分肯定。中央台办、国台办在其新闻网站中国台湾网上对青岛中院积极保护台商合法权益的做法进行了报道。中央电视台海峡两岸栏目组对此进行了专门报道。2021年青岛中院获评青岛市台港澳工作先进集体。

（四）与青岛银保监局、在青外资银行建立沟通交流平台，及时化解涉外金融纠纷

青岛辖区共有来自八个国家和地区的外资银行分行17家，数量占全省的71%，在全国居第六位，在山东省居首位。为依法公正高效审理涉外资银行案件，平等保护外资银行等金融机构的合法权益，促进金融业开放政策落实，青岛中院与青岛银保监局、在青外资银行建立了沟通交流平台，形成制度化沟通交流机制。青岛中院多次召开青岛地区外资金融机构座谈会，通报涉外资银行纠纷的审理情况，对审判中发现的典型问题进行通报。为便于及时为外资金融机构提供法律服务，青岛中院涉外审判庭专门建立了外资银行法务研讨微信群。上述举措便利了青岛中院与外资银行的沟通交流，提高了外资银行的风险防范意识，取得了良好的法律效果与社会效果。

青岛中院上述积极构建国际商事纠纷多元化解平台、服务保障开放型经济建设的创新做法受到山东高院、青岛市委主要领导的批示肯定。最高人民法院领导也对青岛中院充分发挥涉外商事审判职能、打造服务保障上合示范区、自贸试验区更高水平发展的国际商事纠纷多元化解平台工作给予充分肯定。"青岛法院'五位一体'服务保障上合示范区建设"案例入选山东法院2021年度十大司法改革典型案例。

三 创新司法服务方式，提高服务保障开放型经济发展大局能力

青岛中院以推动创新、便利诉讼、优化外商投资环境为立足点和出发点，充分发挥涉外审判职能作用，不断创新司法服务方式，优质高效审理各类涉外商事案件，积极回应开放型经济发展的司法需求。

（一）在上合地方经贸合作示范区、自贸试验区青岛片区均设立涉外巡回审判庭，为"两区"建设提供切实司法保障

借上合峰会在青岛召开的契机，2018年8月青岛中院在上合地方经贸合作示范区设立涉外巡回审判庭，高质高效化解涉上合示范区的涉外案件。达到了凡涉胶州、涉上合示范区的涉外案件，一审、二审不出胶

州就能得到彻底化解的目标，对涉上合经贸示范区案件开通"绿色"通道，对符合法律规定的诉前证据保全及财产保全等申请从快办理，便利相关涉外纠纷就地高效解决，为上合示范区建设营造良好的法治环境。定期开展涉外商事贸易风险防范讲座、培训、咨询等活动，引导、帮助示范区企业健全产权管理制度和风险防范机制。为示范区经济建设提供切实司法保障。

青岛中院定期选取具有典型示范意义的案件在上合示范区公开开庭审理。2019年4月青岛中院在上合示范区涉外巡回审判庭公开开庭审理了韩国某株式会社与赵某某等房屋租赁合同纠纷、韩国某株式会社与青岛某不锈钢制品有限公司股权转让纠纷，两起案件的当事人均当庭达成调解。上合示范区多家企业在现场旁听了庭审，纷纷表示通过旁听庭审受益匪浅，今后在签订合同时要注意约定好合同细节并对质量标准及容易产生歧义的问题作出明确约定，避免产生法律纠纷，同时也要积极主张权利，防止损失进一步扩大。

山东自贸试验区青岛片区设立后，青岛中院又在该片区设立了专门的涉外巡回审判庭，以便服务保障自贸区建设。专门成立了上合地方经贸合作示范区暨山东自贸试验区青岛片区涉外商事合议庭，由三名具有丰富涉外商事审判经验的法官组成，集中审理涉上合示范区、山东自贸试验区青岛片区的二审涉外商事案件。合议庭实现审判管理集约化，建立起案件信息统计分析、典型案例总结等机制，通过类案分析、个案研究等，统一裁判标准，推进法律适用统一。积极延伸审判职能，建立司法保护调研联系点，为"两区"企业提供精准化司法服务。根据审判实践中发现的典型问题，向相关单位提供法治状况动态信息和预警信息，及时发出司法建议。青岛中院与青岛仲裁委还联合出台《关于建立服务保障上合地方经贸合作示范区、山东自贸试验区（青岛片区）法仲联动多元纠纷化解机制的意见》，为"两区"建设法治化、国际化、公开透明的营商环境提供强有力的法治支持。

（二）从涉外审判角度及时出台司法服务保障意见，保障青岛对外开放新高地建设

为深入贯彻习近平总书记视察山东的重要讲话精神，充分发挥人民法院审判职能作用，推进经济社会高质量发展，青岛中院结合审判实践，先后出台《关于充分发挥涉外商事审判职能作用 为青岛加快形成全面开放新格局提供有力司法保障的意见》《关于为中国—上海合作组织地方经贸合作示范区提供司法服务和保障的实施方案》，以法治方式保障开放型经济实现高质量发展，积极服务保障"一带一路"经济建设，推进青岛开放型经济加快发展，助力青岛打造对外开放新高地。

（三）定期送法进企业，帮助企业增强法治意识，防范法律风险

青岛中院注重延伸司法服务职能，积极加强同企业的沟通联系。通过发放调查问卷、走访座谈等方式，了解企业经营中遇到的法律难题及法律服务需求，研究企业"引进来""走出去"过程中面临的法律风险，及时了解有关国家在投资限制、环境保护等方面的法律规定、司法政策等，结合典型案例为企业提出对策建议，为企业提供精准法律服务。定期对企业开展法律讲座、邀请企业旁听观摩庭审，指导企业从源头上预防、化解法律风险，为企业健康发展提供有力司法服务与保障。

（四）创新以案说法形式，多维度普法促发展

青岛中院涉外审判庭注重加强与相关部门和机构的沟通协作，采取多种方式进行普法宣传，不断延伸司法为民的广度和深度。

1. 国际旅游日法官自编自演境外游短剧以案说法、发布涉外旅游典型案例，助力青岛国家服务外包示范城市建设

随着我国经济的快速发展，人民的收入、消费水平也水涨船高，出境游的人数与规模日益扩大，涉外旅游纠纷也相应增多。近年来，青岛中院涉外审判庭已审结涉外旅游合同纠纷案件上百件。青岛是国家服务外包示范城

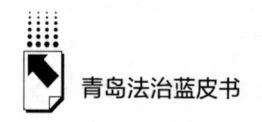

市，在服务贸易不断发展的形势下，加强风险防范意识，规范服务行业的服务标准和质量，减少纠纷发生，是开放型经济全面推进中的一个重要课题。

2020年国际旅游日前夕，青岛中院涉外审判庭组成五人合议庭公开开庭审理了陈某某等23人与山东某旅行社旅游合同纠纷系列案件十余件，并拍摄发布法官自编自演境外游短剧《与法同行：境外旅游法律提示》，对涉外旅游中存在的法律风险以案说法，对旅游者进行了提醒，对旅游从业者存在的问题进行了披露。为广大旅游消费者和旅游行业经营者开展了一堂生动的法治教育课，深受群众好评。

青岛中院通过延伸审判服务职能，及时纠正旅游服务提供者的不当行为，规范和引导服务提供者不断完善经营管理、提高服务水平，支持和保障旅游业健康有序发展，建设高水准的国家服务外包示范城市。

2. 在"世界认可日"与多部门联合举办模拟庭审，规范检验检测机构合法合规经营

在第十五个"世界认可日"，青岛中院联合青岛海关、青岛市市场监督管理局、青岛检验检测认证协会、青岛市律师协会举办了模拟庭审。模拟法庭的案例采用涉外审判中常见的国际货物买卖合同纠纷，主要案情是关于检验检测机构出具的检验检测报告虚假不实导致损失产生、买卖合同双方及检验检测机构承担损失的争议。庭审过程中，各方围绕自身是否承担责任及检验检测机构是否承担连带赔偿责任展开精彩辩论。模拟法庭全程线上直播，青岛检验检测认证协会的几百家会员单位在线旁听了庭审。

近年来，青岛市检验检测认证行业快速发展，检验检测机构的数量越来越多，有的机构存在管理不规范、违法、违规检测现象。模拟法庭的案例提示企业，在国际贸易中重视产品检验检测规范化问题，帮助企业在"引进来""走出去"过程中加强产品质量把关，防范法律风险。对于规范检验检测机构合法运行，保障检验检测认证行业有序健康发展，激发检验检测市场活力，打造一批世界级、国家级的检测认证资质赋能联盟企业，推进认证认可、检验检测国际合作交流和互认互通，促进"一带一路"国际贸易便利化，促进青岛现代贸易中心建设，起到了很好的示范和普法作用。

（五）及时总结审判经验，定期发布涉外商事审判白皮书和典型案例，不断提升涉外审判的透明度和公信力

青岛中院涉外审判庭定期总结青岛法院服务保障开放型经济建设的积极探索和有益经验，结合案例从司法层面提出相关建议，为中外市场主体防范法律风险提供参考，受到国内外司法界关注和好评。

先后发布《涉韩日案件商事审判白皮书》、《涉外、涉港澳台商事审判白皮书（2016~2019年度）》（中英文版）、《青岛法院服务保障"一带一路"建设法治白皮书》、《企业法律风险防控提示白皮书》，以及涉外商事审判典型案例、涉外资银行典型案例、服务保障"一带一路"建设典型案例等，引发境内外多家媒体关注。提升了青岛法院涉外审判的影响力、公信力和透明度，彰显了涉外审判平等保护中外当事人合法权益的法治理念，充分展现了我国涉外法官文明司法的国际形象。同时，白皮书和典型案例的发布也有利于引导中外当事人规范涉外商事行为，防范法律风险，满足中外市场主体的法治需求，促进国际经贸往来和发展。

为进一步维护中外当事人公平参与市场竞争的权利，规范国际贸易市场发展，帮助企业减少经营中的法律风险，青岛中院涉外审判庭还专门撰写了《关于2019年涉外商事审判情况的报告》呈递给青岛市委、市政府，从案件特点、举证规则等方面分析所审理的涉外商事案件，总结涉外诉讼中发现的相关企业存在的典型问题，就涉外经贸往来中有关政策制定、相关部门和机构的职能作用发挥、市场主体需注意事项等多个角度提出切实可行的意见和建议，以供党委、政府决策参考。青岛市委主要领导对上述做法予以批示肯定。

（六）针对审判中发现的管理漏洞及法律风险，及时提出司法建议

青岛中院涉外审判庭注重及时总结案件规律和审判经验，对在审判中发现的典型问题及时向有关部门和机构提出司法建议，帮助有关部门和企业堵塞管理漏洞，防范法律风险。

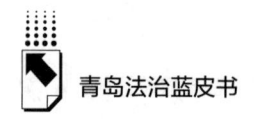

针对国有资产管理公司向境外机构转让金融债权，境外机构受让债权后对外再转让过程中有可能引发的国有资产流失问题，青岛中院涉外审判庭向青岛市国资委提出司法建议，建议国有资产管理部门对债权外流现象进行摸底排查，尽早与司法机关进行沟通，以利于国有资产保全和潜在案件及时化解。针对案件审理中发现的涉外金融机构借款合同中送达地址没有约定或约定不明的问题及应收账款融资中对应收账款存在与否核实不清的问题，青岛中院涉外审判庭从防范金融风险、降低融资成本、加强监管角度给青岛银监局发出司法建议。针对案件审理中发现的游客在境外旅游过程中出现突发事件，缺乏必要的语言协助，而游客所投保的险种均不包含境外语言救助内容等问题，青岛中院涉外审判庭分别向青岛市旅游局、保险行业协会提出相关司法建议，建议在相关保险服务中设立24小时语言协助热线、加强旅游保险服务宣传。

青岛中院涉外审判庭还就规范检验检测认证行业的合法合规运营问题，向青岛检验检测认证协会、青岛市各检验检测认证机构提出司法建议。

上述部门和机构在收到司法建议后都非常重视，对存在的问题进行了认真整改，消除了潜在的法律风险和隐患。

四 制约青岛市涉外审判工作的瓶颈问题

（一）涉外审判人才培养和储备不足

涉外商事审判具有较强的专业性，未受过专业培训或者不经过长期的经验积累，很难胜任这一工作。培养一个涉外商事法官十分不易。由于涉外商事审判队伍人员相对较少，人员流动性较大，一定程度上影响了涉外商事审判工作的延续性和审判质量。迫切需要保持涉外商事审判队伍的相对稳定，加强涉外审判人才培养和储备。

（二）涉外审判法官的能力需要进一步提高

涉外商事审判工作对专业能力有更高的要求。法官不仅要精通国内法律，还要熟练掌握国际法、国际条约、国际惯例、国际经贸知识等。目前，部分涉外法官法律知识面不够，在准据法的识别和域外法的适用中存在短板。

（三）现行案件考评机制不利于涉外审判精品工程打造

目前，法院的案件考评机制以考核办案数量为主，没有充分考虑各个审判业务部门案件性质、案件难易程度的差别。涉外案件数量相比国内民商事案件要少得多，但往往法律关系复杂，办理难度大，涉外案件的程序也比国内案件复杂，涉及域外送达、域外法律查明和适用，办理周期较长。办理一起疑难涉外案件，可能比办理几十件普通国内案件所耗费的时间和精力还要多。这就导致不少法官不愿意办理涉外案件，对涉外案件望而生畏。而涉外审判法官囿于案件考评机制，尽量缩短办案周期，提高审判效率，有些本可以"打磨"得更为细致出彩的涉外案件也匆匆开庭、匆匆结案，以免成为"长期未结"案件。《民事诉讼法》规定，涉外案件不计算审限，但在现实中，一审涉外案件和普通国内案件一样，超过12个月未结就要计入"长期未结"案件。而有些涉外案件，如果涉及依据外交方式送达或条约方式送达，走完送达程序至开庭就将近12个月。上述情况的存在，一定程度上影响了涉外审判精品工程建设。

五 建设涉外商事审判青岛优选地的前景展望

（一）争取设立青岛国际商事法庭

自2018年6月最高人民法院在深圳、西安分别设立第一、第二国际商事法庭后，2020年11月以来，最高人民法院先后批准苏州、北京、成都、厦门、泉州5地设立国际商事法庭，隶属于地方法院。下一步，青岛中院将积极争取山东高院、最高人民法院的支持，在青岛设立隶属于青岛中院的青岛国际商事法庭。

青岛是山东对外开放的"桥头堡"，具有重要的战略地理位置，是我国"一带一路"倡议中新亚欧大陆桥经济走廊主要节点城市和海上合作战略支

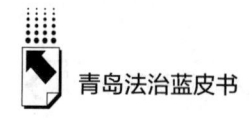

点城市，是中国对外开放的窗口和前沿。习近平总书记对青岛寄予厚望，多次亲临青岛视察，赋予青岛打造"一带一路"国际合作新平台等国之重任。山东省第十二次党代会提出"走在前、开新局"的全局性定位，"塑造全面开放新格局"是其中一个重要方面。青岛市委锚定"走在前、开新局"，提出了"一二三四六十"目标定位和思路举措，以便发挥青岛在构建新发展格局中的战略节点作用，打造国际门户枢纽城市。新形势需要更高水平的司法服务保驾护航。设立青岛国际商事法庭，有利于提升辖区国际商事争端解决质效，更好地为中外当事人提供普惠均等、便捷高效、智能精准的司法服务，助力山东打造对外开放新高地。同时，可以对标对表国际标准，健全完善一站式国际商事纠纷处理机制，进一步整合法治资源，将青岛打造成我国国际商事纠纷解决的优选地。持续优化法治化、国际化营商环境，为上合示范区、山东自贸试验区青岛片区、RCEP青岛经贸合作先行创新试验基地建设提供更加精准高效的司法服务。

（二）充分发挥国际商事纠纷多元化解平台作用，落实司法确认机制

推动上合示范区国际商事纠纷多元化解中心、国际商事纠纷多元化解平台以及"法仲联动"多元解纷机制实现实质化运行，完善特邀调解员选任、管理、派驻调解等机制，加强对调解组织和特邀调解员的业务培训指导，推出一批通过调解程序化解的涉外商事案件。优化涉外商事纠纷司法确认，明确审查原则、确认流程、文书类型等事项，加大在线确认工作力度。

（三）完善司法机关与相关机构的协同监管，帮助企业提高风险防范能力

结合现代信息手段，加强司法大数据分析，研判不断变化的经济形势，加强对涉"一带一路"基础设施建设、先进技术装备和关键零部件出口、优势企业"走出去"等经贸行为的法律风险防范提示，助力企业把风险消灭在萌芽中、限制在可控范围内，提高企业稳健经营和抗风险能力，保障青岛开放型经济有序运行。

进一步加强与工商、税务、海关、公安、检察等部门的沟通联系，扩大数据交换共享范围。建立风险协作防范机制，对新业态相关纠纷及可能存在的行业风险及时沟通，协助行政管理机关发现行业领域的风险问题，协同落实风险防范和监管。加强与上合示范区、自贸试验区管委会的合作，促进合同对纠纷发生后送达地址和送达方式的约定，有效解决司法"送达难"问题。

（四）加强涉外商事审判信息化建设

进一步建立完善融合互联网、云计算、区块链等新兴技术的涉外审判智慧诉讼平台，实现电子送达、异步远程开庭、互联网审判和诉讼文书自动生成，有效提高涉外审判质量和效率。积极推动互联网法庭建设，便利域外当事人参加庭审，通过异步开庭功能解决外国当事人和国内当事人身处不同时区的时差问题，便利当事人诉讼。综合运用传统媒体和新媒体平台，积极宣传法院服务保障上合地方经贸合作示范区、自贸试验区建设的创新做法、典型事例等，并适时邀请驻华使节、国际交流合作人员旁听典型案件庭审，增进国际社会对我国司法的了解与信任。

（五）加强涉外法治人才队伍建设

加强涉外商事审判力量配置，加大涉外法治人才培养和储备力度，围绕"革命化、正规化、专业化、职业化"的要求，着力培养涉外审判法官的职业品格，扩充法官专业知识，提高法官的综合司法能力。加强与上合组织国家地方法院、法官间的交流学习，定期举办国际化学术论坛。密切与高校、科研机构的合作，创造形式多样的专业培训和学术交流机会，学习借鉴各国法律制度运行中的先进经验，拓展法官的国际视野。培养一批能力突出、爱岗敬业的精英法官，留住一批经验丰富、承前启后的业务骨干，吸引一批高素质的后备人才充实队伍。努力打造一支政治过硬、信仰坚定、清正廉洁、爱岗敬业的涉外商事审判队伍。

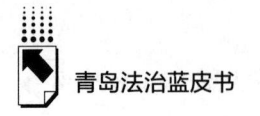

参考文献

［1］陈萌主编《上海法院涉外涉港澳台商事审判典型案例选（2010～2020）》，人民法院出版社。2022。
［2］许剑锋等：《智慧法院体系工程概论》，人民法院出版社，2021。
［3］肖凯主编《上海金融法院涉外、涉港澳台金融案件审判指南》，法律出版社，2021。
［4］王逸舟、严展宇：《迷人的国际关系》，上海人民出版社，2021。
［5］董世忠主编《国际经济法》，复旦大学出版社，2004。
［6］李双元等：《中国国际私法通论》，法律出版社，2003。
［7］余劲松、左海聪：《国际经济法学》，高等教育出版社，2019。

法治政府示范创建篇

Model Construction of Government Ruled by Law

B.8 打造镇街法治建设"青岛样板"实践

青岛市司法局法治调研处课题组*

摘 要： 2019年以来，青岛市从镇街法治政府建设入手，在全国率先为镇街法治建设破题。3年多来，由点到面、从局部到整体，走过了试点重大行政决策重大项目合法性审查、行政执法指导监督—全面推进镇街法治政府建设—纵深推进镇街法治建设3个阶段，实现了市、区（市）、镇街三级法治建设全贯通，打造了镇街法治建设"青岛样板"，形成了"四大成果"和"五条经验"，为全国全省开展镇街法治建设提供了可复制、可借鉴的路径和方法。针对目前仍存在的不足，青岛市应进一步提高镇街干部群众的法治意识，强化顶层设计，健全工作体系，加强镇街法治建设力量配备。

关键词： 全面依法治国 镇街法治建设 青岛样板

---

* 课题组组长：潘月民，青岛市司法局法治调研处处长。

全面推进依法治国，基础在基层，工作重点在基层。乡镇政府、街道办事处（以下简称"镇街"）是最基层的一级政府和政府派出机关，直接面向人民群众，是依法行政的前沿阵地，也是法治建设的薄弱环节。2019年以来，青岛市从镇街法治政府建设入手，在全国率先为镇街法治建设破题。3年多来，青岛市由点到面、从局部到整体，走过了试点重大行政决策重大项目合法性审查、行政执法指导监督——全面推进镇街法治政府建设——纵深推进镇街法治建设3个阶段，实现市、区（市）、镇街三级法治建设全贯通，打造镇街法治建设"青岛样板"，填补法治建设层级空白，为全国全省开展镇街法治建设提供了可复制、可借鉴的路径和方法。

2021年10月18日、2022年6月13日，《法治日报》分别以《打通法治政府建设"神经末梢"——青岛实现镇街法治政府建设全覆盖》《将镇街政府行政行为关进"法治笼子"——青岛强化镇街法治建设 破解基层治理难题》为题，报道了青岛市镇街法治建设的经验做法。

一 为什么要破镇街法治建设这个题

镇街是党和国家政权体系最基础的环节，与人民群众联系最为密切，是党中央决策部署贯彻落实的"最后一公里"，其法治建设水平直接影响整个法治建设进程、关系到全面依法治国战略部署落地落实、关系到人民群众的法治获得感。没有镇街层级的法治化，不打通法治建设的这"最后一公里"，很难说建成了法治城市和法治社会。

（一）镇街法治建设是落实全面依法治国战略部署的题中应有之义

党的十八届四中全会通过的《中共中央关于全面推进依法治国若干重大问题的决定》提出："全面推进依法治国，基础在基层，工作重点在基层。"《法治中国建设规划（2020~2025年）》《法治政府建设实施纲要（2021~2025年）》《法治社会建设实施纲要（2021~2025年）》等法治建设系列文件，都对基层法治建设工作作出部署。其中，《法治政府建设实施纲要（2021~2025年）》强调，要推动各地区各层级法治政府建设协调并进，更多地区实现率先突破，为到2035年基本建成法治国家、法治政府、法治社会奠定坚实基础。因此，推进镇街法治建设是落实全面依法治国战略的题中应有之义，是法治建设的基础工程。只有基础夯实，才能更好地发挥法治固根本、稳预期、利长远的保障作用。

（二）镇街法治建设是扭转基层依法履职能力偏低局面的客观需要

镇街层级的政权机构处于我国公权力行使的最前沿，是国家法律法规和政策的重要执行者、落实者，直接面向人民群众。但也要清醒地认识到，镇街层级的依法履职能力和水平与建设法治中国的目标要求和人民群众、市场主体的期盼仍有一定差距。据司法部《2018年中国行政复议案件及应诉案件受理情况分析》，2014~2018年，以县级政府及其组成部门、镇街等基层政府为被申请人的行政复议案件年均增长10.7%，2018年以基层政府为被申请人的复议案件占受理总数的55.3%。从以上统计情况看，镇街依法履职还存一定短板，迫切需要加强镇街法治建设，着力提升依法履职能力。

（三）镇街法治建设是提升基层社会治理体系和治理能力的必然要求

随着国家"放管服"改革推进，镇街管理体制改革力度加大，权力不断向镇街下移，镇街也越来越多地成为辖区管理事务的决策者和执行者，与此伴生的，是镇街层级的行政"风险"也越来越大。镇街法治建设的成效直接关系到国家治理体系和治理能力现代化在基层的实现。推进镇街法治建设，有利于从源头上保障镇街行为的合法性和正当性，减少和防止行政不作为、乱作为，有效避免不当决策、违法决策，实现减少纠纷争议、促进公平正义、维护人民群众合法权益的目的。

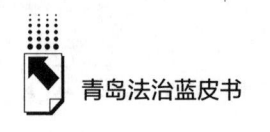

二 青岛市"四个环节"推进镇街法治建设

(一)先行先试,率先破题

针对镇街依法履职中存在的突出问题,青岛市从开展镇街重大行政决策重大项目合法性审查和行政执法指导监督工作入手,开展镇街法治建设。2019年8月,青岛市委全面深化改革委员会审议通过了《关于建立镇街重大行政决策重大项目合法性审查和行政执法指导监督机制的意见》,这也是全国首个开展镇街法治政府建设的制度文件。

综合考虑经济发展状况、社会治理水平、基层法治工作队伍配备等因素,在全市选取41个镇街开展建立实施重大行政决策重大项目合法性审查和行政执法指导监督机制试点,逐步形成了一套符合青岛实际、可操作性强的"1234"决策审查和行政监督模式。"1"就是确立一个制度,即意见确定的镇街法治政府建设实践专门制度,从制度层面规范镇街决策和执法行为。"2"就是用好两支队伍,充分利用原政府法制机构和原司法行政机关合并的改革成果,为镇街司法所赋能,作为主体力量;整合镇街法治工作者和社会法律服务工作者队伍,作为镇街专业的法治辅助力量。"3"就是搭建三个平台,搭建业务指导、工作交流和统计调度平台,及时掌握并调度推动日常工作。"4"就是建立四项机制,建立镇街重大行政决策重大项目合法性审查机制、司法所长列席镇街党政联席会议机制、行政执法指导监督机制以及行政执法投诉举报机制,形成"依法决策、全程参与、指导监督、整改落实"的"全链条"运行模式,确保行政职权在镇街"接得稳、用得好、管得住"。

(二)以点带面,全面推开

在总结试点经验基础上,青岛市将镇街承担的法治建设职能,由重大行政决策重大项目合法性审查和行政执法指导监督工作,扩大到法治政府建设全领域。2020年8月，青岛市委全面依法治市委员会出台了《关于全面推进镇街法治政府建设的意见》，将全市各镇街全部纳入法治政府建设体系，实现法治政府建设"全贯通"，这个文件也是全国第一个镇街法治政府建设的制度文件。

全面推开过程中，青岛市着力健全完善镇街层面党领导法治建设的制度和工作机制。截止到2020年11月，全市138个镇街党委（工委）法治建设议事协调机构全部建立，实现了党委法治建设议事协调机构在市、区（市）、镇街三级"全覆盖"，标志着党委法治建设领导体制在青岛市全面实现。这一举措为下一步由"镇街法治政府建设"迈进到"镇街法治建设"做好准备。镇街党委（工委）法治建设议事协调机构的建立推动了全面依法治镇（街）工作职能的优化协同高效，有利于推动基层党委政府更自觉地运用法治思维和法治方式解决人民群众反映强烈的突出问题。这一时期配套出台了《镇街重大行政决策重大项目合法性审查程序规定》《青岛市镇街行政执法监督暂行办法》《青岛市关于加强法治乡村建设的实施意见》等制度文件，各区市也相继出台了相关制度文件，加强对镇街法治政府建设重点任务的指导推动。

在这一阶段，镇街政府的合法性审查更加成熟。例如，青岛市某街道办事处拟与某集团公司签订"文旅医养健康项目合作协议"，此项目如果落地，对于提升城市区域品质、切实改善村民住房条件和居住环境有重大意义。街道司法所在收到合同后，组织中坚力量对合同条款进行了审核。上述协议中注明公司"某健康产业有限公司，注册资本金2亿美元"。通过核查，发现该公司本身为合资公司，实际注册资本为人民币3000万元，其实力可能远未达到维系该医养健康项目的要求。对此，司法所及时向街道办事处发出风险提示，对相关协议予以完善，避免了因小疏忽导致重大项目合同目的不能实现。

（三）拓展延伸，纵深推进

随着镇街法治政府建设全面推开，青岛市及时把工作推进到下一个阶

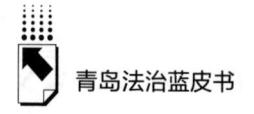

段——"镇街法治建设"。2021年8月,青岛市委全面依法治市委员会出台《深入推进镇街法治建设的实施意见》,推动习近平法治思想在基层经济社会发展的各方面各领域得到普遍贯彻落实,进一步提升基层治理体系和治理能力现代化水平。至此,青岛市镇街法治建设一步一个脚印,实现了内容上由窄到宽、方法上由易到难、步骤上由零到整的突破和跨越,清晰地勾勒出镇街法治建设的路线图。

这一阶段紧紧抓住了三大重点。一是抓关键少数,发挥指挥棒效应,将党政主要负责人履行推进法治建设第一责任人职责暨法治政府建设督察,列入市委市政府年度督查检查考核计划,纳入政绩考核指标,其中对镇街法治建设提出了专门要求。二是定指引标准,印发"乡镇(街道)法治建设标准指引推进情况一览表",出台《青岛市首批法治镇街评选工作方案》,大力培育基层法治建设典型,命名了20个"法治镇街",示范带动更多区域法治建设率先突破。三是建立镇街法治建设协调指导机制,由市政府分管负责同志担任总召集人,市司法局局长和分管副局长担任召集人,市直相关部门负责同志和各区市有关负责人参加,加强对镇街法治建设工作的指导,增进与镇街的有效沟通,及时破解基层法治建设的难点、堵点。

随着镇街法治建设的不断深化,镇街运用法治思维和法治方式研究问题、解决问题越来越成为自觉。例如,某镇村委与某能源公司签订土地租赁合同,建设光伏发电项目,调动农村资源利用,提高农民经济收入,实现农村经济绿色发展。这虽然是以村委名义签订的合同,却是镇招商引资的重要项目,既涉及村委,又涉及村民权益,还涉及村民对党委政府的信赖。合同按镇街要求提请司法所审查。司法所审查后认为:合同依据《农村土地承包法》约定租赁期限为25年的条款不当。该法关于租赁期限的规定适用于农村集体经济组织成员承包由本集体经济组织发包的农村土地,属于对特殊主体的特别规定。而本案应适用关于租赁合同"租赁期限不得超过二十年。超过二十年的,超过部分无效"的规定。据此,合同相关方修改了相关内容,有效避免了合同履行中可能发生的法律风险。

（四）总结完善，全面规范

镇街法治建设不是一项随心所欲的工作，而是一项遵循法治建设规律的工作。随着不断发展完善，必将走向标准化、规范化，并随着进一步实践，走向更成熟的标准化、规范化。应该说，这是镇街法治建设发展完善的必然结果。因此，在镇街法治建设各项工作基本完备的情况下，适时制定了《青岛市镇（街）法治建设指标体系（试行）》，并以青岛市委依法治市办名义印发。指标体系坚持立足当前与着眼长远，聚焦基层法治建设重点任务和关键环节，聚焦推进镇（街）法治建设工作提质增效，进一步明确了镇（街）法治建设的职责任务和标准指引，旨在推动基层法治建设任务落细落地落实，不断提升镇（街）法治建设质效。

指标体系坚持定性与定量相结合，突出针对性、指导性和可操作性，设置了"党的领导""法治政府""法治社会""法治监督""法治感受"5项一级指标、22项二级指标、80项三级指标。围绕加强党对镇（街）法治建设的领导，明确提出深入学习宣传贯彻习近平法治思想、健全落实依法治镇（街）体制机制、建立落实法治学习培训制度、抓住领导干部这个"关键少数"等工作任务和标准要求；围绕纵深推进法治政府建设，明确提出加大政务服务力度、健全落实政务公开制度、加强行政决策合法性审查、加强行政规范性文件监督管理、推进严格规范公正文明执法、提升突发事件预防处置能力、健全行政执法人员资格管理制度、严格履行政府承诺等工作任务和标准要求；围绕加快建设法治社会，明确提出推进社会治理法治化、健全公共法律服务体系、依法有效化解社会矛盾纠纷、推进法治宣传教育、推进法治乡村建设等工作任务和标准要求；围绕加大法治监督力度，明确提出自觉接受各类监督、加强行政监督、畅通人民群众监督渠道等工作任务和标准要求；围绕增强人民群众的法治感受，明确提出及时满足法治需求、切实增强法治获得感等工作任务和标准要求。

为全面加强镇（街）行政规范性文件管理，切实维护法制统一和政令

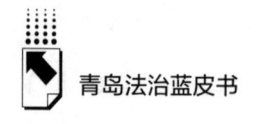

畅通,制定出台《关于加强镇(街道)行政规范性文件管理的指导意见》,指导推进镇(街)行政规范性文件制定管理工作。该指导意见明确指出,镇(街)制定规范性文件应当讲求实效,确因行政管理工作需要方可制定。起草规范性文件应当进行深入调查研究,全面落实评估、公开征求意见、听证、公平竞争审查、专家论证等程序要求,并建立落实规范性文件意见采纳情况反馈机制。规范性文件应当落实合法性审核机制,未经合法性审核或者经审核不合法的,不得提交集体审议;应当进行统一登记、统一编制登记号,并按规定载明有效期和施行日期;文件印发后,应当及时通过政府公报、公布专栏、新闻发布会或者政务新媒体、报刊、广播、电视等方式公布,并按规定做好文件的解读工作。

三 "四大成果"彰显青岛市镇街法治建设绩效

(一)镇街党(工)委、政府依法履职成为自觉

镇街法治建设推进以来,镇街党政主要负责人履行推进法治建设第一责任人职责意识明显提升,镇街干部决策的法治意识、程序意识明显提升,运用法治思维和法治方式深化改革、推动发展、化解矛盾、维护稳定、应对风险的能力进一步提升。镇街党(工)委、政府普遍顺应镇街法治建设的新要求,主动整合包括"镇街党(工)委、人大、政府及其所辖的部门、区(市)直部门的派驻机构(派出所、司法所、执法中队、人民法院派驻法庭等)、法律服务机构"等各方力量,推动镇街法治建设的优化协同高效,人民群众反映强烈的突出问题更好地依法解决,实现了政治效果、法律效果、经济效果和社会效果的有机统一。

(二)镇街法治事务依法审查成为常态

镇街法治建设开展以来,镇街作出决策、签订合同、制发文件之前由镇街司法所审查把关已成为常态,有效防范了滥用职权、不当决策、违法决策

的发生，减少了侵害群众和市场主体权益的行为，为镇街经济社会高质量发展提供了有力法治保障。3年来，司法所所长累计参与镇街重大行政决策、重大项目和重大执法决定集体研究6980次。2021年，开展重大行政决策审查852件，与2019年、2020年两年之和相比，增长率为119.6%（以下均为同口径比较）；规范性文件合法性审核263件，增长率为121.0%；重大执法决定法制审核274件，增长率为2640.0%；重大项目合法性审查4883件，增长率为94.5%，涉及金额1000亿元，增长率为1566.7%。

（三）镇街政府行为纠错率下降成为必然

以试点开始的2019年为时间节点（考虑到8月份试点且措施发挥作用的滞后效应，2019年度统计在实施前），2017~2019年，全市以镇街政府为复议被申请人的总数为451件，被维持（包括撤回申请、和解等）的为244件，纠错率为45.8%；2020~2021年，全市以镇街政府为复议被申请人的总数为273件，被维持的为203件，纠错率为25.6%。从统计数据看，纠错率降低了20个百分点，作为被申请人的数量由年均150件下降为年均136件，下降了9.3%。镇街政府行政行为被关进了"制度笼子"，镇街法治建设切实发挥了应有作用。

（四）法治建设层级延伸至镇街成为共识

青岛市自开展镇街法治建设以来，陆续受到各级领导、业务主管部门和媒体的关注和肯定。青岛市委、市政府主要领导对"实现党委法治建设领导体制全覆盖全贯通"汇报成果予以充分肯定，并要求总结完善、深化提高。"青岛市建立镇街重大行政决策重大项目合法性审查和行政执法指导监督 实现法治政府建设'全贯通'"汇报成果得到山东省委依法治省办、省司法厅领导的肯定性批示。"青岛市率先探索开展镇街法治政府建设"汇报成果得到山东省委主要领导等的肯定性批示，并要求加强总结和经验推广。同时，青岛市关于镇街法治政府建设工作的经验做法先后被《法治日报》、司法部宣传推广。

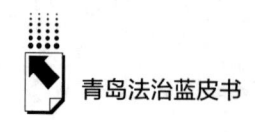

四 青岛市镇街法治建设的"五条经验"

青岛市推进镇街法治建设过程中,坚持边实践边总结,逐步把一些成功实践和有效经验总结凝练,上升为可复制可推广的制度文件,以更好地指导实践、推动工作。

(一)必须坚持党的领导、把稳方向

党的领导是推进全面依法治国的根本保证,镇街法治建设是党领导建设法治国家的重要组成部分,必须着力加强党对镇街法治建设的领导。只有坚持党的领导,才能把稳方向。通过不断健全完善党领导全面依法治镇街的制度和工作机制,用法治保障党的路线方针政策在基层有效实施、习近平法治思想在基层经济社会发展的各方面各领域得到普遍贯彻落实。

(二)必须坚持围绕中心、服务大局

镇街一级行使公权力离群众最近,运用法治思维和法治方式深化改革、推动发展、化解矛盾、维护稳定的效果,群众看得见、摸得着,直接关系到群众的获得感幸福感。只有坚持服务大局,才能长盛不衰。要胸怀国之大者,聚焦推动镇街重大行政决策重大项目科学化民主化法治化、加强对镇街行政执法行为的指导监督、推动镇街依法全面履行职能等重点任务,着力提升镇街依法履职意识。

(三)必须坚持试点先行、总结提升

镇街法治建设并未在全国部署开展,是创新、是新生事物,许多工作都是在不断探索、试点中提升完善的,其可行性、运行机制和工作效果都需要在实践中检验、在实践中修正、在实践中提高。青岛市正是走了这样一条试点先行之路,通过在41个试点镇街扎实推进试点工作,认真总结经验,逐步将全市各镇街全部纳入法治建设行列,实现了法治建设"全贯通"。

（四）必须坚持重点突破、纵深推进

全面依法治国是一项系统工程，要整体谋划，更加注重系统性、整体性、协同性，法治政府建设是重点任务和主体工程，镇街法治政府建设是整个法治政府建设的基础环节。青岛市在推进基层法治建设过程中，注重发挥镇街示范引领作用，以"重点突破"实现"整体提升"，取得了事半功倍的效果。

（五）必须坚持制度规范、有序推进

法治建设不是权宜之计，而是百年大计。镇街法治建设也是如此，要保持工作的连贯性，必须有章可循、有规可据，在制度规范的轨道上推进基层治理体系和治理能力现代化。自2019年起，青岛市边试点、边总结，坚持目标不变、力度不减，连续4年，每年出台一个关于镇街法治建设的制度文件，用制度巩固法治建设成效，一锤接着一锤敲、保持政策连贯性，确保镇街法治政府建设在"先行先试、全面推开、纵深推进"各阶段都有所遵循，有所规范。

五 镇街法治建设中存在的主要问题

（一）镇街法治建设顶层设计尚未到位

镇街层面法治建设如何统筹推进，目前中央和山东省均未出台专门的制度文件，未作出具体部署安排，均由各地自行探索推进。继青岛市连续三年出台镇街法治建设制度文件后，广州市出台了法治镇街指标体系。这都是先行先试，在国家层面还未对镇街法治建设工作统筹推进、具体指标要求等作出统一部署。

（二）镇街法治建设力量相对薄弱

推进全面依法治国各项部署要求，需要层层落实到基层，镇街方面的依

法决策、依法行政、行政执法、矛盾纠纷排查化解、普法与依法治理、公共法律服务等诸多职能,需要在镇街层面有一支思想政治站位高、法治专业水平高、年龄结构搭配合适的法治工作队伍。但当前镇街法治建设力量配备与其承担的法治建设任务日益繁重不相适应,尽管有的地方通过政府购买服务方式解决了部分力量不足的问题,但从长远来看,还要加强基层法治专门工作队伍建设。

(三)镇街执法能力和水平有待提升

随着"放管服"改革深化、行政执法权下放,镇街层面执法工作增多,但执法队伍水平参差不齐、执法规范化程度不高、权责不一致影响执法效能等问题也日益显现。区市执法自主权变相下放到乡镇街道,但是执法责任没有下放,镇街没有普遍建立起行政执法责任制,面对一些具体工作如信访投诉、违建拆除等,乡镇街道与区市职能部门职责不明,存在执法不作为或越权执法的问题。从全国来看,行政机关被判败诉比例平均为17.8%,镇街被判败诉的比例为27.3%,这也说明了镇街依法履行职责和行政执法能力和水平亟待提升。

六 青岛市进一步推进镇街法治建设的对策建议

(一)镇街加强对习近平法治思想的学习宣传贯彻

要在镇街加强习近平法治思想的学习宣传力度,着力发挥"关键少数"头雁效应,充分发挥"法律明白人""法治带头人"的作用,带动增强群众对习近平法治思想的政治认同、思想认同、理论认同、情感认同,增强法治信仰,筑牢群众基础。推动镇街、社区、村(居)委会组织辖区群众开展丰富多样的习近平法治思想学习宣传活动,通过发放宣传资料、悬挂宣传栏、车站广告牌等方式,推动习近平法治思想入脑入心,不断提高镇街广大干部群众的法治意识。

（二）进一步加强对镇街法治建设的顶层设计

建议从中央、省级层面加强对镇街法治建设的顶层设计和制度建设，明确对镇街层面党委提出法治建设体制机制工作要求。以青岛市为例，目前青岛市138个镇街全部建立了法治建设议事协调机构及其办事机构，多数依法治镇街办公室设在司法所，有的设置在党政办公室。工作体制不统一，不利于工作的开展。从工作统筹来看，建议中央、省级层面明确镇街法治建设体制机制的设置模式，进一步保障镇街法治工作体制顺畅、机制健全、运转有序。

（三）健全镇街行政执法工作体系

深化行政执法体系改革，依法、科学、稳妥向乡镇街道赋权，推进镇街逐步实现"一支队伍管执法"。坚持依法下放、试点先行，充分考虑镇街承接能力、执法需要等方面情况，试点向部分经济发达、社会治理完善的乡镇、街道以授权或委托形式下放一批危害性小的违法行为处罚权。坚持权随事转、编随事转、钱随事转，确保放得下、接得住、管得好、有监督。建立健全镇街与上一级相关部门行政执法案件移送及协调协作机制，进一步明确镇街与区市职能部门的职责分工，同时编制区市、镇街行政执法事项实施清单，实现动态管理和调整，避免职能交叉、相互推诿。

（四）加强镇街法治建设力量配备

适合通过政府购买服务解决的应该及时通过政府购买服务方式加以解决。比如，在基层大力推进党政机关法律顾问全覆盖，通过购买法律服务机构提供专业服务解决诸如法律咨询、帮办等公共服务事项。基层专门法治工作队伍力量要通过公务员事业单位招考、街道划拨、人才聘用等途径予以保障。同时，要不断提高工资待遇、强化人才激励，不仅能引得来，还要能留得住，以更好地适应正规化、专业化、职业化要求，更好地适应基层法治建设工作要求。进一步向基层下沉编制资源，按照"编随事走、人随编走"

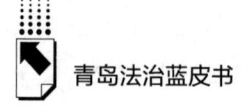

原则，整合分散在区市级各单位执法编制，连人带编向街道下放，切实解决镇街执法力量不足的问题。

参考文献

［1］《将镇街政府行政行为关进"法治笼子"》，《法治日报》2022年6月13日。

［2］《打造法治政府建设"神经末梢"》，《法治日报》2021年10月18日。

［3］《精准化标准化推进法治建设》，《法治日报》2022年7月5日。

［4］孙谦：《习近平法治思想对马克思主义法治原理的传承与发展》，《法学研究》2021年第4期。

［5］卓泽渊：《习近平法治思想的要义解读》，《中国法学》2021年第1期。

［6］侯学宾：《全面推进法治政府建设的新章程》，《法制与社会发展》2021年第5期。

［7］应松年：《新时代行政法治建设的内容、经验与展望》，《中国司法》2022年第1期。

［8］刘海年：《习近平法治思想与人权保障制度建设》，《人权研究》2021年第2期。

［9］周斌：《媒体在法治社会中的地位与作用》，《特区实践与理论》2015年第3期。

［10］高子程：《以习近平法治思想为指导奋力谱写北京法律服务新篇章》，《中国律师》2021年第1期。

［11］秦前红、张演锋：《习近平法治思想指引下的行政检察探索与发展》，《人民检察》2021年第8期。

［12］宋儒亮：《法治中国语境下全民抗疫、全面复常和权益保障研究》，《特区实践与理论》2022年第2期。

B.9
青岛市行政审批制度改革发展报告

金梅 苏鹏[*]

摘　要： 根据山东省委、省政府关于相对集中行政许可权改革的要求，2018年党政机构改革正式实施后，青岛市在计划单列市中率先组建市级行政审批服务局。近年来，青岛市行政审批服务局深入贯彻落实党中央、国务院决策部署和省委、省政府工作要求，全面落实市委、市政府工作部署，坚持依法行政，将法治建设作为立局立业的"四梁八柱"，持续优化营商环境、推进"放管服"改革，全面打造行政审批制度改革的"青岛模式"。

关键词： 行政审批制度改革　政务服务　营商环境

简政放权既是法治政府建设的基本内容，也是政府依法全面履行职责的重要目标。党的十八大以来，从中央到地方进一步简政放权，转变政府职能，推进行政审批制度改革。特别是党的十八届三中全会通过的《中共中央关于全面深化改革若干重大问题的决定》明确提出，要使市场在资源配置中起决定性作用和更好地发挥政府作用，要进一步简政放权，创新监管方式。行政审批制度改革进入新时代。

在此背景下，山东省在2018年机构改革中，深化相对集中行政审批制度改革，在各地市组建了行政审批服务局。近年来，青岛市行政审批服务局

---

[*] 金梅，青岛市行政审批服务局政策法规处中级经济师；苏鹏，青岛市行政审批服务局行政审批服务三处处长。

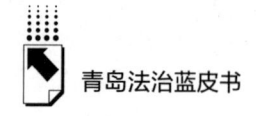

深入贯彻落实党中央、国务院决策部署和省委、省政府工作要求，全面落实市委、市政府工作部署，坚持依法行政，将法治建设作为立局立业的"四梁八柱"，持续优化营商环境、推进"放管服"改革，深化流程再造，全面打造行政审批制度改革"青岛模式"。

一 深入推进相对集中行政审批制度改革

（一）实施"一枚印章管审批"

2018年山东省实施机构改革后，青岛市在计划单列市中率先组建市级行政审批服务局，整合划转了20个部门的审批事项和人员编制，共承接203项行政许可事项，占市级行政许可总数的46.49%。

一是规范事项划转承接的法定程序。2018年组建行政审批服务局时，相关事项划转存在标准不统一、程序不统一、划转协议文本不规范等问题。2019年以来，经过多次事项调整，逐步规范完善了事项划转的程序。现已确立5项签订法定程序（签订《审管衔接备忘录》、同步发布划转公告、人员编制随职能走、妥善移交专家库、做好系统网络衔接），并对各类事项的承接工作进行了规范性约束。例如，编制了《审管衔接备忘录》的通用模板，对交接时间、业务指导关系、技术标准确定主体、档案保存交接等情况进行约定，并发各区（市）行政审批服务局以供参考。在划转事项之外，考虑了现场踏勘、技术审查、专网衔接、事中事后监管等核心环节，力争明确职责边界。

二是一体推进事项承接和流程再造。立足国家"放管服"改革和优化营商环境改革要求，着眼于承接事项的政务服务能力全面提升，对承接事项的流程、办事指南等核心环节进行了流程再造和优化。以办事群众和市场主体办成"一整件事"为标准，以"接触点最少、申请材料最简、办理时间最短"为原则，将"一整件事"由原来相对独立的多个部门串联办理改为同时并联办理，实现"外部流程内部化"。充分运用工业互联网思维，打通政务服务资源，重构行政审批链条，深耕标准化底层技术，弹性配置政务服务要素，打造一体化政务服务平台。据统计，市本级依申请政务服务事项实现100%"应进必进""网上可办""一次办好"。政务服务实现从"可办"向"快办、好办、易办"转变。

三是明晰审管职能边界，优化了审批服务协调联动机制。《审管衔接备忘录》除正文部分通用条款和定制条款之外，还通过附件形式对划转事项的子项、办理项、实施范围、特殊环节、专项经费、档案交接等内容作出了补充约定，真正让《审管衔接备忘录》成为事项划转工作的"实施细则"，进一步理顺审管职能，明确了事中事后监管职责。打造"审管一体化平台"，实现审批部门审批信息与行业主管部门监管信息的互联互通。目前，已将市、区（市）两级234个监管部门的2466项审批事项纳入"审管一体化平台"，累计为行业主管部门推送审批业务信息21.5万余次。

（二）加强法治队伍建设

在全市审批系统启动法务小秘书"满天星"活动，以局内38名有法律专业学习背景或通过国家统一法律职业资格考试的业务骨干为主体，深入审批一线点对点提供法律服务。通过开展法务小秘书"满天星"活动，秉持法治思维、护航行政审批与政务服务改革创新，平衡好法律"刚性"与创新"灵活性"，提高解决实际问题的能力，让法治成为审批人的一种思考习惯，努力让人民群众在每一项政务服务中感受到高效便捷和公平正义。同时，在全局遴选业务骨干，调整加强政策法规处，6名骨干平均年龄35.67岁，学历均为全日制硕士研究生。

（三）强化法规制度建设

制定完善了依法行政类制度规范12个，占全局各项制度规范的35%，形成以"行政审批政策法规库"为基础，以行政执法"三项制度"为核心的"1+N"制度体系。在全国率先试行首席审批服务官制度，打破行政管理

层级，赋予最专业的人最高效的行政审批权，审批效率提升50%以上。同时，为确保审批科学性，借鉴法院审委会模式，组建市行政审批服务局行政审批决策委员会，配套建立了监督评估机制。国务院相关领导对青岛市在全国首创首席审批服务官制度给予了肯定性批示，要求"有条件的地方借鉴经验，进一步优化审批流程"。

二 坚持改革创新，打造全国一流的政务服务环境

（一）建成青岛市民中心，实现只进一扇门办成所有事

一是打造"全流程"市民中心。市民中心实现集行政审批、公共服务、公共资源交易为一体，设置窗口305个，为市民提供2500余项政务服务。除部分因涉密、场地限制或方便企业群众办事等特殊情况不宜纳入市民中心集中办理的事项外，其他依申请政务服务事项100%可在市民中心办理。

二是打造"智能"市民中心。上线青岛市民中心小程序，实现线上预约、在线叫号、综合评价等功能，上线"解读审批"专栏，将专业术语以大白话等形式充分解读。推出"码上办"服务，实现办事刷码取号、身份认证。

三是打造"高效"市民中心。设置"一事全办"专窗、"老年人办事"专窗、重点项目服务专区、企业开办专区、远程踏勘专区、邮政快递专区，为不同企业、项目提供定制化高效办事体验。

（二）实施数字化转型，打造数字审批"青岛模式"

一是在全省率先推行"智能办"改革。由系统即时出具审批结果，全程无人工参与。建成全省首个"智能办"平台，实现手机端、PC端、自助端的"智能办"。目前，22个领域、435个政务服务事项已实现随时随地智能办理。该平台获得IDC中国数字化转型政府行业技术应用场景创新奖，

荣获2020年青岛信息化百佳典型案例。

二是在全国首创"无感审批"服务模式。通过数据共享与智能分析，主动为市民办事，市民无须主动申请、无须提交材料、无须来回跑腿，即可在"无感"中办成事。目前，建筑类企业资质变更、社团登记证书换发等347项政务服务已实现"无感审批"，为企业提供服务27000余次。

三是推行"电子证照"。将67种许可证信息归集到电子营业执照中，青岛市成为全国电子证照联展联用数量最多、场景最广的城市。在实现颁发电子施工许可证、电子营业执照的基础上，持续拓展"电子证照"应用场景，实现"电子两证""青岛码"在政务服务领域应用。

（三）深化商事制度改革，服务市场主体准入准营

一是打造精简高效的企业登记注册模式。将企业开办涉及的营业执照、税务发票等7个环节压缩至1个，0.5个工作日办结，开办效率全国领先。实现登记、变更、注销全流程手机可办。继上海之后，2022年5月在北方地区率先实现了企业开办无纸化开户。积极开展企业登记注册"智能表单"全国试点，企业登记注册申报一次性通过率提高50%以上。上线"青易办"掌上平台，青岛市成为全国首个企业设立、变更、备案、注销全链条"掌上办、零材料、智能审"的城市。该平台荣获第三届中国营商环境特色评选活动政务服务环境创新奖。

二是推进"一事全办""一业一证"改革。通过并联审批等方式，将一个行业经营涉及的多事多流程整合为"一链一流程"。改革后，市场主体办理"一件事"平均跑腿次数压减71%、申请材料压缩44%、审批时间压减72.5%。目前，全市共推出263个"一件事一次办"民生主题，发放"一业一证"行业许可证8038张。

三是以数字化技术服务企业资质办理。首创工程建设企业资质办理"无感审批"模式，对临期证照靶向推送、及时延期，上线以来服务工程建设企业一万余次。

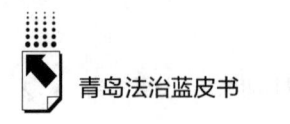

（四）深化工程建设项目审批制度改革，服务工程建设项目快审批、快落地、快开工

一是精简流程，压缩项目审批时限。从项目立项到竣工验收进行全面重塑重构，将建设项目全流程审批时间压缩到70个工作日以内，竣工联合验收时限压缩至12个工作日以内，社会投资简易低风险工程验收时限压缩至1个工作日以内，做到省内最快、全国领先。建成青岛市工程建设项目审批管理平台，推出建设项目"掌上办"。深化市政公用"一件事"服务，推行"12+N"市政公用服务模式，实现一个项目、一个窗口、一张表单、一次办结。推行施工许可"零材料"申报，将7种申请材料在线上共享，实现施工许可"零材料"办理。

二是健全机制，牵头服务保障重点项目落地。建立重点项目审批调度推进机制，建成施工许可审批调度管理平台，对省市两级重点项目和专项债项目实行"并联审批、挂图作战"，真正打通项目立项、审批、建设、验收等全链条，让营商环境成为项目建设助推器。

三是加强平台建设，提高公共资源配置效率和公平性。建成全国领先的公共资源交易电子化平台，推出公共资源数字化"掌上交易"，开展远程异地评标，实现招投标项目从发布公告到签订合同的全流程线上交易。推进公共资源交易信用框架体系建设，创新建成全国领先的青岛市公共资源交易信用信息平台，推进市公共资源交易平台与预算管理一体化系统、信用中国（山东青岛）网站、行业行政监督管理部门信用信息平台对接，实现市级政府投资工程建设项目支付信息网上查询、综合信用信息评价结果、行业信用信息评价结果在工程建设项目招标投标中的应用。

（五）坚持标准引领，努力推进"政务服务标准化改造与白话革命"

在全省率先探索水运政务服务事项标准化、数字化实践，以水运领域审批事项的"微创新"，撬动了改革的大效应。

一是提升了政务服务水平。通过标准化引领规范，使审批受理材料、受理时限、审核依据、审核流程、数据推送、文书制式、发放形式等均有了明确的、可操作的规范要求，压缩了审批人员的自由裁量空间，改进了工作作风，进一步优化了营商环境。

二是降低了企业经营成本。以1艘1万总吨的普通货船办理船舶营业运输许可为例，推行水运审批全程网办后，审批时限至少压缩5个工作日，企业纸质申报材料成本降低约25元，企业人工成本降低约260元，间接减少货船5天停泊费15万元。以2020年全年办理普通货船船舶营业运输许可近100件测算，每年可为全行业普通货船节约成本1500万元以上。

三是放大了改革整体成效。通过审批探路试点，推出全国首个水路运输领域审批服务标准化文本，打造省内首个真正意义上的交通审管衔接平台，发放省内首个具有法律效力的水路运输审批电子证照，初步形成可示范推广的做法，推动胶东五市水路运输数字化转型升级，走出一条在全国具有青岛特色的海运领域审批服务道路。

同时，青岛市行政审批服务局从市场主体和群众角度优化流程，重塑审批的要件、环节、流程，进行"白话革命"。对于审批要件，能提供样本的提供样本，能提供模板的提供模板，同时改造审批要件用语，通过"法律术语变白话、技术术语变白话、口口相传变文字"改造，最终实现审批指南"能识字就应该能看懂，照着葫芦能画出瓢"。通过标准化引领规范，严控自由裁量权，使审批受理材料、受理时限、审核依据、审核流程、数据推送、文书制式、发放形式等均有了明确的、可操作的规范要求；将专业术语改造成浅显易懂的，将模棱两可的空间用可量化的指标填满。

（六）坚持创新驱动，避免用老办法管新业态

坚持问题导向，分类施策，将审批登记中面临的概念界定不清、范围不明确、办理流程烦琐、要件不规范、社会组织行政化色彩重、"四新"经济领域设立商（协）会难等堵点、难点问题梳理形成问题清单，学习借鉴上海、深圳等地的先进经验，探索运用市场逻辑提出改革试点路径。在召开座谈会广泛征求市发展改革委、工商联、科技局、工信局、民政局等相关部门

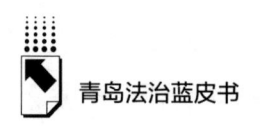

及部分区（市）意见基础上，还征求了青、深、沪三地70多个社会组织及市场主体的意见建议，如海尔卡奥斯、青岛工业互联网产业联盟、深圳科技创新促进会、上海喜马拉雅科技公司等。在此基础上，研究提出在市级及重点功能区试点推行"四类"社会组织直接登记。

一是调整拓宽行业商协会的设立范围，避免用老办法管新业态。在国民经济行业分类标准基础上，调整拓宽行业商协会的设立范围：对于符合国家战略性新兴产业和符合新技术、新产业、新业态、新模式"四新"经济发展需要的社会组织，在行业界定、会员数量等方面适当放宽。鼓励行业商协会实施"一业多会"。

二是通过流程再造简化直接登记步骤，审批提速缩短时限。将现行的社会组织成立登记"四环节"简化压缩为"两环节"，试点实施名称预审核、成立登记两步，审批流程"四变二"，审批提速50%。同时，根据新冠疫情防控需要，允许部分程序采用互联网线上形式开展。

三是借鉴企业简易注销模式，引入担保公证与信用监管，解决"僵尸社会组织"注销难问题。目前，社会组织注销需提交清算审计报告，部分长期不开展活动的"僵尸社会组织"注销成为难题。借鉴企业简易注销模式和上海市经验，采用市场逻辑，试点引入担保公证制，由利益关联方合法合规作出无债权债务担保，经公证机关公证后按程序注销。同时，加强信用监管，建立社会组织失信黑名单制度，强化社会监督。

四是社会组织名称去行政化，回归社会组织的社会属性。目前，青岛市成立的部分行业商协会名称为"青岛市×××协会（商会）"，这种名称与机关事业单位名称相仿，带行政区划名，行政化色彩过重。社会组织的社会属性应去行政化，借鉴企业法人做法，可试点改名为"青岛×××协会（商会）"。

五是调整社会组织负责人数量，满足有影响力的社会组织增设负责人的需求。目前，社会组织中的社会团体规定，负责人数量不能超过9个。实际运行中，部分有影响力的社会团体负责人数量往往超过9个。社会组织情况千差万别，这类限制性规定不宜"一刀切"。机械、武断地设定一个具体的数量不符合实际情况，可行的办法是设置一个比例，无论社会组织的体量是巨头还是小微，都可以在一个规定的比例下掌握。借鉴深圳做法，试点将社会团体负责人数量放宽至不超过理事会或者常务理事会人数的1/3。

六是减少发起人数量，降低设立门槛，培育处于起步期、成长期的新兴社会组织。目前，社会组织发起人数量一般为5~7个有影响力的单位或个人。不少新兴行业在起步期行业企业数量和规模都不大，难以完全满足要求。为培育起步期、成长期的新兴社会组织，试点将发起人数量减至3个，降低设立门槛。

七是秉持包容审慎态度，探索"疏""导""管"协同的新型监管机制。对社会组织，尤其是"四新"经济领域的社会组织应秉持包容、审慎监管态度，在先行"疏""导"的基础上，强化"管"，加强"三方协同"。对于不宜实行直接登记的重点领域社会组织加强研究，如异地商会等，划出安全底线，不允许打着新概念新名堂招摇撞骗。加强党对社会组织工作的领导，加强社会组织党建工作基础保障。通过社会组织"异常名录"和"黑名单"、信用公示、信息公开等多种形式激发社会监督和媒体监督的力量。另外，政府监管避免"碎片化"，建立行政审批登记机关、民政主管部门、各行业主管部门的协同机制，形成政策规划、准入登记、备案、年检、服务、执法监管等生态闭环，加强事中事后监管。

（七）创新服务模式，持续提升政务服务便利化水平

一是推行"容缺受理""告知承诺"。申请人主要材料具备、非主审要件暂缺或存在瑕疵的，原则上可容缺受理。对全局所有行政许可及关联事项的法定要件进行梳理，发布第一批告知承诺制事项清单，涉及身份证、营业执照等108项高频证明事项。

二是推行"自助办"。在全市范围内布设千余台自助终端设备，业务包含社保、医保、不动产、公积金等七大领域，覆盖青岛市全部镇（街）。将全市所有政务服务大厅、自助办理网点、千余个便民服务场所位置全部集中到一张网络地图上，市民办事实现精准直达。

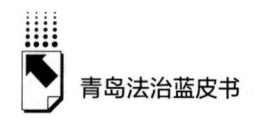

三是推行"满意办"。建立政务服务绩效由办事群众来评判的"好差评"制度,在全市各级行政审批服务大厅全面提供"帮办代办"服务,在产业园区设置"青年政务服务驿站",实现"园内事园内办"。

三 聚焦"营商青岛·共赢之道",全力打造营商环境"青岛模式"

深入贯彻习近平总书记对山东、对青岛工作的重要指示要求,坚持把优化营商环境作为促进高质量发展、建设现代化国际大都市的"生命线"抓紧抓实,聚焦办事方便、法治公平、成本竞争力强、宜居宜业四项基本要求,以招商引资质量和市场主体满意度为评判营商环境的主要标准,以体制机制创新为主线,以增强企业群众获得感、幸福感、安全感为根本目的,全力打好优化营商环境攻坚战,助力青岛营商环境竞争力在全国第一方阵持续进位争先,成为市场化、法治化、国际化一流营商环境建设的城市典范。

青岛市在营商环境评价中列第11位,是全国提升最快的城市;在"2022年十大海运口岸营商环境测评"中,列全国第1位,荣获最优等次四星级;在全国"2022年万家民营企业评营商环境"调查中,列全国第9位;在全国"2022年度中小企业发展环境"评估中,列全国第10位;在"2022年中国城市政商关系评价"中,列全国第7位;青岛市入选全国民营经济示范城市首批创建城市,为北方唯一入选城市;2023年,青岛市上榜中央广播电视总台"2022年城市营商环境创新城市","公共服务优化""监管机制创新"两项营商环境创新做法入选《城市营商环境创新报告2022》重点推广。2022年以来,青岛市营商环境领域累计获得国家、省和市表彰奖励181人,集体表彰奖励117项。

(一)创新体制机制,建立营商环境工作顶格推进"青岛模式"

一是升格一个机构。将青岛市持续深入优化营商环境和推进政府职能转变领导小组升格为市委议事协调机构,由市委、市政府主要领导任双组长。

实施营商环境"三报告"制度,在市区两级党代会报告、政府工作报告以及市委经济工作会议报告中写入营商环境专题,并将每年召开营商环境大会确定为常态化制度安排。

二是配强一个专班。调整组建青岛市优化营商环境工作专班,由政法委书记和常务副市长两名市委常委担任双组长。营商环境专班办公室调整设置在市行政审批服务局,将营商环境专班办公室工作由综合协调服务转向专业能力建设。

三是组建三支队伍。组建营商环境专家委员会、媒体观察员、营商环境体验官三支队伍,充实优化营商环境"三支队伍"256人,实现"区市、24条重点产业链和各类型组织形态"三个全覆盖,夯实"人人都是营商环境"社会基础。在青岛自贸片区、上合示范区等重点功能区,市企业联合会、市中小企业协会等重点商协会组织启用"青岛营商会客厅",搭建常态化政企互动平台。

(二)强化政策供给,推出营商环境制度创新"青岛方案"

2021年,青岛市委、市政府出台《青岛市营商环境优化提升行动方案》,推出46条创新突破政策,在全国率先提出服务企业、自然人、项目建设、创新创业"四个全生命周期",目前已全面落实完成。2022年,为持续推动青岛营商环境深层次制度创新,青岛市委、市政府出台《青岛市营商环境优化提升三年行动规划(2022~2024年)》,实施"政务服务环境、法治环境、市场环境、创新创业环境"四大提升行动,推出100条创新突破政策,其中,国内领先17条。

一是聚焦办事方便,实施政务服务环境提升行动。扎实开展市级行政许可清单编制工作,各区市、部门梳理认领许可事项488项。积极承接落实国务院、省政府取消和下放行政权力事项,对138项省级权限开展全面评估。制发市政府令向青岛自贸片区、上合示范区精准赋权62项,组织"两区"申请承接省级权限26项。建立健全政务服务"好差评"制度,主动评价率保持在99%以上,差评整改率100%。全面推动"无证明城市"建设,政务

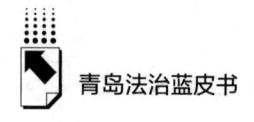

数据共享需求满足率超过99.5%。以惠企政策"一口发布、一口解读、一口兑现、一口服务、一口评价"为目标，搭建"青岛政策通"平台，汇集超2.6万条政策信息，累计浏览量突破410万次。

二是聚焦法治公平，实施法治营商环境提升行动。出台服务保障民营经济高质量发展、优化法治营商环境25条措施。维护民营企业和企业家合法权益，依法慎用拘留、逮捕和查封、扣押、冻结等强制措施。持续开展涉民营企业案件立案监督和羁押必要性审查专项行动，全面推进涉案企业合规改革试点工作，出台国内首个行政审批机关行政许可退出工作规程。建立"预防为主、轻微免罚、重违严惩、过罚相当、事后回访"的市场监管服务型执法新模式。升级轻微违法不予处罚制度，覆盖15个市场监管领域。主动对接上合示范区对外开放国家战略，加快建设上合"法智谷"，涉外法律服务大数据平台上线运行，汇聚翻译、公证、仲裁、会计审计、资产评估、法律援助、律所等机构近40家。成功入选第二批全国法治政府建设示范市。

三是聚焦成本竞争力强，实施市场环境提升行动。坚持将招商引资质量和市场主体满意度作为评判营商环境改进提升的主要标准。严格落实统一的市场准入制度，降低企业制度性交易成本。鼓励引导本地大企业、头部企业精准招引上下游产业项目，带动关联企业和产业链配套企业落户。"真金白银"助企纾困发展，持续推进减税降费。创新推出30项跨境贸易便利化措施，打造口岸营商环境新优势。深度融入黄河流域生态保护和高质量发展战略，在全国首创"陆海联运、海铁直运"监管模式，打造黄河流域最佳出海口。

四是聚焦宜居宜业，实施创新创业环境提升行动。建设"创业一件事"平台，打通跨部门、跨区（市）创业数据要素，搭建创业全生命周期体验场景。制订"专精特新"企业上市培育三年行动方案，新认定市级"专精特新"企业3716家，企业总数较上一年增长50.19%。建设RCEP国际人才服务中心，打造集招聘就业、政策解读、招才引智、业务办理等功能于一体的"一站式"综合人才服务载体。

（三）提升服务质效，创出政务服务"青岛样板"

秉承"人人心中的营商环境才是真的营商环境"理念，持续深化政务服务流程再造，努力让人民群众在每一项政务服务中感受到高效便捷和公平正义。

一是推行全方位服务。持续增强服务意识，推行全链条、保姆式政务服务。青岛市深化投资领域"放管服"改革有关做法，获国务院主要领导肯定性批示。创新推出电子营业执照电子印章同步发放、电子证照联展联用等服务获得国家级试点，医疗机构、医师和护士数字化改革获得省级试点。全力建设青岛市智慧审批平台，打造数字审批"青岛模式"，建立"一套标准""一张清单""一批场景"，实现从"全程网办"到"智审慧办"。创新试行首席审批服务官制度，审批效能提升50%以上。全面深化电子证照应用，实现电子营业执照与13个大类67个电子许可证实时共享、联展联用。

二是开展定制化服务。从不同产业赛道规律出发，对行业头部企业、上市企业、"独角兽"企业、小微企业、初创企业等不同类型企业，建立定制化的服务模式，丰富服务层次。例如，聚焦远程办公、"无接触"配送、无人工厂等新产业新业态，量身定制包容审慎监管制度，建立创新产业"试错"机制，给予市场主体适当包容期。提升专业化服务能力，力避政务服务"大锅饭"和盲目追求减材料、减时限的速度比拼，而是针对不同行业的发展规律，精准研究分行业领域的提速增效措施，实现"快"得更有意义。实施建设项目全流程审批"最多70天"改革。

三是实施精准化服务。针对新冠疫情带来的不利影响，通过问卷调查、深入基层调研、召开座谈会等形式，广泛征求办事群众、市场主体、社会组织及专家学者的意见，及时推出助企纾困政策"42条""89条"，开展线上"不打烊"政务服务，降低中小企业融资成本，保障企业产业链供应链循环畅通，精准服务市场主体高质量发展。赴全市重点功能区、商协会组织及产业链"链主"企业精准开展政策解读，自《青岛市营商环境优化提升三年行动规划（2022~2024年）》推出以来，已开展政策

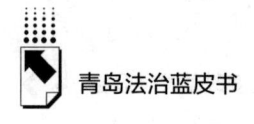

宣讲5000余场次。

四是推行全链条服务。围绕推动项目早建成、早投产、早达效，建立重点项目审批调度推进机制，建成施工许可审批调度管理平台，对省市两级重点项目和专项债项目实行"并联审批、挂图作战"，真正打通项目立项、审批、建设、验收等全链条，让营商环境成为项目建设助推器。

（四）注重标识引领，打造优化营商环境"青岛品牌"

结合青岛城市特质，突出全岛、全域、全民理念，打造"营商青岛·共赢之道"城市营商品牌，策划实施全国首个营商环境领域的主题宣传，推进企业与城市互相成就、合作共赢，助力青岛营商环境制度创新力、传播影响力、产业竞争力、宣传引导力走在全国前列，使青岛营商环境工作更具标识性、标杆性。中央、省及市官方媒体及新媒体平台对青岛市优化营商环境工作累计宣传报道28000余次。

一是立法确定"企业家日"。通过市人大常委会立法确定每年11月1日为青岛企业家日，举行青岛企业家日重商、亲商、安商、富商系列活动，播放企业家日主题海边灯光秀，办好"企业家宣传周"活动，营造"人人都是营商环境、个个都是开放形象"浓厚氛围。高质量实施"局长进大厅"活动，组织重点领域和经营主体关注度较高的19个部门局长进大厅，一线体验调研、一线倾听意见、一线解决问题。

二是开设"青岛营商环境会客厅"。依托青岛国际会客厅、市民中心、重点企业等知名场景，开设"青岛营商环境会客厅"，举办营商环境高端论坛、沙龙等活动，分享国内外优化营商环境经验、建言献策，共谋青岛优化营商环境大计。

三是制作"营商视听节目"。以有声明信片的形式策划制作营商视听节目——《营商三十六计》，聚焦青岛营商政策落地，打造情境案例类短视频，现场为市场主体和办事群众出谋划策，将政策为百姓讲懂，将难事为百姓办通。

四是打造营商"青营团"。聚焦青岛营商政策推广，打造青岛营商团队

IP——"青营团",以青年政务服务团为核心,以市营商环境工作专班青年干部为骨干,开展青岛营商政策宣传推广,通过制作情境案例类短视频、开展沉浸式互动对话等活动让文件里的政策"活起来",让青岛的营商政策真正走进市场主体、走入人们心中。

五是深挖营商环境创新理念。创新提出营商环境服务理念:努力让人民群众在每一项政务服务中感受到高效便捷和公平正义,人人心中的营商环境才是真的营商环境,从服务企业全生命周期到服务企业、自然人、项目建设、创新创业四个全生命周期,从服务均值到打破均值实施差异化创新,从营商环境制度优化到营商环境执行人的优化,从具体措施改进提升到营商环境品牌引领等。

六是发布营商金牌榜单。通过线上 H5、短视频、有声明信片等多种新媒体作品形式,发布青岛营商环境十大创新案例和十大创新人物两大榜单,作为 2022 年优化青岛营商环境的重磅展示内容,全媒体宣传报道。

四 结语

当前,青岛市行政审批制度改革还存在数据共享实效性和数据质量有待提升、审批与监管联动性不强、惠企服务仍有薄弱环节等问题。下一步,青岛市行政审批服务局将持续对标国际一流水平,持续深化"放管服"改革,强化深层次制度供给,落实落细惠企政策,为招商引资提质增效、经济高质量发展营造一流营商环境,努力让人民群众在每一项政务服务中感受到高效便捷和公平正义。

参考文献

[1] 马怀德:《行政审批制度改革的成效、问题与建议》,《国家行政学院学报》2016 年第 3 期。

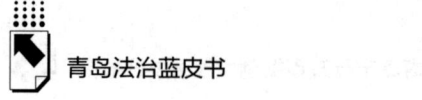

［2］王丛虎、门钰璐：《"放管服"视角下的行政审判制度改革》，《理论探索》2019年第1期。

［3］宋林霖：《"行政审批局模式"：基于行政组织与环境互动的理论分析框架》，《中国行政管理》2016年第6期。

［4］蒋敏娟：《中国行政审批制度的改革与创新》，《科学社会主义》2018年第6期。

［5］彭雷、王军：《"四类"社会组织直接登记的方法和路径探索》，《中共青岛市委党校（青岛行政学院学报）》2021年第1期。

B.10
青岛西海岸新区法治建设报告

于兴秀 柴红波[*]

摘　要： 青岛西海岸新区立足新发展阶段，积极彰显国家级新区使命担当，充分发挥国家战略叠加优势，认真落实《山东省青岛西海岸新区条例》，在承接省市赋权、经略海洋、优化法治化营商环境、深化综合行政执法改革、推动自贸区"法智园"建设等方面勇于创新、积极探索，法治新区建设蹄疾步稳、成效显著，树立起法治建设"新区标杆"。但同时，新时代对法治建设工作提出了新要求、新任务，亟须从统筹推进全面依法治国的大格局和大背景出发，探寻推进法治建设内涵式发展并提速转型升级的最优路径。

关键词： 依法治国　新区条例　经略海洋　营商环境

引　言

青岛西海岸新区[①]作为国务院批复设立的第九个国家级新区，承载着经略海洋、自贸试验区建设和国家级新区体制机制创新等四大国家战略，着力打造影视之都、音乐之岛、啤酒之城、会展之滨等四张国际名片，是青岛市

---

[*] 于兴秀，中共青岛西海岸新区工委（黄岛区委）全面依法治区委员会办公室秘书科科长；柴红波，青岛西海岸新区司法局四级调研员。
[①] 青岛西海岸新区是2014年6月国务院批复设立的第九个国家级新区，包括青岛市黄岛区全部行政区域；在管理体制上，青岛西海岸新区工委、管委与青岛市黄岛区委、区人民政府实行"一套班子、两块牌子"。

经济社会发展的龙头，地区生产总值先后越过3000亿元、4000亿元大关（见图1），位列19个国家级新区前三强，从全国百强区第13名跃升至第4名。经济社会高质量发展离不开法治保驾护航。近年来，青岛西海岸新区循法而行、依法而治，深入学习贯彻习近平法治思想，紧紧围绕"瞄准一个目标定位，实施四大国家战略，擦亮四张国际名片，强化六大关键支撑"的"一四四六"[①]总体思路，立足人民群众对优质法治供给的实际需要，以打造"法治中国建设先行区"为目标，以法治政府建设示范创建为契机，全方位推进法治建设工作，综合行政执法改革、智慧监管、"一证（照）通"改革等20余项改革事项在全国创出先进经验，获得"国家推进质量工作成效突出先进区"等30余项国家级荣誉，蝉联山东省高质量发展先进区，获评山东省首批"民营经济高质量发展先进区"，成功入选首批"山东省法治政府建设示范县（市、区）"，青岛市高质量发展综合绩效考核实现"六连优"。

图1 青岛西海岸新区2016~2021年GDP走势

[①] "一个目标定位"，即建设高质量发展引领区、改革开放新高地、城市建设新标杆、宜居幸福新典范，打造新时代社会主义现代化示范引领区；实施"四大国家战略"，即经略海洋、自贸试验区建设、国家级新区体制机制创新等战略；擦亮"四张国际名片"，即影视之都、音乐之岛、啤酒之城、会展之滨；强化"六大关键支撑"，即创新、开放、金融、人才、文化、生态。

一 法治新区建设的新举措

全面依法治国是国家治理的一场深刻革命，是中国特色社会主义的本质要求和重要保障。青岛西海岸新区在全面推进依法治国、依法治省、依法治市大背景下，积极发挥国家级新区体制机制优势，以构建市场化、法治化、国际化一流营商环境为方向，拓展更深层次改革，促进法治建设和有为政府更优结合，抢抓机遇，攻坚克难，乘势而上，全面推动改革和法治深度融合、高效联动，全面依法治区工作稳步推进。

（一）用活新区发展"新引擎"

青岛西海岸新区的特质是"新"，动力是"试"。为支持青岛西海岸新区在改革创新中先行先试，2018年1月1日，《山东省青岛西海岸新区条例》（以下简称《新区条例》）正式施行，为促进青岛西海岸新区进一步改革创新提供了重要法治保障，成为推动新区经济社会高质量发展的"新引擎"。青岛西海岸新区始终把《新区条例》贯彻落实作为深化改革创新、推动高质量发展的工作遵循和关键抓手，积极承接179项省级、364项市级权力事项，其中57项省级权力已有办件量、累计办件10.6万件，"采伐林木许可""超限运输车辆行驶公路许可""特种作业人员操作资格认定"等办件量较大，"省级事、区内办"极大提高了行政效率。全国人大基层立法联系点等重大改革试点落地，综合执法改革等27项改革经验全国领先，获批山东省级综合改革试点，实现青岛市改革创新考核"六连冠"。

（二）校准体制机制"方向舵"

机制体制建设是青岛西海岸新区推进全面依法治区工作的着力点和发力点，是护航国家级新区纵深发展的重要保障。青岛西海岸新区在建立健全法治建设组织架构方面持续发力，在青岛市率先成立中共青岛西海岸新区工委（黄岛区委）全面依法治区委员会，统一部署和组织落实全面依法治区各项

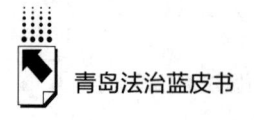

工作，下设委员会立制、执法、司法、守法普法4个协调小组和委员会办公室，形成工委（区委）总揽全局、协调各方的全面依法治区工作机制。在2019年专设工委依法治区办秘书科基础上，2021年又在青岛市区（市）级层面率先成立法治督察科和法治调研科，分别负责法治督察和全面依法治区理论与实践调查研究。同时，青岛西海岸新区还围绕"制度"这个支点架构"四梁八柱"，《青岛西海岸新区党政主要负责人履行推进法治建设第一责任人职责情况列入年终述职内容工作实施方案》《青岛西海岸新区关于深入推进镇街法治建设的实施意见》等36项规定相继出台，在青岛市区（市）级层面率先制定完成《法治新区建设实施方案（2021~2025年）》《青岛西海岸新区法治政府建设实施方案（2021~2025年）》《青岛西海岸新区法治社会建设实施方案（2021~2025年）》及"八五"普法规划，全面绘就新时代法治新区建设宏伟蓝图。

（三）擦亮营商环境"金招牌"

"法治是最好的营商环境"，法治环境能够为公平的竞争、稳定的预期、靠得住的信用提供保障。青岛西海岸新区坚持将营商环境建设作为"一号改革工程"顶格推进，2019年以来先后发起高效西海岸行动、精简高效政务新生态行动和优化营商环境三年行动攻坚等，清单化提出政务服务等20个领域291项改革攻坚任务。截至目前，所有攻坚任务均全部完成，其中约有70%的任务超额提前完成，累计总结形成156项创新性强、可复制可推广的改革举措，在一系列重点领域实现了创新突破。厚植企业发展沃土，制定出台《关于推行"有需必应、无事不扰、政策即享"服务企业17条措施的意见（试行）》，实行"有需必应"诉求解决机制、"无事不扰"监管检查机制以及"政策即享"惠企服务机制，打造舒心便利的企业成长环境。上线运行企业服务平台，建立企业诉求处理机制，规定各承办部门要在1个工作日内联系企业，3个工作日内反馈完成情况，诉求处理时间从起初的平均每件300小时压缩至72小时，提升76%，分派时间从开始的7天缩减到1天，提升86%，在全国营商环境评价中获评优秀等次（见图2）。

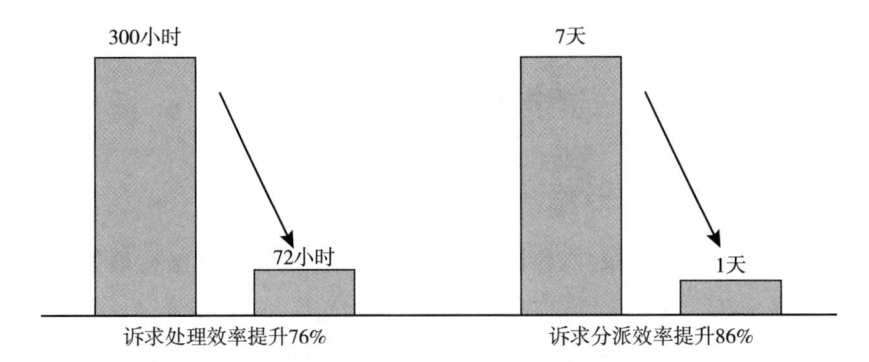

```
300小时                        7天

              72小时                           1天
   诉求处理效率提升76%          诉求分派效率提升86%
```

图 2　企业诉求处理机制工作成效

（四）深耕改革开放"试验田"

对标高标准国际经贸规则，围绕接轨国际最优营商环境建设，大力推动中国（山东）自由贸易试验区青岛片区（以下简称自贸区）"法智园"建设，搭建起"三庭一站四中心"①的多元化、一站式自贸法律服务体系。创新推出"法治政务自助点餐"服务模式及"法律服务共享窗口"，为企业提供涵盖法律事务咨询、知识产权保护指引、商标和专利体系布局、消保纠纷调解、公平竞争、质量标准化、商事仲裁、公证服务、风险体检等全周期、全方位的法律服务。搭建线上云端"法律会客厅"和线下"法律服务共享窗口"，为片区内企业及个人提供"精准化、便捷化、窗口化、一站式"法律服务。成立自贸区知识产权纠纷解决与快速维权委员会，完善知识产权案件多元化纠纷解决机制，在山东省率先建立"知识产权特派员"制度，成立青岛市首家众创空间知识产权服务工作站，为企业提供知识产权精准服务和维权指导。2021年自贸区新增市场主体2.4万个、是成立前总量的1.4倍，新增纳税主体1.18万个、是成立前总量的1.1倍，新引进世界500强投资项目45个、全区达到143个，企业活跃度86.2%，比75%的"非常活跃"基准高11.2个百分点，获评"中国十大最具投资价值园区"。

---

① 即涉外审判巡回法庭、知识产权巡回法庭、涉外商事法庭、检察服务工作站、国际仲裁中心、国际商事调解中心、合规自贸研究中心、公共法律服务中心。

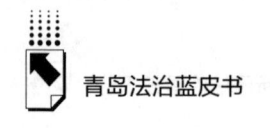

二 法治新区建设的新成效

（一）数字化法治政府建设不断开创新局面

坚持将数字化法治政府建设作为推动法治政府建设创新发展的"动力源"，把数字化、智能化贯穿行政决策、行政执法、行政司法的全过程、全系统、全领域。在行政决策领域，创新打造"智能化合法性审查系统"，通过数字化、平台化、精准化举措，促进送审、审查、反馈、报备、签发等12项流程系统集成、规范统一，实现政府合同、常务会议题、文件及工委（区委）交办事项等合法性审查工作智能办理，合法性审查工作提速60%，2021年获评全国"智慧司法创新案例"第二名。2022年以来，共审查工委（区委）、管委（区政府）等文件211件、政府合同152件、区政府常务会议题238件（见图3），提出审查建议1000余条。在行政执法领域，在全国率先打造"风险预警、双随机监管、信用信息公示"三大平台，推动基层市场监管方式改革，促进基层市场监管由管制向治理转变、由"多头"向综合转变、由传统向现代转变，推进基层质量监管"智变融合"，获国务院

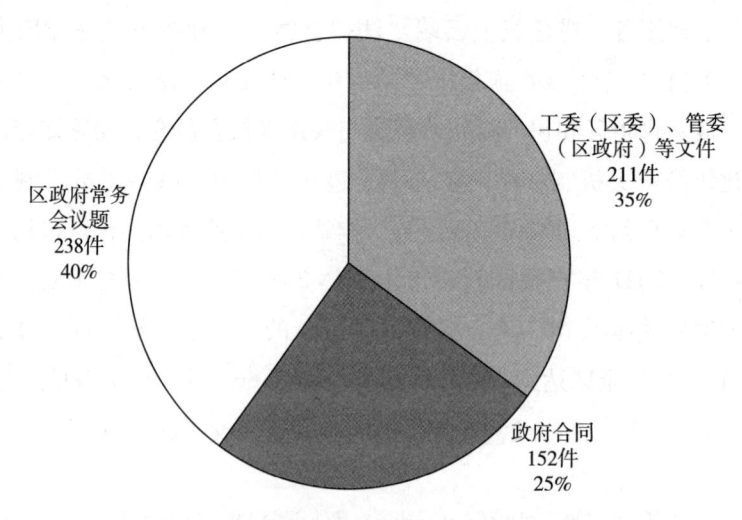

图3 青岛西海岸新区2022年合法性审查工作数据

督查激励表扬。在政务服务领域，率先推出政务服务"跨省通办"，搭建全国首个"跨域通办"线下专窗"云见面"协同联动机制，与26个省份的500多个政务服务单位建立"云牵手联盟"，搭建"跨域通办专窗平台"。相关经验做法被新华社、人民网、《光明日报》等新闻媒体广泛宣传。

（二）行政执法改革不断实现新突破

面对新时代新任务新要求，青岛西海岸新区在跨领域、跨部门综合执法改革中打出了一系列"组合拳"，完成了一系列探索实践，在执法体制改革阵地上与时俱进、向远而行。先后被中编办和山东省编办列为综合行政执法体制改革试点，在山东省率先组建综合行政执法局，将原分散在各部门的城市管理、国土资源、文化市场、海洋渔业、交通运输、环境保护等六大领域42类1551项执法权限，转由综合行政执法局集中行使，实现了一支队伍管全部，解决了"都管都不管"的问题。在山东省率先推行跨领域跨部门综合执法"局队合一"体制改革，实施局长、大队长一肩挑，直接到一线指挥，一线人员占执法队伍整体的84.1%。将点多面广、基层管理迫切需要且能够有效承接的执法权限，持续向派驻镇街中队延伸，27个派驻镇街（功能区）中队全方位承担起城管、规划、环保、国土资源等领域执法事项543项，6个直属中队承担起交通、海洋、文化、旅游等领域执法事项328项，构建起了"一职多能"的工作体系。此外，青岛西海岸新区还聚焦农业、畜牧、农机三大行业，在全国率先实施农业综合行政执法改革，创新凝练出"一三三五"[①]农业执法模式，获评"全国农业综合行政执法示范单位"、首届"山东省行政执法标兵"，并作为全国农业农村系统唯一改革创新案例，获评第六届中国"法治政府奖"提名奖。

---

① 即健全农业综合行政执法大队这一队伍，实现分散执法向集中执法转变、执法重心由上到下转变、单纯惩戒性执法处罚向预防性执法检查转变"三个转变"，推行行政执法公示、执法全过程记录、重大执法决定法制审核"三项制度"，落实销毁一批假冒伪劣产品、取缔一批违法违规主体、曝光一批违法犯罪分子、完善一批制度机制、严惩一批违法犯罪分子"五个一批"。

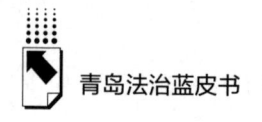

（三）高效能社会治理不断展现新作为

坚持以改革的精神、创新的思维全域推进治理体系和治理能力现代化，大刀阔斧地推动全域治理体制改革，在全国率先构建了"新区大统筹、镇街强治理、社区夯基础"三级联动体制架构，形成独具青岛西海岸新区特色的"136"[①] 社会治理新模式，社会治理"新区样板"在山东省推广运用。推动网格管理权限下放，将全区1309名专职网格员、46个流动工作站全部下放至镇街管理使用，为镇街网格治理赋能增效。开发建设新区市民"一家亲"服务平台，为新区市民提供金融、就业、教育、医疗、法律援助、疫情防控等多方面线上服务。先后五年获评"全国创新社会治理优秀城市"。探索推广"德育银行""红色物业"等基层治理新模式，六汪镇获评"第二批全国乡村治理示范乡镇"。积极运用和发挥全国人大常委会基层立法联系点在发展全过程人民民主和国家立法"直通车"中的重要作用，积极开展立法调研、法律法规草案征求意见、立法后评估等工作，基层立法联系点的促动力和影响力不断扩大。自2019年以来，先后参与20多个地方性法规的调研论证和修改工作，提出有价值的意见建议90余条，上报建议立法规划项目15个（见图4），对《新区条例》的立项、论证和颁布后的贯彻情况，协助山东省人大调研，推动省级赋权事项落实落地。

（四）法治改革创新不断取得新成效

聚焦公共法律服务供给侧结构性改革，2022年6月8日，山东省首个线上线下一体"法律服务超市"在青岛西海岸新区全面启动，省、市、区有关领导出席启动仪式。"法律服务超市"将律师、公证、司法鉴定、人民调解等法律服务资源"打包上架"，通过"超市"这种形式，让群众获取法

---

① 所谓1是指一套体制——搭建了区、镇街、社区三级联动常态化体制架构，3是指三大体系——网格组团治理体系、公众诉求处置体系、社区治理标准体系，6是指六化治理——网格化、社会化、专业化、智能化、法治化、时效化。

提出有价值的意见建议数量	90
参与地方性法规调研论证和修改工作数量	20
上报建议立法规划项目数量	15

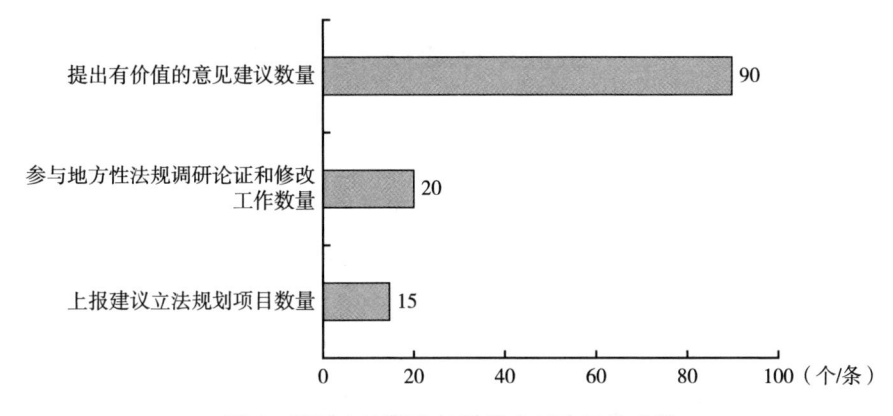

图4 基层立法联系点2019年以来工作成效

律服务更加便捷,真正实现群众"进一扇门,解所有事"。"法律服务超市"启动以来,收到法律服务申请3863件,受理3649件,结案2468件,提供窗口法律咨询1871件,接受法律援助个人申请535件,连同法院等指派在内共受理2521件。创新推出法治建设"创新实践"项目,在全区选树一批有辨识度有影响力的法治新区建设标志性成果,全面激发各单位各部门法治建设工作的创造性张力和内生性动力,推动法治建设工作"每年有突破、两年大提升、五年开新局"。相关做法赢得《法治日报》、山东省司法厅、今日头条等媒体"点赞",并被河北省司法厅学习推广。2022年首批立项培育46项"创新实践"项目,并评选出10个最具辨识度和影响力的法治建设"创新实践"项目和11个优秀项目,以点带面,全面推动西海岸新区法治建设创新发展。法治镇街建设实现新突破,泊里镇作为青岛市唯一镇街获评首批山东省"乡镇(街道)法治政府建设先进典型",辛安街道等4个镇街获评首批青岛市"法治镇街"称号,获评数量位居青岛市区(市)之首。强力推出"一把手"电视述法栏目,首批8个镇街、7个部门的党政"一把手"解锁"电视述法"新形式。发布《预防性法治建设白皮书(2022年)》,立足青岛西海岸新区首度提出法治建设警示性、预防性意见建议,得到党委、政府主要领导高度肯定。

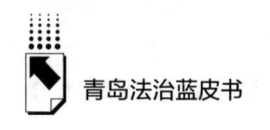

三 法治新区建设未来展望

法治建设是一项系统工程，不可能一蹴而就，必须久久为功。当前，青岛西海岸新区法治建设工作虽已取得了长足发展，但与新时代法治建设的新任务、新要求相比，仍存在一定不足。诸如：法治发展还不平衡、不充分，青岛西海岸新区法治建设工作较上海浦东新区、广州南沙新区、南京江北新区等尚有差距，区内法律服务资源分布不均；《新区条例》贯彻落实还不到位，在保障青岛西海岸新区先行先试和体制机制创新、海洋经济发展战略支点作用和城市功能建设等方面存在不足；政务服务还存在隐形"数据壁垒"，部门之间的数据或信息共享互通还不顺畅；涉外法律服务能力还有待提高，涉外法律服务人才缺乏，涉外法律服务市场拓展力度不够等。

当前，青岛西海岸新区经济社会发展进入了新阶段，各项改革进入攻坚期和深水区。山东省第十二次党代会提出"走在前、开新局"强大动员令，青岛市第十三次党代会也赋予青岛西海岸新区新的使命——全面展现国家级新区特色风采，塑造综合实力展示区。法治新区建设随之将面临新的机遇与挑战，需站在新的历史起点上，探寻促进法治建设内涵式发展并提速转型升级的最优路径。青岛西海岸新区法治建设必须在全国、山东省以及青岛市加快推进法治建设持续转型升级的大背景下，强化创新驱动，坚持问题导向、目标导向和成果导向，形成最优方案。

（一）坚持以法治护航国家战略落地落实

1. 加大赋能赋权力度

深入推动《新区条例》贯彻落实，积极争取中央和省市赋予更高层级决策支持权，设立由省级领导挂帅的领导小组，或者部省市联席会议制度，建立常态化协调保障机制。以有利于激发新区活力、满足青岛西海岸新区创新发展需求为导向，对法律法规规章没有明确规定不得下放或委托的，如建筑施工企业安全生产许可证核发等省市权力事项进行积极赋权，推动青岛西海岸新区更好承担国家重大战略及引领山东省战略性新兴产业发展。强化要素资源配置权，落实《新区条例》关于用地、用海、用能、金融、重点项目布局、科技创新服务等支持规定，清单化加大对青岛西海岸新区资金、用地指标、能耗统筹、地方收入等要素指标支持；聚焦重大产业规划，优先将科技含量高、投资大、辐射带动力强的大项目布局青岛西海岸新区，增加新旧动能转换重大工程重大课题攻关等项目；提高增量收入补助、拨付配套专项资金、降低土地出让收入计提比例、适度降低耕地保有量等，推动重大战略、重要政策、重点项目等优先在青岛西海岸新区落地实施。

2. 纵深推进经略海洋

青岛市第十三次党代会把"引领型现代海洋城市"作为未来五年重点打造的"六个城市"之一，把"更加注重经略海洋，全面增强向海图强发展优势"作为全力抓好的工作进行安排部署，将海洋发展摆在前所未有的重要位置。作为山东省唯一承担"以海洋经济发展为主题，打造海洋强国战略新支点"国家战略使命的国家级新区，青岛西海岸新区在发展海洋经济进程中亟须进一步完善法治保障作用。山东省、青岛市应加快制定完善海洋资源管理、海洋生态环境保护、海洋权益维护、海洋科技创新等方面的政策、法规，发挥政策及法规对海洋开发活动的规范约束作用，更好地服务和保障海洋经济建设。青岛西海岸新区要进一步深化海洋综合行政执法体制改革，整合行政执法主体，减少行政执法层级，加强环境保护、海域海岛等重点领域的执法力量。改革生态环境保护管理体制，建立和完善严格监管所有污染物排放的环境保护管理制度，独立进行环境监管和行政执法。建立陆海统筹的生态系统保护修复和污染防治区域联动机制，用法治为海洋经济可持续发展保驾护航。

3. 优化法治化营商环境

突出国家级新区功能定位，加快转变政府职能，深化制度创新、流程再造、数字赋能，持续深化"放管服"改革，深化政务治理数字化转型，实现"一网通办""一次办好""掌上办事""掌上办公""掌上执法"，打造稳定公平透明、可预期的法治化营商环境。强化公平竞争审查制度刚性约

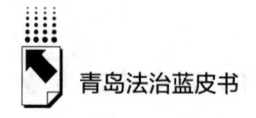

束，全面清理、废除妨碍统一市场和公平竞争的各种规定和做法，坚决纠正滥用行政权力排除、限制竞争行为。持续加大财政投入，深化政府购买法律服务督促惠企政策落实工作，提升惠企法律服务知晓度和公信力，推动各项助企惠企政策落实落地。加大基层政务服务，整合优化镇（街道）便民服务大厅资源，制定各镇（街道）政务服务事项标准化清单和办事指南，持续推进村（居）、社区便民服务点建设，实现便民服务全覆盖，全面提升政务服务能力和水平，打通服务群众"最后一公里"。

（二）持续强化法治建设"硬核"力量

1.加强重要领域制度建设

坚持以法治定规矩、划界限、促治理，全面强化重要领域制度建设，及时制定城市治理体系和治理能力现代化急需、满足人民群众对美好生活新期待必备的制度。围绕深化经济体制改革、完善要素市场化配置、促进高质量发展，做好发展规划、土地、财政管理、保护知识产权、现代服务业、金融业等方面的制度建设；围绕完善公共卫生安全保障制度，重点加强野生动植物保护、传染病防治、突发事件应对等方面的制度建设；围绕创新社会治理、保障和改善民生，重点做好住房、教育、就业、社会保障等方面的制度建设；围绕推进生态文明建设，重点做好污染防治、生态环境保护等方面的制度建设。主动适应深化改革、优化营商环境和经济高质量发展需要，对实践证明已经成熟的改革经验和改革举措，及时上升为制度规范。同时要加快推进城乡建设与管理、环境保护、历史文化保护等各领域制度规范的立改废释。

2.增强涉外法律服务能力

涉外法律服务是有效促进自贸区创新发展、黄河流域生态保护和高质量发展、"一带一路"经济良性循环可持续发展的重要保障。针对青岛西海岸新区涉外法律服务缺口，要积极吸引全国知名涉外法律服务机构来青岛西海岸新区发展，与青岛西海岸新区律师事务所共享律师事务所资源、专业知识和品牌影响，实现资源全域共享、抱团组合发展。要尽快搭建起一个集律师、公证、司法鉴定、法律援助等涉外法律服务资源功能于一体的高端涉外法律服务平台，为市民和企业"走出去"提供一站式便捷高效法律服务。在自贸区等外资企业聚集区设立涉外律师服务"会客厅"，提供国际贸易、跨国企业并购、知识产权、破产清算等涉外法律服务产品；引入获得国际资质认证的司法鉴定机构，为公民和法人提供便捷司法鉴定服务；及时受理涉外法律援助申请，提供更多语种服务，让外籍人士和在海外工作生活的青岛西海岸新区居民享受更便捷的法律援助服务。

3. 强化数字化法治政府建设

2021年8月，中共中央、国务院印发的《法治政府建设实施纲要（2021~2025年）》将"健全法治政府建设科技保障体系，全面建设数字法治政府"纳入法治政府建设"八大体系"①，要求"坚持运用互联网、大数据、人工智能等技术手段促进依法行政，着力实现政府治理信息化与法治化深度融合，优化革新政府治理流程和方式，大力提升法治政府建设数字化水平"，吹响了数字化法治政府建设的号角。作为国家级新区，青岛西海岸新区要肩负起全省数字经济发展推动者、引领者和创新者的重任，要在进一步加快数字化法治政府建设步伐上持续发力。坚持运用互联网、大数据、人工智能等技术手段促进依法行政，着力实现政府治理信息化与法治化深度融合，打造一批法治建设信息化创新项目。在"放管服"改革领域，推行政务服务"云端直办"，打造"政务直办间"，实现简易低风险项目一网办理。推广"跨域通办"专窗平台，推动更多事项"全省通办""全域通办"。开展政务服务"一事全办"点单式改革，推行"证照分离"全覆盖，实行建筑工程施工许可"零材料"申报，探索推广电子证照联展联用，实现营业执照和各类许可证线上申领，进一步提升群众办事的便利度和满意度。

---

① 即政府机构职能体系、依法行政制度体系、行政决策制度体系、行政执法工作体系、突发事件应对体系、社会矛盾纠纷行政预防调处化解体系、行政权力制约和监督体系、法治政府建设科技保障体系。

(三）加大法治建设组织保障力度

1. 切实加强党对法治政府建设的领导

党的领导是中国特色社会主义制度的最大优势，是推进全面依法治国、加快建设法治政府的最根本保证，必须坚持党总揽全局、协调各方，发挥各级党委的领导核心作用。要深入学习贯彻习近平法治思想，推进《论坚持全面依法治国》《习近平法治思想学习纲要》的宣传贯彻，推动建立健全各级党委（党组）理论学习中心组学习贯彻习近平法治思想常态化机制。要充分运用传统方式和新型融媒体手段广泛开展习近平法治思想学习宣传活动，切实将习近平法治思想转化为全面依法治区工作的生动实践。要进一步健全法治建设组织体系，压紧压实各级党政主要负责人履行法治建设第一责任人职责，推动党政主要负责人定期听取法治建设工作开展情况汇报，对法治建设重要工作亲自部署、重大问题亲自过问、重点环节亲自协调、重要任务亲自督办。要着力发挥镇（街道）党（工）委法治建设议事协调机构职能作用，加强党对镇（街道）法治建设的集中统一领导，统筹各方力量推进镇（街道）法治建设，推进全面依法治镇（街道）工作职能的优化协同高效。

2. 不断强化法治人才队伍建设

全面依法治国是一个系统工程，法治人才培养是其中关键一环。2017年5月3日，习近平总书记在中国政法大学考察时强调："法治人才培养上不去，法治领域不能人才辈出，全面依法治国就不可能做好。"要把法治人才队伍建设工作纳入各级人才总体布局中谋划和推进，健全选人用人机制，从源头筛选可用之才、有用之才。要进一步完善领导干部学法制度，推动党委理论学习中心组和政府常务会议学法规范化、常态化，不断提升各级领导干部运用法治思维和法治方式深化改革、推动发展、化解矛盾、维护稳定能力。制定出台推进法律服务行业一体化发展的指导意见，推动律师事务所、公证处、基层法律服务所、司法鉴定所等法律服务机构通过建立联席会议制度、实施双向交流机制、打破行业协会任职边界等方式或途径，围绕参与党委政府重大决策事项、公共法律服务体系建设、重大案件处置等方面，深入开展沟通协作，广泛拓展合作领域，形成协作工作常态化，打造法律职业共同体，推动法律服务行业整体可持续发展。

3. 严肃法治建设督察考核

要把法治督察考核作为推进法治建设的重要抓手，逐层传导压力、层层落实责任。严格落实中共中央办公厅、国务院办公厅《法治政府建设与责任落实督察工作规定》，充分发挥督察的"指挥棒""风向标"作用，明确重点任务、盯住关键环节、创新督察方式，推动形成从党政主要负责人到党政机关工作人员的责任闭环，构建起守责尽责、失责追责的法治政府建设与责任落实监督机制，让法治政府建设责任督察真正"长牙"、立威、管用、有效，切实保证党中央、国务院关于法治政府建设的决策部署全面严格落实到位。科学设定法治建设考核指标，将党政主要负责人履行法治建设第一责任人职责、法治建设工作的重点任务、难点痛点等纳入考核体系，提升考核权重，强化考核结果运用，以考核助推法治建设各项工作落地实施。

参考文献

［1］钱弘道、解明月：《习近平法治思想中的法治队伍建设论》，《法治现代化研究》2022年第2期。

［2］曹鎏：《论我国法治政府建设的目标演进与发展转型》，《行政法学研究》2020年第4期。

［3］马怀德：《落实〈法治政府建设实施纲要〉深化"放管服"改革》，《中国行政管理》2021年第11期。

［4］袁宗勇：《关于发展壮大涉外法律服务业的探索与思考》，《中国司法》2017年第8期。

［5］蔡先凤：《浙江海洋经济法治建设的回顾与展望》，《法治研究》2014年第4期。

［6］陈宇轩、朱涵、桑彤：《多地"政务上链"，新数据孤岛、安全风险等问题待解》，新华社，2020年7月31日。

司法与监察体制改革篇

Procuratorial and Adjudication Reform and Development of Supervisory System

B.11 青岛市深化新时代检察改革报告

山东大学法学院课题组[*]

摘 要： 青岛市检察机关认真学习贯彻党的二十大精神，把握其实质内涵，抓住核心要旨，始终坚持以习近平新时代中国特色社会主义思想为引领，贯彻习近平法治思想，紧密围绕全面建设社会主义现代化国家重大战略安排，能动履职尽责。青岛市检察机关围绕法律监督工作"为大局服务、为人民司法"这一中心任务，全力服务经济社会高质量发展，全方位提升法律监督质效，进一步完善与司法责任制相适应的检察权运行监督制约机制，为新时代青岛检察工作提质增效，为服务保障中国式现代化建设贡献更优的检察力量。

关键词： 新时代检察改革 司法责任制 法律监督 四大检察 十大业务

---

[*] 课题组主持人：赵恒，山东大学法学院副教授、博士生导师。课题组成员：张瑞斌、王浩、史亚男、荀变变、戴雨秋、刘勋、郑震英，山东大学法学院学生；刘鹏，青岛市人民检察院法律政策研究室副主任；邢建华，青岛市人民检察院法律政策研究三级检察官助理。

党的二十大报告指出，"加强检察机关法律监督工作""完善公益诉讼制度"，这为新时代检察工作指明了方向。在习近平新时代中国特色社会主义思想指引下，青岛市检察机关认真学习党的二十大精神，全面贯彻习近平法治思想，深化落实中央、省委、市委全面深化改革部署，聚焦最高人民检察院、山东省人民检察院的检察改革工作要求，努力服务保障建设新时代社会主义现代化国际大都市，落实以人民为中心的发展思想，树牢"业务立检"指导思想和提升司法办案质效，全面加强法律监督工作，实现自身高质量发展，当龙头、作表率、开新局。

一 检察机关助力经济社会高质量发展

党的二十大报告提出，要加快构建新发展格局，着力推动高质量发展。服务经济社会高质量发展，是检察机关服务党和国家中心大局的题中应有之义。实践中，检察机关立足职能定位，依法能动履职，积极营造法治化营商环境，助力各类企业健康长远发展。青岛市检察机关完整、准确、全面贯彻新发展理念，把工作重心更加自觉地放在实体经济上，进一步提升各项工作措施的针对性和实效性。

（一）持续优化法治化营商环境

全面贯彻落实党的二十大精神，一项重要举措就是优化法治化营商环境。检察机关必须能动实践检察新理念，积极履行自身职责，为法治化营商环境的营造与优化保驾护航，这是贯彻落实习近平法治思想的题中应有之义。

在现代社会，企业是营商环境的主要参与者、就业机会的主要提供者、技术进步的主要推动者，在经济发展中发挥着十分重要的作用。为应对全球疫情形势下我国经济发展面临的巨大压力，有效解决我国就业问题，平等保护各类市场主体，建设法治化、规范化、现代化的营商环境，最高人民检察院积极推进涉案企业合规建设，并出台了一系列相关制度规定，如《涉案企业合规第三方监督评估机制专业人员选任管理办法（试行）》《涉案企业

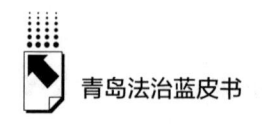

合规建设、评估和审查办法（试行）》等，保证了涉案企业合规建设的顺利进行。

青岛市人民检察院积极稳妥做好涉案企业合规改革试点工作，推进基层人民检察院与相关单位合作建立涉案企业合规第三方监督评估机制。2022年8月，中华全国工商业联合会、最高人民检察院发布《工商联与检察机关沟通联系机制典型事例（2019~2022）》，山东省共入选典型事例5个，其中青岛市检察机关入选2个，分别是青岛市工商联、青岛市人民检察院共建沟通联系机制做法，以及青岛市李沧区工商联、青岛市李沧区人民检察院共建沟通联系机制做法。作为山东省人民检察院部署的第二期涉案企业合规改革试点检察院，2022年4月，青岛市李沧区人民检察院在全省检察机关涉案企业合规改革试点工作会议总结评估中获评优秀等次，与李沧区工商联的相关经验被会议推介。该院创建的"涉民企虚开增值税专用发票案办案新机制"，代表全市检察机关获评"青岛市优化营商环境优秀案例"，并被国家发展改革委评为"支持民营企业改革发展典型做法"，在全国推广。

（二）助力提升市域社会治理效能

党的十九届四中全会明确提出，要加快推进市域社会治理现代化，这是推进社会治理现代化的突破口和切入点，也是助推"中国之治"的重要支点。检察机关切实提高政治站位，充分认识服务推进市域社会治理现代化的重要意义，发挥检察职能作用，推动构建市域社会治理新模式，为坚持和完善共建共治共享的社会治理制度贡献检察力量。青岛市检察机关坚持以高质量检察履职，促进构建共建共治共享社会治理新格局，为平安青岛、法治青岛建设贡献检察力量。

第一，青岛市检察机关认真落实市委、市政府《关于支持检察机关依法开展检察建议工作的意见》，在全市大力开展检察建议工作。首先，青岛市检察机关注重发现案件背后的社会治理漏洞和行业监管问题，围绕"六稳"、"六保"、司法公正、公益保护等方面，聚焦社会治安、文化旅游、教育卫生等重点行业领域，及时向相关涉案单位、主管机关等主体制发检察建议,对检察建议落实情况进行督促协调,推动乱象整治、行业清源,通过办理一案、治理一片,真正让检察建议成为标本兼治的良方。其次,青岛市检察机关探索建立"检察建议与代表建议、政协提案衔接转化机制"。全国人民代表大会常务委员会办公厅工作人员、最高人民检察院工作人员以及部分全国人大代表来青岛市进行专项调研,认为该项机制体现了人大代表对检察公益诉讼工作的深度参与,有创新、有实效,可复制、可借鉴。全国人大常委会办公厅《联络动态》第95期刊发了《青岛市崂山区在探索代表建议与检察建议衔接转化中实现公益保护》。同时,最高人民检察院主要领导批示肯定该项机制;最高人民检察院印发《关于在部分省区市试点推广代表建议、政协提案与公益诉讼检察建议衔接转化工作机制的方案》,决定推广青岛市检察工作经验,在山东等16个省份开展试点工作。此外,在十三届全国人大四次会议上,14名全国人大代表联名提出《关于构建代表建议与检察建议衔接转化工作机制的建议》。

第二,青岛市检察机关以检察普法助推社会治理,充分发挥检察机关参与社会治理的司法能动性。青岛市检察机关主动对接新时代新的普法需求,针对不同普法对象群体,打好普法工作组合拳;充分落实"谁执法、谁普法"普法责任制,让当事人接受司法判断的结果和理由,从而息诉罢访,信服司法。同时,青岛市检察机关积极拓展普法对象,将普法资源向基层、边远乡村延伸;不断创新普法形式,建立"线上+线下"普法长效机制,充分运用各类宣传平台讲好检察故事。2017~2022年,青岛市检察机关进入全市大中小学、乡镇农村、企业事业单位等各社会组织进行法治知识宣传普及共1740场次、在场学习的听众共115.6万余人次。

二 检察机关逐步完善法律监督运行机制

(一)完善刑事诉讼监督机制

党的二十大报告强调,公正司法是维护社会公平正义的最后一道防线,

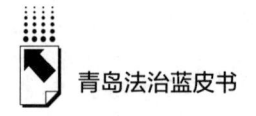

要强化对司法活动的制约监督，促进司法公正，加强检察机关法律监督工作。当前，我国的犯罪结构等明显改善，鉴于此，我国检察机关应着力强化对诉讼活动的法律监督，坚持以能动履职促诉源治理。青岛市检察机关坚持追诉犯罪与保障人权并重，依法指控犯罪、强化诉讼监督，完善刑事诉讼监督机制。

第一，青岛市检察机关着眼全局，将宽严相济刑事政策落实到工作的方方面面，让少捕慎诉慎押刑事司法政策真正在检察工作中落地，积极适应当前刑事犯罪结构性变化，对轻微刑事案件尽可能少适用逮捕措施，审慎作出起诉决定，慎重适用羁押措施，最大限度减少、转化社会对立面，增进社会和谐，真正让司法既有力度又有温度。

第二，青岛市检察机关拓展适用认罪认罚从宽制度，坚持以理念变革为先导，以"标准化+"为指引，推进简案快办、难案精办、宽严得当。2022年度青岛市检察机关认罪认罚从宽制度案件适用率为92%，一审服判率98%。同时，青岛市检察机关大力探索"一站式"诉讼，推进"刑事速裁"提质增效。例如，青岛市人民检察院着眼刑事速裁案件办理全流程提速，2022年初牵头起草《关于适用轻微刑事案件快速办理和刑事速裁程序的指导意见》《关于建立财产刑保证金提存制度的工作办法（试行）》等文件，在推动简案快办、轻案快办的同时注重权益保障。

第三，青岛市检察机关推动完善侦查监督与协作配合机制，综合运用"派驻+巡回"检察机制强化刑事执行监督，创新刑事诉讼全流程监督背书制度，促进刑事诉讼监督制度发展完善。

（二）精准开展民事诉讼监督

中共中央印发的《关于加强新时代检察机关法律监督工作的意见》指出，检察机关作为"保护国家利益和社会公共利益的重要力量，是国家监督体系的重要组成部分"。由此可以看出，维护公共利益是检察机关义不容辞的职责使命。检察工作的重要性不是只在刑事检察上才能体现，民事检察工作同样关系广大人民群众的切身利益。全面贯彻习近平法治思想，应当时刻以维护广大人民群众的切身利益为工作重心。青岛市检察机关为提高民事诉讼监督工作效能，坚持推进监督纠错与维护裁判权威有机融合。

第一，青岛市检察机关结合《民法典》，推动完善抗诉、检察建议等多元化监督格局。2017~2022年，青岛市检察机关坚持精准发力，增强对生效裁判的监督力度，提出327件抗诉、再审检察建议，其中发回重审或法院已改判的案件有239件。

第二，青岛市检察机关强化虚假诉讼监督，依法纠正"假官司""假调解"，对涉嫌犯罪的当事人依法提起公诉。例如，2021年10月，青岛市人民检察院办理的蔡某某虚假诉讼监督案，为民营企业避免损失1100余万元。

第三，青岛市检察机关创新打造"制度化操作、规范化运行、常态化开展"民事检察听证模式。该工作做法被山东省人民检察院肯定与推广，并作为典型经验刊发于最高人民检察院《检察改革动态》。

（三）优化行政检察监督机制

中共中央印发的《关于加强新时代检察机关法律监督工作的意见》强调，"全面深化行政检察监督"，对依法履行行政诉讼监督职能、开展行政违法行为监督和行政争议实质性化解提出新的更高要求。同时，该意见还指出，"检察机关依法履行对行政诉讼活动的法律监督职能，促进审判机关依法审判，推进行政机关依法履职，维护行政相对人合法权益"，明确了新时代行政诉讼监督的三项基本任务。检察机关在履行行政诉讼监督职能时，充分发挥自身主观能动性，主动回应广大人民群众的利益关切，积极疏通行政法律规范实施中的问题，以自身行政诉讼监督职能履行来推动行政司法领域的良性互动。

青岛市检察机关积极争取党委政府支持，不断优化行政检察监督机制，共护依法行政、公正司法。例如，青岛市人民检察院起草的《关于支持检察机关开展行政非诉执行监督工作的意见》，经2019年市委全面深化改革委员会第三次会议批准通过，并由市委办公厅、市政府办公厅于2019年12月31日联合在全市范围内印发。2017~2022年，青岛市检察机关为推进解决行政决定难以执行以及执行时间周期过长等问题，共发出了1492件检察建议；与行政机关互相协作，共处理了409件土地执法、市场监督相关的案件，并促使34处长期违建得到治理。青岛市检察机关在优化行政检察监督机制方面积累了丰富的实践经验。例如，2021年，青岛市莱西市人民检察院充分发挥行政非诉执行监督职能作用，采取多元化解手段，以促成行政争议实质性化解的"小切口"，精准助力实现服务民营企业效果最大化，其办理的山东某机械有限公司环境违法行政非诉执行检察监督案入选最高人民检察院"检察为民办实事"——行政检察与民同行系列典型案例（第一批）。

（四）完善公益诉讼检察工作机制

党中央高度重视公益诉讼检察工作。党的二十大报告强调，要完善公益诉讼制度。中共中央印发的《关于加强新时代检察机关法律监督工作的意见》也指出，要积极稳妥推进公益诉讼检察。此外，最高人民检察院发布的《"十四五"时期检察工作发展规划》强调，检察机关要突出解决重点领域损害公益问题，坚持把诉前实现维护公益目的作为最佳司法状态，创新公益诉讼检察办案机制，规范拓展案件范围。

青岛市检察机关认真践行"公共利益代表"职责使命，不断完善公益诉讼检察工作机制。2017~2022年，青岛市检察机关重点关注食品药品、安全生产、环境资源等与群众利益密切相关的问题，共办理公益诉讼案件2319件，并成功办理了全国首例"劳动代偿"折抵环境损害赔偿金、石老人沿海生活污水直排入海案、督促保护大河东湿地生态环境行政公益诉讼案等一批在全国、全省叫得响、可借鉴的典型案件。2022年青岛市检察机关办理的督促保护大河东湿地生态修复行政公益诉讼案获评全国首批湿地保护公益诉讼典型案例，对于持续做好检察公益诉讼、共同加强公益保护具有重要意义。此外，青岛市检察机关还积极探索公益损害赔偿制度，最大限度实现公益目的。2021年，青岛市人民检察院办理的赵某销售有毒有害食品案，责令其承担十倍惩罚性赔偿金1400余万元，对不法分子进行了严厉打击。对群众关注的历史文化遗产传承和保护问题，青岛市检察机关牵头相关部门对八大关旅游景区等29处历史文物古迹进行了修复，擦亮国家历史文化名城品牌。例如，青岛市平度市人民检察院针对老城区文物千佛阁受损情况，先后发出两份检察建议，促使千佛阁建筑原有历史信息、文化价值和建筑风貌得以全面呈现。

（五）健全与监察委员会工作衔接机制

2016年10月，党的十八届六中全会决定深化国家监察体制改革，整合反腐败工作力量，建立集中统一、权威高效的中国特色国家监察体制。为进一步促进检察机关与监察机关办案顺利衔接和有效配合制约，中共中央印发的《关于加强新时代检察机关法律监督工作的意见》提出，要健全衔接顺畅、权威高效的工作机制，推动刑事司法与监察调查的办案程序、证据标准衔接；完善监察机关商请检察机关派员提前介入办理职务犯罪案件工作机制，以及检察机关退回补充调查和自行补充侦查机制；加强检察机关立案侦查司法工作人员相关职务犯罪与监察机关管辖案件的衔接协调、线索移送和办案协作，不断增强依法反腐合力。

青岛市检察机关积极配合深化国家监察体制改革，坚决拥护落实检监办案配合的政治要求、法定责任，健全完善全方位、常态化、多层次办案衔接机制；创新完善案件提前介入、移送、庭审等"六同步"制度，完善强制措施衔接、涉案线索移送及赃款赃物追缴等工作，形成良性配合制约机制，确保全市职务犯罪案件办理高效顺畅。2017~2021年，青岛市检察机关共办理监察机关移送的职务犯罪案件300余件；办理全国首例向境外申请诉前保全的违法所得没收案件，为国家挽回巨额财产损失；职务犯罪办案团队获评"山东省检察机关优秀办案团队"。

（六）完善未成年人检察工作机制

为实现未成年人全面综合司法保护，涉未成年人检察业务统一集中办理是检察机关法律监督的有益探索，也是未成年人司法保护特殊规律的必然要求。中共中央印发的《关于加强新时代检察机关法律监督工作的意见》强调，

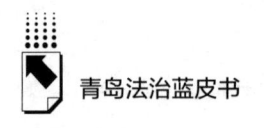

要强化未成年人司法保护，完善专业化与社会化相结合的保护体系。最高人民检察院发布的《"十四五"时期检察工作发展规划》指出，应当创新未成年人检察，规范推进未成年人检察业务统一集中办理，形成全面综合保护格局。

青岛市检察机关全面深化开展涉未成年人刑事、民事、行政、公益诉讼检察业务统一集中办理工作，充分运用检察职能维护未成年人合法权益，在依法能动履职中打造了一批以"未检清泉"为代表的青岛未成年人检察文化品牌。青岛市检察机关抓实"检爱同行，共护未来"未成年人保护法律监督专项行动，重点从校园周边环境整治、娱乐场所及酒吧违法接纳未成年人等影响未成年人健康成长的问题着手，以专项监督提升社会治理效能。青岛市检察机关还在省内率先联手有关部门启动未成年人文身治理，推动相关部门在全市开展旅馆行业、互联网经营场所、烟酒经营行业专项整治活动，净化未成年人生活圈。2022年2月，青岛市检察机关共同开展"检爱护航寒假行"学生安全保护专项监督活动，针对司法办案中发现的"剧本杀""密室逃脱"等新型场所管理不严格不规范等问题开展监督工作，督促规范相关场所行业秩序，以法治关爱守护未成年人健康成长。

三 强化对检察机关法律监督活动的制约监督

（一）加强检察机关内部纪律作风建设

为全面提升法律监督质量和效果，充分发挥检察机关法律监督职能，要强化检察机关内部纪律作风建设。党的二十大报告指出，坚持走中国特色社会主义法治道路，要严格公正司法，强化对司法活动的制约监督，加强检察机关法律监督工作。中共中央印发的《关于加强新时代检察机关法律监督工作的意见》明确，"加强过硬检察队伍建设，全面落实司法责任制"，"加强对检察机关法律监督工作的监督制约，确保检察权依法规范行使"。最高人民检察院《2018~2022年检察改革工作规划》也提出，"健全与司法责任制相适应的检察权运行监督制约机制"。

青岛市检察机关学习领会党的建设新的部署要求，贯彻落实相关文件对检察权运行监督制约机制的要求，始终坚持全面从严治党、全面从严治检，打造忠诚、干净、担当的检察队伍；坚持以党的政治建设为统领，推进"作风能力提升年"活动落地落实；落实山东省人民检察院巡视整改情况"回头看"工作，认真抓好自查自纠；把防范廉政风险作为头等工作，加强检察权运行制约监督，及时建立与新形势相适应的检察管理体制和检察权力监督制约机制。

（二）健全检察权运行外部监督制约机制

检察权运行外部监督制约机制包含人大监督、民主监督、群众监督、媒体监督、舆论监督等。党的二十大报告强调，加强人民当家作主制度保障，需健全人大对行政机关、监察机关、审判机关、检察机关监督制度。中共中央印发的《关于加强新时代检察机关法律监督工作的意见》指出，要加强对检察机关法律监督工作的组织保障，各级党委要定期听取检察机关工作情况汇报。最高人民检察院发布的《2018~2022年检察改革工作规划》要求，检察机关坚持司法为民，要广泛听取人民群众意见，自觉接受人民群众监督，深化检务公开，接受社会监督。青岛市检察机关在检察权运行外部监督制约机制上多有探索。

青岛市检察机关主动接受监督、强化阳光司法，推动检察工作高质量发展。2022年，青岛市人民检察院制定加强和改进工作的措施47项，邀请人大代表参与监督办案792人次，办理代表意见建议165件，青岛市人民检察院被评为代表建议先进承办单位；邀请人大代表、政协委员、各民主党派、工商联和无党派人士考察调研1026人次，办理政协委员提案22件；聘请专业人士担任特邀检察官助理、检察听证人员、人民监督员，参与检察办案1960人次。

青岛市检察机关配合巡察工作，提高巡察监督质效。2021年，青岛市人民检察院主动接受巡视巡察和派驻机构监督，对10个基层检察院巡察全覆盖，整改问题200余个。青岛市检察机关积极反馈巡察建议书，主动对照

检查、全面整改，接受社会监督，形成整改联动效应，推动以巡促改、以巡促建、以巡促治。

青岛市检察机关深化人民监督员制度改革，完善人民监督员对检察机关办案活动的外部监督机制，积极探索拓宽人民监督员监督范围，努力拓展监督检察工作和人民群众有序参与的各种渠道。

四 青岛市深入推进新时代检察改革未来展望

（一）坚持加强思想引领

党的二十大在政治上、理论上、实践上取得了一系列重大成果，就新时代新征程党和国家事业发展制定了大政方针和战略部署，是我们党团结带领人民全面建设社会主义现代化国家、全面推进中华民族伟大复兴的政治宣言和行动纲领。青岛市检察机关应以务实的工作作风贯彻落实党的二十大精神，努力在新征程上开创党和国家事业发展新局面。青岛市检察机关应坚持以习近平新时代中国特色社会主义思想为指导，深入贯彻习近平法治思想，提高政治站位，迅速把思想和行动高度统一到党的二十大精神上来，深刻领悟"两个确立"的决定性意义，增强"四个意识"、坚定"四个自信"、做到"两个维护"，踔厉奋发、勇毅前行，努力做好新时代检察工作，为全面建设社会主义现代化国家、全面推进中华民族伟大复兴作出检察贡献。青岛市检察机关要围绕服务高质量发展主题，坚持强基导向，发展系统观念，培育法治思维，紧密结合检察工作实际，突出实干实绩实效。

（二）紧紧围绕中心服务大局

检察工作是党和国家工作的重要组成部分，必须围绕党和国家的工作大局展开。第一，青岛市检察机关应深入领会和切实吃透党的二十大精神，把握"走在前、开新局"的主题主线，找准检察工作服务大局的切入点和着力点。第二，青岛市检察机关应持续推进服务大局重点工作，满足人民群众多元司法需求，为推进国家治理体系和治理能力现代化贡献更多检察智慧，为经济社会持续健康发展提供强有力的法治保障。第三，青岛市检察机关应进一步增强责任感和自觉性，坚持问题导向、目标导向和结果导向，对照上级部署要求及青岛市院党组确立的目标定位，深入查找存在的差距和不足，并有针对性地提出措施与办法。

（三）充分履行法律监督职能

检察机关对内设机构进行了系统性、重塑性、重构性改革，并形成刑事、民事、行政、公益诉讼四大检察并行的法律监督新格局。一方面，青岛市检察机关应充分履行检察职能，坚持能动司法，强化诉源治理，充分运用检察建议这一重要法律监督方式促进依法治国、依法行政，在服务大局、保障民生上体现检察担当，全面落实"质量建设年""创新提升年""法律监督行动年"的各项要求，开展好为期三年的服务保障实体经济振兴发展专项行动，为顺利完成青岛市第十三次党代会确立的目标任务贡献检察力量。另一方面，青岛市检察机关应在深化改革创新、推动检察工作自身高质量发展上走在前，培育过硬的典型案例和指导性案例，依靠改革创新破解工作难点、痛点和堵点，推动形成青岛检察工作的比较优势。

（四）从严从实加强自身建设

检察工作的重要主题是检察队伍自身建设，只有把自身建设好，检察工作的科学发展才能得到根本保障。青岛市检察机关应加强队伍建设，坚持以党的政治建设为统领，坚持全面从严治党、全面从严治检，以务实的态度，扎实推进改革创新。一是完善司法责任制、检察人员分类管理等相关改革措施；二是坚持标准化引领，积极推进"质量建设年"活动开展，加强检察人员素能训练，抓好检察绩效考核，坚持推进检察大数据战略，努力推动检察工作高质量发展；三是开展"作风能力提升年"活动，严格落实新时代政法干警"十个严禁"，坚定不移全面从严治检，巩固深化政法队伍教育整顿成果，努力打造新时代检察铁军。

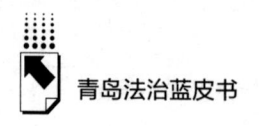

参考文献

［1］习近平：《高举中国特色社会主义伟大旗帜　为全面建设社会主义现代化国家而团结奋斗——在中国共产党第二十次全国代表大会上的报告》，2022年10月16日在中国共产党第二十次全国代表大会上。

［2］习近平：《决胜全面建成小康社会　夺取新时代中国特色社会主义伟大胜利——在中国共产党第十九次全国代表大会上的报告》，2017年10月18日在中国共产党第十九次全国代表大会上。

［3］《习近平法治思想概论》编写组编：《习近平法治思想概论》，高等教育出版社，2021。

［4］《习近平谈治国理政》（第4卷），外文出版社，2022。

［5］习近平：《切实尊崇宪法，严格实施宪法》，载习近平《论坚持全面依法治国》，中央文献出版社，2020。

B.12 青岛市环境资源审判发展与展望

李丰波 尤志春 姜若林 张旋*

摘 要： 近年来，青岛两级法院坚持以习近平新时代中国特色社会主义思想为指导，紧紧围绕党中央关于生态文明建设的决策部署，牢固树立现代环境司法理念，充分发挥环境资源审判职能作用，不断完善绿色司法体系，提高司法质效，在依法公正审理案件、保护恢复生态环境、深化协调联动、坚持机制创新、打造过硬队伍等方面取得新发展，努力为建设美丽青岛贡献司法力量。

关键词： 环境资源审判 环境保护 生态环境治理体系

前 言

党的十八大以来，以习近平同志为核心的党中央加强对生态文明建设的全面领导，把生态文明建设摆在全局工作的突出位置，作出一系列重大战略部署。在"五位一体"总体布局中，生态文明建设是其中之一；新时代坚持和发展中国特色社会主义基本方略，其中一条是坚持人与自然和谐共生；在新发展理念中，其中一项是绿色发展理念；在三大攻坚战中，污染防治攻坚战是其中之一；建设美丽中国更是21世纪中叶建成社会主义现代化强国

---

* 本文由青岛市中级人民法院环境资源审判庭课题组撰写完成。课题组组长：李丰波，青岛市中级人民法院原环境资源审判庭庭长，现任审判监督庭庭长，三级高级法官。课题组成员：尤志春，青岛市中级人民法院环境资源审判庭副庭长，四级高级法官；姜若林，青岛市中级人民法院环境资源审判庭法官助理；张旋，青岛市中级人民法院环境资源审判庭法官助理。

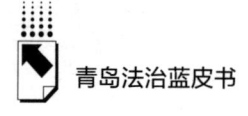

的目标之一，明确了生态文明建设在党和国家事业发展全局中的重要地位。2015年召开的第一次全国法院环境资源审判工作会议强调，各级法院要紧紧围绕党和国家工作大局，充分认识加强环境资源审判的重要性，充分发挥环境资源审判职能，依法公正高效审理环境资源各类案件。

为充分发挥人民法院在生态文明建设中的职能作用，青岛两级法院深入学习贯彻习近平新时代中国特色社会主义思想，学习贯彻习近平生态文明思想，深刻领悟党的二十大报告精神，贯彻习近平总书记对山东、对青岛工作的重要指示要求，紧紧围绕统筹推进"五位一体"总体布局和协调推进"四个全面"战略布局，牢牢把握以人民为中心的发展思想，始终坚持以环境资源审判专门化为抓手，以推动实现生态环境治理体系和治理能力现代化为目标，以改革创新为动力，充分发挥环境资源审判职能作用，各项工作取得新发展。2022年8月，最高人民法院下发《关于对人民法院环境资源审判工作先进集体和个人予以表扬的通报》（法〔2022〕190号），青岛中院环境资源审判庭被最高人民法院授予"人民法院环境资源审判工作先进集体"荣誉称号。

一 青岛环境资源审判的做法和经验

2016年5月，青岛中院挂牌成立"环境资源审判庭"，实行"三合一"审判机制，集中审判环境资源刑事、民事、行政案件。近年来，青岛两级法院按照中央和省委、市委生态环境保护部署，在上级法院指导下，不断加强队伍建设，更新审判理念，完善工作机制，深化职能作用发挥，为青岛环境资源保护提供有力的司法服务和保障，在全市生态文明建设中发挥了重要作用。

（一）依法公正审理案件，服务新时代社会发展大局

青岛法院始终聚焦主责主业，坚持内部挖潜，狠抓办案质效，有效审理涉及环境资源保护的刑事、民事和行政案件，维护人民群众环境权益，有力服务保障生态保护和经济高质量发展。2019~2022年6月，青岛两级法院共

审结各类环境资源案件4804件，包括环境类案件411件，资源类案件4393件。环境类案件中刑事案件231件、民事案件62件、行政案件118件，资源类案件中刑事案件45件、民事案件4346件、行政案件2件。

1. 坚持严格司法，依法严惩破坏环境资源违法犯罪行为

一是助力污染防治攻坚战，加大对污染环境、破坏生态犯罪行为的惩治力度，有效威慑潜在污染者，维护国家生态环境和自然资源安全。2019年以来共审结环境类刑事案件231件，全面强化生态环境法治保障。针对走私废物犯罪认罪认罚案件较多、量刑尺度把握不够准确问题，2020年5月，青岛中院与青岛市检察院联签《走私废物罪认罪认罚量刑意见》，对走私禁止进口的危险废物和限制进口可用作原料的危险废物适用认罪认罚的情形及量刑标准进行了规范和细化，充分体现宽严相济的刑事政策，督促被告人及时退运进口废物、修复被破坏的环境。截至2022年6月，依法从严从快审判走私废物刑事案件26件，有效遏制了非法走私固、液、气态废物入境行为。二是切实守护自然资源安全，系统运用《土地管理法》《环境保护法》《基本农田保护条例》等法律法规，重点打击非法采矿、乱采滥挖等破坏土地、矿产等自然资源刑事犯罪17件，依法守护自然资源，严惩破坏自然资源行为，为企图破坏自然资源的不法分子敲响警钟。青岛中院审理的王某某、曲某等破坏自然资源民事公益诉讼一案中，王某某于采矿权到期后，安排曲某违法采砂，所采的三个砂坑砂资源量经济价值为人民币205.83万元，法院经审理判决王某某承担非法采砂34.73万立方米造成的生态环境修复费用，赔偿生态环境受到损害至修复完成期间服务功能丧失造成的损失或生态环境功能永久性损害造成的损失，曲某负连带责任。三是坚持人与自然和谐共生，维护生态系统平衡，对刑事案件被告人除刑事处罚外，有效发挥民事公益诉讼或者刑事附带民事公益诉讼职能作用，有力保护生物多样性。2021年12月，青岛中院集中审理了三起野生动物或野生动物制品生态破坏民事公益诉讼案并当庭宣判，三起案件涉及的野生动物分别为大象、辐纹陆龟和薮猫，均被列入《濒危野生动植物种国际贸易公约》（CITES）附录，亚洲象、辐纹陆龟、薮猫在我国分别被核准为国家一级和二级保护动物，经审理

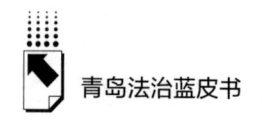

认定三起案件中被告人的违法行为与生态环境损害有直接的因果关系，侵害了野生动物资源，影响了野生动物栖息地的区域性生态平衡，威胁生态环境安全和生物多样性，损害社会公共利益，应当依法承担赔偿责任。

2. 坚持司法为民，保障人民环境资源权益

良好的生态环境是最普惠的民生福祉，环境就是民生，青山就是美丽，蓝天也是幸福。青岛两级法院以满足人民群众日益增长的优美生态环境需要和公正环境资源司法保障需求为工作目标，深入开展"我为群众办实事"活动，不断提高司法为民质量。一是着力提升涉农民事案件审判质量，切实维护农民人身和财产权益，为农业农村现代化发展提供司法服务和保障。青岛中院审理的33户果农诉某化工公司污染环境纠纷案，化工厂因粉尘污染导致果树近乎绝产，为切实保护果农利益，弥补果树绝产的损失，法院多次找污染企业做调解工作，最终促使化工厂赔偿了果农的经济损失27.21万元，及时挽回果农损失，有效化解了矛盾。二是坚持问题导向，积极完善便民惠民司法举措。积极应对疫情影响，深入推进智慧法院建设，充分应用司法文书电子送达、网络庭审、网络调解等多项措施，打破时间、空间对群众参与诉讼活动的限制，减少诉讼成本。加大案件庭审、文书质量自检自查力度，对开庭审理、案件合议、审限变更、文书审签、信访化解等各节点进行全面规范，一人一案做好案件释法明理工作，推动办案工作各流程持续规范提升。

3. 坚持统筹兼顾，服务经济高质量发展

注重把审判工作置于社会经济发展大局中部署开展，通过有效审理环境资源案件推动经济发展绿色转型。一是全面贯彻损害担责原则，严惩恶意偷排、伪造数据等破坏生态环境的行为，提高企业违法排污成本，倒逼相关行业进行绿色设备、绿色生产技术改造升级，保障供给侧改革顺利进行。青岛中院审理的一起环境污染责任纠纷案中，被告某化工公司超标排放废水、无环保设施堆放固体废物，经法院沟通，化工公司主动停止损害环境公益的行为，采取有效措施消除废水、固体废物对环境的危害风险。二是平衡处理环境保护与经济发展的关系，对污染企业进行处罚、彻底整治污染的同时，兼

顾企业发展利益，努力实现经济社会发展和生态环境保护协同共进，做到政治效果、法律效果、社会效果有机统一。青岛中院审理的青岛市首起社会组织提起的环境民事公益诉讼案中，被告某水务公司承担当地水质净化、部分城市生活污水和工业废水处理责任，因外排水总氮、氨氮等含量超标，被环保部门行政处罚30余次，给生态环境带来持续性损害。案件审理过程中，青岛中院兼顾环境保护和企业发展，避免企业因承担巨额环境损害赔偿款而影响当地污水正常处理，促成案件以调解方式审结，将生态环境损害赔偿金的70%用于后续技术改进及设备升级。经法院与社会组织会同生态环境部门联合对其整改情况和排污达标情况进行审查确认，该企业设备升级全部完成，排放水质实现达标。三是提供司法服务保障经济发展，帮助企业解决生产经营中遇到的生态环境法律问题，青岛两级法院与生态环境局常态化联合举办"企业环保法律服务日"活动，及时解答企业发展中遇到的环保法律问题，引导企业落实好生态环境保护主体责任，助推企业在绿色发展道路上走得更快、更健康。

（二）贯彻恢复性发展理念，护航生态环境可持续发展

生态环境保护领域的恢复性司法理念，主要是指通过依法责令破坏生态环境的行为人采取停止侵害、排除妨碍、恢复原状或者修复环境、赔偿损失等恢复性补偿措施，使被破坏、侵害的生态环境得到及时修复，将损害程度降到最低。在生态环境保护领域引入恢复性司法理念，就是落实以生态环境修复为中心的损害救济制度，体现环境资源审判的最终目标为修复被破坏的生态环境。青岛法院以美丽青岛建设为统领，落实生态环境"保护优先、修复为主"原则，贯彻恢复性司法理念，探索不同类型环境要素多元修复方式，最大限度把修复落到实处，推动青岛生态环境持续改善。

1. 有效适用直接修复方式，提高生态环境恢复效率

统筹适用刑事、民事、行政追责，贯彻宽严相济原则，对行为人采取主动补救措施消除污染、修复资源、防止损失扩大的，依法从宽处理，提高侵权人主动修复的积极性。2019年青岛中院审理的王某某、周某土壤破坏纠

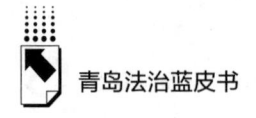

纷民事公益诉讼案，二人毁坏农用地10594平方米，检察院对二人同时提起刑事诉讼。为确保被毁损的农用地得到切实修复，青岛中院暂停刑事部分审判，多次做王某某、周某工作，引导其主动修复土地，并组织测绘，先后七次至现场监督土地修复，后又会同自然资源部门和检察机关，邀请人大代表和政协委员共同对土地修复情况进行核查确认，最终被毁坏的10594平方米农用地全部修复完毕且恢复耕种。经法院与检察机关沟通协调，认为二人系初犯，积极退赃退赔，确有悔改表现，修复环境至适宜耕种状态，检察机关作不起诉决定，取得良好效果。

2. 灵活适用替代性修复方式，以增殖放流、补种复绿等方式进行生态系统再修复

环境污染、生态破坏有时具有不可逆性，不可修复或者修复成本巨大，因此法律规定了替代性修复方式。替代性修复包括同地区异地点、同功能异种类、同质量异数量、同价值异等级等多种情形，使生态环境恢复到受损害之前的功能、质量和价值，是保护国家和社会公共利益的"最优解"。青岛中院审理的一起刑事附带民事公益诉讼案件，方某等三被告采用小于国家规定最小网目尺寸的拖网非法捕捞鳀鱼27余吨，因鳀鱼无法人工养殖，为恢复海洋生态环境，青岛中院组织公益诉讼起诉人和三被告进行调解，最终确定由三被告采取增殖放流40万尾许氏平鲉鱼苗的方式恢复被破坏的海洋生态环境。2021年7月，青岛中院与市检察院联合威海法院、检察院共同开展公益诉讼增殖放流活动，包括方某等三人放流的40万尾鱼在内共有350万尾许氏平鲉放归大海，有效补充修复了被告人破坏的海洋渔业资源。

3. 探索在惩罚性赔偿中适用劳务代偿，提升法律制度实际适用效果

劳务代偿是生态环境民事公益诉讼替代性修复的一种方式，是生态环境修复已无可能或者没有必要修复，责令侵权人提供一定数量的生态环境公益劳动，进行替代性修复。青岛法院积极探索在惩罚性赔偿中有效适用劳务代偿，发挥替代性修复机制作用。一是完善劳务代偿实施办法。针对环境侵害人如何依法通过劳务代偿方式承担民事责任的问题，2021年1月，青岛中院与青岛市检察院联签《关于在生态环境和资源保护领域开展公益诉讼劳

务代偿工作的暂行办法》，对劳务代偿的适用范围和原则、协助执行单位的选定、劳务代偿的实施监管、履行完毕的确认等进行明确，为全市法院公益诉讼案件劳务代偿工作提供了依据和指导。二是探索在《民法典》惩罚性赔偿中适用劳务代偿。区别于以往生态环境民事公益诉讼以"同质补偿"为原则的修复责任，让侵权人承担补偿性赔偿之外、超出实际损害数额的赔偿，更有助于提升侵权人履行赔偿责任的积极性。青岛中院审理的市检察院诉某艺术中心生态破坏民事公益诉讼一案，系全国首起对《民法典》规定的惩罚性赔偿适用劳务代偿的案件。被告某艺术中心非法收购大王蛇、穿山甲、熊掌等国家重点保护野生动物，制作成菜品出售，造成野生动物损失8.3万元、生态环境服务功能损失90.75万元。审理中，该艺术中心签署了劳务代偿同意书，同意本案部分惩罚性赔偿以劳务代偿方式履行。法院判令该艺术中心承担惩罚性赔偿99050元，其中24924元以该艺术中心指定二人至法院指定地点每人提供60日生态环境公益劳动的方式承担。该案判决后，青岛中院、青岛检察院、崂山检察院、崂山司法局组织召开了野生动物保护法制宣讲会，邀请崂山区30余家酒店经营者参会，宣讲野生动物保护法律法规，让该艺术中心负责人在宣讲会上发言，并到崂山区多家酒店发放保护野生动物宣传单，教育和引导周边酒店和群众保护生态环境、保护野生动物，取得良好效果。该案例获评全国法院系统2021年度优秀案例分析二等奖。

（三）深化协调联动，提升生态环境治理体系和治理能力现代化水平

2020年3月，中共中央办公厅、国务院办公厅印发的《关于构建现代环境治理体系的指导意见》指出，为贯彻落实党的十九大部署，构建党委领导、政府主导、企业主体、社会组织和公众共同参与的现代环境治理体系。强调要加强司法保障，建立生态环境保护综合行政执法机关、公安机关、检察机关、审判机关信息共享、案情通报、案件移送制度。青岛两级法院在打造专业化环境资源审判格局基础上，不断建立健全与检察院、公安局

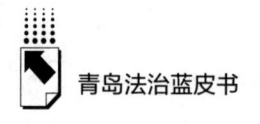

及有关生态环境和资源保护行政机关的协同联动机制和环境赔偿资金管理制度，实现了资源共享、优势互补、良性互动、共同发展。

1. 共筑生态环境保护多元共治格局

青岛两级法院积极推进建立各种形式的衔接工作机制，多次组织召开由生态环境和资源保护主管部门、公安、检察院、高校等多部门参加的座谈会，主题包含野生动物资源刑事保护及刑行衔接、构建生态环境损害审判与修复多元共治机制等。在市人大常委会支持下，2022年8月23日，青岛中院牵头举行生态环境损害刑民衔接暨生态环境修复联动协作机制启动仪式，市中级法院、市检察院、市公安局、市生态环境局、市自然资源和规划局、市海洋发展局、市园林和林业局、市水务管理局等八个单位共同签署印发了《关于建立生态环境损害刑事、民事公益诉讼衔接及生态环境修复多部门联动协作机制的意见》，创新性构建诉讼与行政执法协作推动环境修复机制，推动形成生态环境保护合力，积极服务生态文明建设。市人大常委会予以充分肯定，最高人民法院和省法院转发推广。此外，全市法院注重发挥司法建议的作用，针对环境资源案件审判执行过程中发现的问题，积极向当地政府和有关部门发出司法建议，推动提升行政执法规范化、法治化水平。莱西法院建立"河长制"法官工作室，健全司法与行政执法衔接机制，推动诉源治理和生态恢复性司法实践。2022年4月，青岛中院环资庭、黄岛法院行政庭、城阳法院民一庭、莱西法院日庄法庭被评为"2021年度全省生态环境行政执法与刑事司法衔接工作表现突出集体"，全市5名法官被评为表现突出个人。

2. 建立环境赔偿资金管理制度

为进一步理顺生态环境损害赔偿诉讼和环境公益诉讼案件存在的鉴定费用、专家证人出庭费用等垫付，以及生态环境修复费用上缴国库后有效用于生态环境修复的程序，经青岛中院与市财政局沟通协调，市财政局设立了生态环境损害赔偿资金账户，并与青岛中院、市检察院、市自然资源和规划局、市生态环境局、市住房和城乡建设局、市城市管理局、市水务管理局、市农业农村局、市海洋发展局、市园林和林业局等14部门联合制定《青岛市生态环境损害赔偿资金征收使用管理办法》，统筹收取、使用生态环境损害赔偿资金，实现该项资金使用的规范化。

3. 优化纠纷多种化解途径

针对资源类案件多为"三农"案件、部分纠纷涉及当地政府政策、村民自治等问题，青岛两级法院特别是基层法院积极联系当地政府，以人民法庭为支点，精准对接村委会、经济合作社等乡村社会基层治理力量，推动行政调解、人民调解、司法调解有机衔接，注重纠纷的基层化解、就地化解、及时化解，开展多元调解一站式服务，便捷高效化解纠纷。胶州法院建立胶西"环境资源保护教育培训基地"，司法服务深入基层生态环境治理体系；与胶东街道举行"党建引领庭村共建"签约仪式，就农村基层社会治理现状、诉源治理、多元化解纠纷、美丽庭院建设等共商举措。

（四）坚持机制创新，推进环境资源审判机制和审判能力现代化

近年来，全市两级法院不断深化改革创新，在建立覆盖全市环境资源审判机制、环境资源审判专业化、环境资源案件三合一集中审理、保障重点生态区域环境保护与高质量发展、环境保护司法宣传机制等方面取得了长足发展，许多工作走在了全省法院前列。

1. 推进环境资源审判专业化建设

一是推动落实环境资源案件"三合一"集中审理改革机制。2016年5月，青岛市中级人民法院挂牌成立环境资源审判庭，实行环境资源刑事、民事、行政"三合一"审判机制，指导基层法院环境资源审判队伍建设和审判能力提升，为青岛环境资源保护提供有力的司法服务和保障，在全市生态文明建设中发挥了重要作用。青岛成为全省第一个完成环境资源审判队伍专业化建设的地级市。2020年3月，青岛中院下发《关于建立全市法院环境资源案件集中审理和管辖机制的工作方案》，各基层法院据此明确了一个业务庭或人民法庭专门办理环境资源案件，逐步形成覆盖全市两级法院的环境资源案件集中管辖和审判机制。2022年2月，青岛中院为提升全市法院环境资源案件审判专业化水平，经过深入调研在全市法院下发

《关于深化环境资源案件"三合一"集中审理工作的意见》，全面明确两级法院环境资源案件案由范围，并增加受理英雄烈士保护、个人信息保护、消费者权益保护等民事公益诉讼，要求各基层法院确定专门办理环境资源案件的工作机构和人员，对相关案件进行集中审理。截至2022年6月，青岛市十家基层法院均明确一个业务庭或人民法庭对环境资源案件集中审理；两级法院环境资源审判队伍共有司法工作人员129人，包括法官51名、助理33名、书记员45名；青岛中院环境资源审判庭已实现"三合一"集中审理环境资源案件，各基层法院正在逐步集中审理案件，三家基层法院实现刑事、民事、行政三类案件实际集中到环境资源审判部门，实现了环境资源案件集中审理格局，有力促进了环境资源审判专业化水平提升。青岛中院在2022年8月的全省法院环境资源审判机制改革推进现场会作经验交流。

二是建立重点生态区域巡回审判机制。青岛中院根据各基层法院实际情况，指导其立足当地生态环境、自然资源保护需求和环境资源审判需要，在重点地区、流域设立规范化的环境资源办案场所。2020年，李沧、黄岛、城阳、即墨、平度、莱西六个法院分别在本辖区重点生态区域设立了自然资源办公室，对藏马山、马山、大泽山、大沽河等重点生态区域，推行环境资源巡回审判工作机制，加强对重点生态功能区的保护，助力区域内生态环境保护。

2. 完善环境资源审判全流程工作机制

青岛中院不断理顺办案工作流程，完善环境资源审判程序，提升环境资源审判规范化水平。一是规范立案分案环节的识别标准。2020年6月起，在全流程网上办案系统中设置"是否环境资源案件"模块标识，在立案环节明确填写，实现案件精准分派，深化环境资源案件专业化审理。二是规范案件审理环节的裁判标准。深入分析两高《关于办理破坏野生动物资源刑事案件适用法律若干问题的解释》，与市检察院联签《走私废物罪认罪认罚量刑意见》，确立环境资源案件定罪量刑的统一裁判标准。三是规范案件评议环节的研究程序。2020年4月，青岛中院出台《青岛中院环境资源审判内部联席会议制度》，确立了由环境资源庭、立案一庭、立案二庭、刑一庭、民一庭、行政庭、执行一庭、执行二庭、审管办、研究室、信息中心等参加的环境资源审判内部联席会议制度，定期集体研究环境资源审判工作遇到的问题，联合推动相关工作有效开展。市南、城阳、黄岛、莱西等多家基层法院根据中院环境资源审判内部联席会议运行情况和要求，分别制定本院相关制度。四是规范案件执行环节的完成标准。联合签署《关于在生态环境和资源保护领域开展公益诉讼劳务代偿工作的暂行办法》《青岛市生态环境损害赔偿资金征收使用管理办法》等文件，规范生态环境损害赔偿资金收取使用、劳务代偿督导验收等工作。

3. 建立"三机制"夯实司法宣传工作

生态文明建设是人民群众共同参与共同建设共同享有的事业。青岛法院通过多种途径，拓展公众参与环境资源审判的广度与深度，开展全民绿色行动。一是抓住重要时间节点，健全完善科学普法机制。在六五环境日前夕开展集中宣传，形成集约示范效应，青岛中院召开新闻发布会6次，发布环境资源审判典型案件60余件，开展形式多样的环境司法宣传活动20余次，有效扩大了环境资源审判影响力。二是推进司法公开，健全完善警示教育普法机制。青岛法院先后公开开庭审理全国首起《民法典》生态环境领域惩罚性赔偿适用劳务代偿案件、山东省首起野生动物保护民事公益诉讼案件、青岛市首起生态环境损害赔偿案件、青岛市首起环境民事公益诉讼案件等典型案件，主动邀请人大代表、政协委员以及相关企业和公众代表、学生等到庭旁听，提升审判的公开性、透明度和专业化水平。三是加强媒体宣传，健全完善普法资源统筹机制。统筹协调社会普法力量，特别是新媒体等网络宣传力量。在《人民法院报》《法治日报》《山东法制报》《青岛日报》《半岛都市报》《青岛早报》、青岛电视台、人民网、大众网、半岛网、青岛新闻网等媒体报道环境资源审判工作文章百余篇，在《青岛财经日报》多次刊发环境资源审判典型案例，发挥新媒体宣传优势，拍摄微视频、宣传片，生动展现环境资源司法保护工作，进一步增强公众环境保护意识。

（五）加强队伍建设，打造政治过硬、业务过硬、责任过硬、纪律过硬、作风过硬的环境资源审判队伍

青岛两级法院以党建为统领，准确认识和把握当前环境资源审判工作的新形势新任务，紧密联系社会发展大局，根据上级法院部署要求，不断提高环境资源审判队伍专业化水平。

1. 加强思想政治建设

坚持以习近平新时代中国特色社会主义思想武装头脑、指导实践、推动工作，真学真信笃行习近平法治思想，树牢"四个意识"，坚定"四个自信"，深刻领悟"两个确立"的决定性意义，毫不动摇把"两个维护"作为根本政治要求。近年来认真开展政法队伍教育整顿活动、党史学习教育活动、"司法作风能力提升年"活动、"为群众办实事示范法院"创建活动，不断提升环境资源审判队伍的"政治三力"，夯实思想基础，确保队伍在思想上、政治上、行动上同党中央保持高度一致。

2. 加强业务能力建设

一是加强业务培训。定期开展全市法院环境资源审判业务培训，建立理论研讨和典型案例评析机制，总结环境资源审判经验，更新绿色发展理念，提升队伍理论素养，为审判实践提供理论支撑。二是深化理论研究。注重环境资源审判理论调研工作，审判调研工作相互促进，把握环境资源审判规律，把准环境资源审判脉搏，多篇论文、案例和裁判文书在全国及全省发表或获奖。2021年以来，撰写的案例分析和判决书获2021年度全国法院优秀案例二等奖，全省法院优秀裁判文书二等奖、优秀案例分析一等奖等奖项，先后有三个案例入选省法院环境资源审判年度典型案例，撰写的《野生动物刑事暨附带民事公益诉讼调研报告》被省法院《环境资源审判参考》刊发并荣获2022年全国法院环境资源刑事审判优秀业务成果三等奖，在全省法院"实施民法典'五个一百'活动"中，青岛中院环境资源审判庭获得优秀裁判文书、典型案例、优秀短视频、先进法官等四项荣誉。三是拓展交流广度。针对法律人才培养需求，加强与高校合作，增强理论与司法实践融合共进。黄岛法院与中国石油大学、山东科技大学等高校开展相关法律课题交流合作，不断提高审判人员处理疑难复杂案件能力。城阳法院建立中国海洋大学环境法教学实践基地，促进了环境法学理论与审判实践相互促进，推进高校与法院的优势互补，创新法律人才培养机制。

3. 主动接受人大政协监督

主动接受社会各界特别是代表广大人民群众利益的人大代表的监督，认真办理人大代表建议和政协委员提案，主动邀请代表委员参与环境资源审判各项工作，积极采纳代表委员提出的合理化建议，推动环境资源审判创新发展，建设人民信任和满意的司法部门。青岛中院承办的关于健全审判机制和生态环境修复多元共治制度的代表建议，是市人大常委会2022年重点督办事项。青岛中院第一时间组织召开座谈会，邀请市人大常委会领导和代表莅临指导，加强与相关部门沟通协调，构建完善环境修复工作机制，积极推动各部门联合印发文件形成工作成果，高质量做好代表建议办理工作，得到人大常委会和代表的充分肯定。中院参加人大常委会代表建议办理情况新闻发布会并现场回答记者提问，向社会通报了代表建议办理过程及下一步工作重点。

二　青岛市环境资源审判工作存在的不足

近年来，青岛法院环境资源审判工作特别是环境资源审判机制改革、生态环境民事公益诉讼等方面取得了明显的进步和成效，但与全国先进法院相比还存在一定不足和问题，需要进一步加强和改进，主要表现以下三个方面。

（一）环境资源保护多元共治机制亟待完善

一方面，经过多部门共同努力，信息共享、线索移送、办案协作、诉讼衔接、联合行动、沟通交流等方面机制已经初步建立，但联系和配合的广度

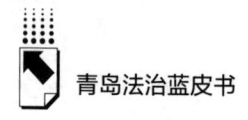

和深度还不够，仅表现为个案的沟通与交流，尚未形成常态化联动衔接机制，行政监管与司法监督一体推进过程缓慢，需要进一步拓展和加强。另一方面，对于生态环境修复工作，前期青岛中院与市检察院、市自然资源和规划局、生态环境局等部门制定了《青岛市生态环境损害赔偿资金征收使用管理办法》，但在实际运作层面还有待探索和理顺。修复资金如何申请、怎么使用、如何监管等，有关规定和操作流程不够明确，部分生态环境修复资金未能及时用于环境修复。

（二）环境资源审判队伍专业化水平有待提升

环境资源审判专业性强、利益冲突大、社会影响广，需要一支业务素质过硬的审判队伍，目前环境资源审判队伍的能力素质还不能完全适应审判工作需要，主要表现如下。一是环境资源审判实行"三审合一"，需要审判人员熟悉民事、刑事和行政审判，但现阶段环境资源审判人员主要是从不同审判条线调配而来，往往存在环境资源审判系统化专门化思维和训练缺乏、知识结构和储备不足、审判经验积累不够的问题。二是环境资源审判部门的建设不到位、保障不足，虽然各基层法院均成立了专门的"三合一"环境资源审判团队，但都是挂靠在基层人民法庭或者挂靠其他业务审判庭的方式来办案，未设立有独立编制的环境资源审判庭，影响了审判队伍专业化建设。三是环境资源案件在基层法院所有类型案件中占比较小，团队成员在办理环境资源案件的同时，还需要承担其他类型案件的审理工作，环境资源法官的很多精力和时间需要投入非环境资源类案件办理，不利于环境资源审判专业能力的提升。

（三）预防性环境保护司法机制适用较少

与其他法院优秀的环境资源审判团队相比，环境资源审判工作大多重视生态环境保护的司法事后救济，对事前防范风险的正当性和必要性认识不够。在最高人民法院颁布《关于生态环境侵权案件适用禁止令保全措施的若干规定》之前，全国各地法院积极探索生态环境禁止令制度，在诉前、诉中实施禁止令保全措施，及时阻止正在实施的损害行为。2018年青岛中院曾在一起水污染环境民事公益诉讼案件审理过程中，当庭裁定被告立即停止超标排污行为，及时制止了损害继续扩大，有效减少了生态环境损害影响。但此后并未对禁止令制度的具体适用加以梳理和总结，该预防性救济措施没有得到进一步推广和复制，实践中运用较少。

三 青岛环境资源审判的未来展望

踔厉奋发，笃行不息。青岛法院肩负着全面提升生态环境治理水平、加快构建现代环境治理体系的重要使命，是推动经济社会全面绿色转型、建设美丽青岛的最好保障之一。因此，要紧紧围绕党和国家生态文明建设大局，勇担新形势下生态环境高水平保护的重任，把握当前环境资源审判的科学发展规律和实践共性问题，进一步发挥审判职能作用，提出更具前瞻性、创新性、指引性的发展目标。

（一）突出党建引领，坚持党对法院工作的绝对领导

青岛环境资源审判的飞速发展，离不开党对政法工作的掌舵领航，要深刻认识人民法院是党领导下的国家审判机关，要把党对司法工作的绝对领导贯穿到法院工作的方方面面，善于从生态文明建设的高度审判环境资源案件，解决生态环境污染破坏问题，提升青岛市生态系统质量和稳定性，实现政治效果、社会效果、法律效果的有机统一。

（二）站稳群众立场，坚持以增强人民幸福感为依归

一是提升环境资源案件审判质量，坚持以人为本、生态惠民，着力解决人民群众身边的生态环境问题，不断增强人民群众对生态环境改善的幸福感。二是创新司法宣传形式，切实提升普法工作实效，提高全社会生态环保意识，鼓励人民群众践行简约适度绿色低碳生活，监督企业落实生态环境保护责任，以绿色生活、绿色消费推动绿色发展，实现人与自然和谐

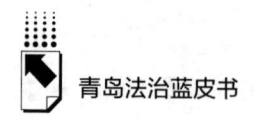

共生。三是推进城乡人居环境改善，各基层法院根据当地山川河流自然环境，在打击破坏自然资源犯罪行为、修复生态环境的同时，打造品质宜居生态环境，塑造特色韵味最美乡村，提升当地居民的环境品质，建设美丽乡村。

（三）深化执法协作，坚持环境资源保护多元共治格局

持续深化生态环境保护多部门联动工作机制，各级人民法院、人民检察院、公安机关、生态环境和资源行政主管部门要从有利于提高依法行政能力、打击环境犯罪行为、推动生态文明建设的大局出发，加强组织领导，统一执法要求，密切协作配合，提高环境治理的针对性和有效性，把体系优势和制度优势充分转化为治理效能，形成司法机关与行政机关合作共治的良好格局。

（四）守牢环境底线，丰富预防性环境保护司法机制

把恢复性司法理念进一步贯彻到环境资源审判工作中，以环境健康安全为出发点，未雨绸缪、防患于未然，探索适用具有预防生态损害功能的机制。一是建立重点领域环境风险防控机制。强化青岛范围内崂山、珠山、西岸前海湾、大沽河、灵山湾、棘洪滩等重点生态区域风险防控，通过建立生态环境司法修复基地、提前告知附近企业法律风险等方式，强化环境社会风险防范与化解。二是探索适用诉前禁止令。对严重危及环境资源安全、可能造成环境资源难以恢复的行为，生态环境和资源保护主管部门可以向人民法院申请诉前禁止令，先行禁止实施污染、破坏环境资源的行为。三是突出预防性环境公益诉讼。人民法院在审理生态环境刑事案件过程中，对未提前进行公益诉讼的案件全面落实"先民后刑""刑民并行"诉讼衔接机制，向人民检察院释明提起刑事附带民事公益诉讼，通过诉讼机制改革，提高环境侵权人修复环境的主动性和积极性，把个案审理转化为受损生态环境得到实际修复的效果。

参考文献

[1]《青岛中院环资庭荣膺全国先进集体》,《青岛日报》2022 年 9 月 23 日。
[2] 蔡颖慧、卢静:《环境民事公益诉讼的检察权定位及运行》,《河北法学》2022 年第 7 期。
[3] 王永贵、史梦婷:《北京率先实现共同富裕的路径选择》,《新视野》2022 年第 1 期。

B.13
青岛市行政审判发展报告

青岛市中级人民法院行政审判庭课题组[*]

摘　要： 为更加有效地预防和化解行政争议，维护人民群众合法权益，优化政务服务环境，青岛法院不断推动行政机关负责人出庭应诉和行政争议审前和解机制建设，深化府院良性互动，助推法治政府建设。本文通过梳理近三年行政案件的审理情况，分析行政机关败诉案件的基本情况及特点，行政机关在认定事实、执法程序及法律适用中的诸多问题以及应诉中的短板弱项，并针对司法审查反映的相关问题提出改进建议，供有关部门参考，以进一步推动提升依法行政水平，助力青岛打造全国法治政府建设示范市。

关键词： 行政审判　败诉　行政争议　依法行政

2019年以来，青岛市两级法院以习近平新时代中国特色社会主义思想为指导，按照中央和省委、市委及上级法院部署要求，围绕市委"学深圳，赶深圳""15个攻势""项目落地年"等工作部署，充分发挥行政审判职能作用，以实质性解决行政争议为工作重点，切实维护当事人合法权益，积极助推法治政府建设，努力为青岛市经济社会高质量发展提供优质高效的司法保障。

---

[*] 课题组组长：刘英，莱西市人民法院党组书记、院长，原青岛市中级人民法院行政审判庭庭长。课题组成员：徐奎浩，原青岛市中级人民法院行政审判庭副庭长，现青岛市中级人民法院民五庭副庭长；宫惠敏，青岛市中级人民法院行政审判员额法官。

一 全市法院行政审判重点工作及成效

（一）持续推进行政机关负责人出庭应诉

一是着力推进流程再造。在市委的坚强领导和市政府的大力支持下，市中院与市司法局通过联合印发《青岛市行政机关负责人出庭应诉工作规定》、定期提报行政机关负责人应诉情况专报、逐案发放出庭建议函、加大庭审观摩力度、共同举办应诉培训、协助健全考核机制、未出庭案件"一事一通报"、配合人大政协开展专项监督等多项举措，建立起上下贯通、部门互联的协同联动工作机制，切实打通行政机关负责人出庭应诉工作的痛点、难点和堵点。2019年，全市法院行政机关负责人平均出庭应诉率达到72.5%。2020年及2021年，全市行政机关负责人保持100%出庭应诉。

二是提升应诉质量和出庭效果。在市委政法委指导下，与市司法局联合出台《关于推进行政机关负责人在行政诉讼中出庭、出声、出解、出治的实施意见》，并经市委常委会审议通过，建立起常态化庭前联系、合理迟延开庭、出庭表现评议、参与矛盾化解等制度。据统计，2020年5~12月，两级法院开庭审理的行政案件中，负责人在庭审中发言884件，占比65.29%，出庭负责人主动配合法院开展和解工作718件，占比53.03%。2021年，负责人在庭审中发言1671件，占比81.95%，负责人"出庭又出声"成为常态。出庭案件中，负责人参与和解1454件，占比71.31%，其中以达成调解协议和撤诉等实质化解方式结案158件，占比7.75%，负责人出庭的"出解出治"成效逐步显现。

（二）深入推进行政争议审前和解机制建设

自2018年12月起，陆续建立起覆盖全市的11家行政争议审前和解中心，积极开展行政争议实质性化解工作。

一是进一步加强制度建设。市中院与市司法局联签联发《行政争议案

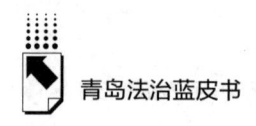

件审前和解工作办法》《行政争议案件审前和解工作规则》，明确运行要求、规范和解员选任、细化工作流程，各区（市）法院结合各自工作实际相继出台相关规定，为审前和解中心规范化、长效化运行提供制度支撑。将出庭负责人参与和解情况纳入负责人出庭应诉能力评议范围，推动负责人出庭应诉与和解工作相互支撑、相互促进。

二是进一步聚焦和解成效。通过采取分类施策、重点突破、多方参与、实地勘察等综合性措施，实现了市北区郑州路片区群体性征迁案件平稳收尾，新机场高速连接线项目群体性案件妥善化解，和解7起行政公益诉讼案件，实现了政治效果、社会效果和法律效果的有机统一。设立全市首个征迁行政巡回法庭，加大征迁纠纷诉源治理力度，推动征迁争议实质性解决。拓展纳入审前和解平台的案件类型，将工伤行政确认、土地房屋征迁、违法建筑拆除、行政赔偿、税款征缴、社会保险费征缴、抚恤金发放等各类涉民生行政案件纳入审前和解平台，让更多行政争议通过多元方式实质性解决。2019年全市11家和解中心共和解案件740件，2020年和解案件953件，2021年和解案件1307件，三年均居全省前列。《人民法院报》、中国法院网等中央媒体报道了青岛市行政争议审前和解机制建设经验。

（三）持续助推法治政府建设

一是深化府院良性互动。与市司法局共同印发《行政审判和行政应诉工作联席会议制度》，实现府院联席会议制度规范化，多次与市北区政府、市北区开发建设局、市律协行政专业委员会等部门座谈，就重点项目征收补偿法律适用、共建行政争议多元解纷机制等事项进行研讨；与市司法局、市人社局等部门就行政争议审前和解、工伤行政确认法律适用等问题开展会商研讨等。每年发布行政审判白皮书和十大典型案例，报送《行政司法参考》。认真落实市委《关于加强和改进司法建议工作的意见》，2019~2021年向行政机关发送司法建议40余件。开展"送法进街道进机关"活动，组织干警前往市自然资源和规划局、市不动产登记中心、合肥路街道办事处等部门进行普法宣传，助力提升行政机关学法用法水平。

二是服务保障专项活动。推出全市山头公园整治等重点整治项目司法保障9条措施,为全市重点整治项目提供有力司法保障。妥善办理涉违建治理、旧村改造、违法占地清理等行政案件,共审结征迁补偿、拆违治乱群体性案件近200件,依法支持重点项目落地落户。扎实开展"我为群众办实事"实践活动,参与"双百"法治宣传活动宣讲视频录制,创新法治宣传教育形式,自编自导自演普法情境剧,用微视频讲好"百姓身边事",把行政法律法规送到群众身边。

二 2019~2021年全市法院行政案件情况分析

2019年,全市法院共受理各类行政案件6593件,审结6803件;2020年受理7976件,审结7982件;2021年受理8024件,审结7699件。其中,2019年中院受理1224件,审结1254件;2020年受理1577件,审结1561件;2021年受理1897件,审结1831件。自2019年10月1日起在全市范围内开展跨行政区域管辖改革试点工作以来,青岛铁路运输法院2019年受理一审行政诉讼案件52件,2020年受理339件,2021年受理441件,诉权救济渠道进一步畅通,青岛市行政诉讼管辖新格局基本形成。2019~2021年各区(市)法院行政案件收案情况见表1。

表1 2019~2021年青岛各区(市)法院行政案件收案数分布

单位:件

	市南	市北	李沧	崂山	黄岛	城阳	即墨	胶州	平度	莱西
2021年	563	431	474	789	1198	214	605	737	819	297
2020年	330	594	1991	165	999	256	621	604	581	258
2019年	360	499	634	148	896	305	565	587	1068	307

全市法院行政案件主要呈现以下几个特点。

(一)一审行政诉讼案件数量呈增长态势

全市法院2019年受理一审行政诉讼案件2182件,2020年受理2603件,

2021年受理3055件。其中，中院2019年受理一审行政诉讼案件320件，2020年受理599件，2021年受理477件。上述数据变化表明，近三年全市一审行政诉讼案件逐年增加，但中院管辖的一审案件产生了一定波动，2020年收案数较2019年增幅明显，2021年收案数出现了下滑。这一收案增减变化原因有二：一是审级职能定位改革试点以来，4类本应由中院管辖的以市和区（市）人民政府为被告的一审行政案件，下沉至基层人民法院管辖；二是随着改革进入深水区和攻坚期，我国社会主要矛盾发生了变化，这种变化折射在行政管理和行政执法领域，集中表现为人民群众对执法水平和管理效能产生了更高期待。

（二）新领域和新类型案件持续出现

近三年，全市行政案件涉及数十个管理领域，其中，公安、交通、人力资源和社会保障、自然资源和城建等传统多发领域仍占主流，市场监管、社会保险、住房公积金等领域占一定比重，其他领域包括民政、环保、司法行政、卫生健康、应急管理、水利水产等也有少量涉及。随着经济社会的转型升级，新管理领域、新类型案件更多样、更密集。比如，海域清理行政补偿、非物质文化遗产保护、固体废物进出口检验检疫、招商引资协议、收回集体土地使用权批复、高校退学决定、控制性详细规划批复、渔船燃爆事故调查报告批复、人才住房配售公告、村庄合并调整、物业管理区域划分、物业服务收费标准认定、畜牧养殖补偿、水利泄洪行为、入学手续办理、学前教育办园许可等新领域、新类型案件不断出现，司法审查和依法行政面临新任务新挑战。

（三）行政案件实体审查情况整体向好

从一审行政诉讼案件裁判方式来看，2019年采用判决方式结案1007件，占一审案件结案总数2353件的42.8%；2020年采用判决方式结案1078件，占一审结案总数2569件的41.96%；2021年采用判决方式[1]结案1247

---

[1] 包括判决撤销或部分撤销被告行政行为、判决变更行政行为、判决履行法定职责、判决确认合法有效或确认违法无效、判决驳回诉讼请求等。

件，占一审结案总数2818件的44.25%（见图1），实体判决案件绝对数逐年递增，与行政案件收案数量持续增长呈正相关。

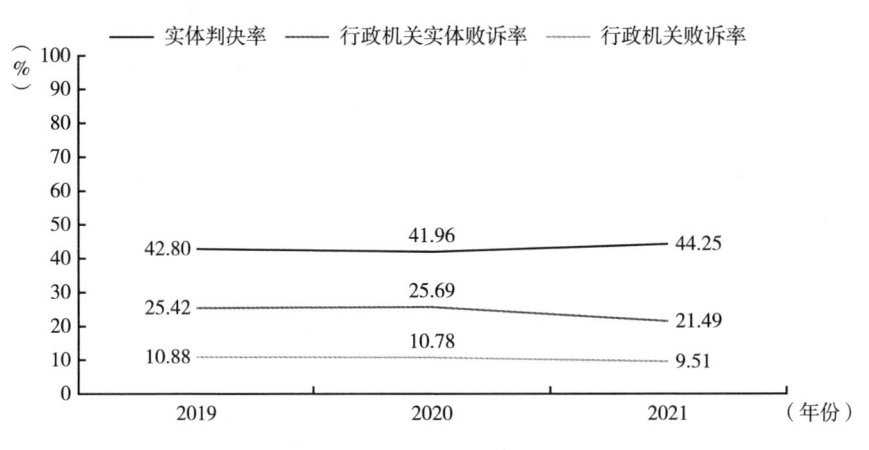

图1 2019~2021年青岛市一审行政案件实体审查情况

三 行政败诉案件及其反映的依法行政问题

（一）行政机关败诉基本情况

2019年，行政机关败诉案件256件，败诉率[①]为10.88%，实体败诉率[②]为25.42%。其中判决撤销或部分撤销行政行为135件，确认行政行为违法118件，责令履行法定职责或责令采取补救措施32件，判决变更行政行为4件，判决赔偿6件。

2020年，行政机关败诉案件277件，败诉率为10.78%，实体败诉率为25.69%。其中确认行政行为违法132件，判决撤销或部分撤销行政行为99件，责令履行法定职责或采取补救措施36件，判决赔偿18件，判决变更行政行为1件。

---

① 败诉率=行政机关败诉案件数÷一审案件结案数×100%。
② 实体败诉率=行政机关败诉案件数÷一审案件判决结案数×100%。

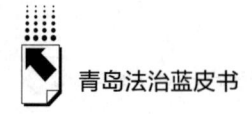

2021年，行政机关败诉案件268件，败诉率为9.51%，实体败诉率为21.49%。其中判决撤销或部分撤销行政行为92件，确认行政行为违法146件，其中因程序瑕疵确认违法74件，应当撤销但撤销会给国家利益或社会公共利益造成重大损害而确认违法15件，无可撤销内容或无须判决履行而确认违法57件；责令履行法定职责或采取补救措施20件；判决赔偿20件；判决变更行政行为1件[1]。确认违法及判决赔偿案件数近三年持续增加。

（二）行政机关败诉案件主要特点

1. 败诉案件所涉管理领域发生较大变化

从败诉领域看，2019年及2020年，自然资源与规划、城建、综合执法、土地（房屋拆迁、土地征收补偿）是败诉高发领域。公安、人力资源和社会保障、市场监管等有一定数量败诉案件。其他领域因涉诉数量相对较少，败诉案件较为偶发，包括海洋渔业、司法行政、卫生健康、教体、民政、水利、环保、住房公积金、应急管理类等领域。2021年则发生较大变化。自然资源与规划、城建及综合执法作为以往败诉高发领域，2021年败诉案件降幅明显。公安（2019年败诉26件，2020年败诉22件，2021年败诉41件）及人力资源和社会保障（2019年败诉12件，2020年败诉14件，2021年败诉27件）领域同比均有较大幅度上升。其中，公安领域败诉主要原因集中于程序违法，如超期办案，送达、传唤或制作笔录不规范等；部分案件援引法律条款不明确或错误，少量治安处罚案件存在事实认定不清、证据不足和未及时完全履行法定职责的问题。人力资源和社会保障领域败诉主要表现在办案超期等程序性问题，也存在对应认定为工伤的情形把握不准确问题。

2. 败诉案件所涉行政行为类型变化明显

从行政行为类型看，败诉案件主要分布于行政强制、行政赔偿和补偿、

---

[1] 上述败诉判决方式数据因存在共同被告、撤销与责令履行法定职责、确认违法与责令采取补救措施交叉等情形，因统计口径不一致，故与256件、277件、268件的败诉总数存在差异。

行政处罚、行政登记等案件类型。近三年，行政强制类案件是败诉数量最多的行政行为类型；行政赔偿类案件持续增加；行政处罚败诉案件 2021 年增加较快；政府信息公开及行政复议败诉案件在 2020 年增加较多，至 2021 年明显减少；行政登记及不履行法定职责败诉案件近三年逐年递减，呈向好态势（见表 2）。

表 2　2017～2021 年行政机关败诉案件的行政行为主要类型分布

单位：件

	行政强制	政府信息公开	行政登记	行政赔偿和行政补偿	不履行法定职责	行政复议	行政处罚	行政许可	行政协议
2021 年	67	12	29	44	18	11	39	0	3
2020 年	70	50	36	32	28	26	18	3	2
2019 年	65	35	46	16	41	14	31	1	0
2018 年	21	42	60	8	32	10	29	2	4
2017 年	8	174	42	15	17	26	92	5	1

判决给予行政赔偿和行政补偿败诉案件，2021 年 44 件，其中判决给予行政赔偿 24 件，2020 年 18 件，2019 年 9 件，几乎均属因违法强拆引发的后续赔偿问题。近年来，在旧村改造、旧城改建、治乱拆违过程中，部分区（市）政府、乡镇（街道办事处）、综合执法等部门为追求行政效率，出现了未作出补偿决定即强拆房屋、未履行《行政强制法》有关程序规定即强拆房屋等现象，由此带来的行政赔偿案件攀升问题，对法治政府形象产生一定影响，应引起足够重视。

政府信息公开败诉案件，2021 年 12 件，在败诉案件中占比 4.48%，2020 年 50 件，2021 年较 2020 年占比减少 13.57 个百分点。主要原因在于最高人民法院《关于正确确定县级以上地方人民政府行政诉讼被告资格若干问题的规定》施行后，2020 年存在的答复主体错误问题至 2021 年未再出现。其他败诉原因集中于答复不准确、答复超期、不公开信息但

未说明理由、答复信息不存在但未尽检索义务、送达方式不符合规定等方面。

行政复议败诉案件，2021年35件（其中11件为复议机关作为单独被告的案件），2020年62件（其中26件为复议机关作为单独被告的案件），2019年14件。2021年比2020年败诉总量减少，表明复议机关专业化建设成效明显，有效发挥了层级监督和化解行政争议主渠道作用。但行政复议工作仍存在一些问题，包括：有的复议机关对行政答复是否对当事人权利义务产生影响存在错误认识，有的复议机关未听取利害关系人的意见即作出行政复议决定，有的复议机关存在适用法律不明确或适用法律错误的问题等。

行政机关因不履行法定职责、履行职责不及时或不完全败诉案件，2021年18件，2020年28件，2019年41件，案件数量近三年持续走低，表明行政机关履职意识及履职能力水平不断提升。但是，案件反映了行政机关履职中仍然存在一些问题，主要表现在：对履职申请不作处理或超期处理、把履职请求作为信访事项处理、属于法定职责但拒绝履行、未全面准确履职等。

3. 程序违法问题仍然制约执法水平提升

2021年行政机关因违反法定程序败诉131件，占败诉总数的48.88%；2020年129件，占败诉总数的46.57%；2019年99件，占败诉总数的38.67%。自2017年以来，程序违法占比连续五年上升，执法程序规范化建设应摆上重要位置（见图2）。主要问题集中在两个方面：一是在强拆案件中，实施强拆行为前未履行通知、催告等义务，部分案件中还存在强拆主体没有相应职权的情况；二是其他类型案件中存在未赋予当事人陈述申辩权、听证权等重大程序性权利的严重程序违法情形，也存在超期办案、送达瑕疵、笔录制作不严谨等轻微程序违法问题。

4. 因法律适用错误败诉占比相对稳定

2021年行政机关因法律适用错误败诉32件，占败诉总数的11.94%；2020年27件，占败诉总数的9.75%；2019年31件，占败诉总数的12.11%。法律适用问题主要表现在条文理解和法条援引两个方面：在条文

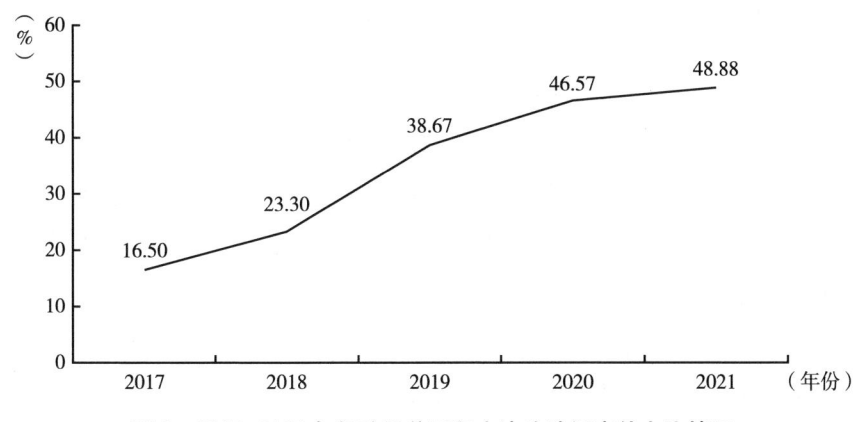

图2 2017~2021年行政机关因程序违法败诉案件占比情况

理解方面，包括以下情形：多起行政赔偿案件中，当事人因强拆行为被确认违法而申请赔偿，赔偿义务机关以当事人未领取补偿款为由不予赔偿，属对行政赔偿与行政补偿衔接相关规定的错误理解；对投诉举报的处理行为是否对当事人的权利义务产生影响的认定存在错误；收到当事人的履职申请后，批转至下级机关，最终由下级机关以信访程序作出处理缺乏法律依据；对《政府信息公开条例》中咨询性信息的理解把握有误；对《劳动保障监察条例》中关于劳动保障违法行为查处期限的规定扩大适用到责令限期补缴行为理解有误等。在法条援引方面，包括以下情形：行政文书中适用的法律条文与行政决定无法对应；法律条款适用不明确导致当事人无法确定复议机关是否为共同被告等。上述问题既反映了工作严肃性和严谨性方面的不足，又反映了执法人员学法用法能力尚有欠缺。

四 行政机关应诉存在的主要问题

随着法治政府建设的提速换挡，以及行政机关负责人出庭应诉工作向纵深推进，行政机关的应诉能力水平不断提升，存在的一些突出问题得到解决，但从当前应诉情况来看，仍然有一些短板弱项。

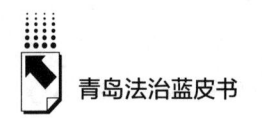

（一）部分"老问题"还未从根本上消除

"老问题"主要集中于举证和庭审两方面。在举证方面，主要表现为：不能在法定举证期限内提交证据；不制作证据目录或提交的证据与证据目录不能相互对应；庭前证据交换或庭审质证时未携带证据原件；只提交部分证据、程序性证据，导致举证不全面等。在庭审表现方面，主要问题是出庭人员了解掌握案情不全面、不深入，导致面对法庭提问有时需要庭后落实，个别案件中还存在未在法院指定期间回复庭后落实情况，有的行政机关出庭人员存在庭审时注意力不集中、表达方式欠妥等现象。

（二）一些"新问题"成为应诉效果制约因素

2020年以来，随着司法与信息科技深度融合，互联网司法成为人民法院审判执行工作的重要变革。在方便诉讼、提高效率的同时，行政机关在适应互联网司法新模式过程中也出现了一些新问题，主要集中于在线远程庭审环节：设备不完善或调试不到位导致线上庭审卡顿、频繁掉线；线上开庭前未将负责人出庭应诉情况反馈表邮寄至法院或未将电子版上传至智慧庭审平台；已更换委托代理人但线上开庭前未通知法院；个别行政机关不能按时上线，对庭审时间和效率产生影响；个别出庭人员线上开庭时遵守法庭秩序不到位，时有接听电话、随意走动等行为，影响了庭审的严肃性。

（三）负责人出庭工作仍需进一步提升

虽然行政机关负责人出庭应诉率得到保障，但绝大部分为副职负责人出庭，正职负责人出庭率相对较低。实践中出庭的正职负责人主要为街道办主任及派出所所长等基层机关"一把手"，市直机关正职负责人出庭相对较少，一定程度上影响了行政机关负责人出庭应诉制度效能的发挥。同时，出庭负责人"出庭不出声"现象还不同程度存在。有的负责人对案情熟悉程度不高而不发声；有的虽然明晰案情，但因心存顾虑而不敢发声。大部分负责人发言集中在最后陈述环节，就具体业务问题或法律适用问题发表意见的仍较少。

（四）行政争议和解工作仍存在诸多制约因素

出于对内部追责、工作汇报周期过长、审批程序烦琐等多方面考虑，对于确实存在问题的行政决定，行政机关主动撤销或改变行政决定的动力不足，推进争议实质性解决的积极性不高，部分案件因而难以协调和解。尤其是行政赔偿案件，完全依赖法院判决，进而制约和解工作的有效开展。

五 推进依法行政和应诉工作的对策建议

近年来，市、区（市）两级党委、政府高度重视依法决策、依法行政、行政诉讼、行政权力制约监督等工作，青岛市法治政府建设工作取得了显著成效。为进一步推动提升依法行政水平，助力创建全国法治政府建设示范市，针对司法审查反映的相关问题，提出以下改进建议。

（一）提升法治思维和法治能力，规范重点领域和关键环节执法行为

增强法治观念，遵守宪法法律，善于运用法治思维和法治方式深化改革、推动发展、化解矛盾，维护社会公平正义。落实城市更新和城市建设三年攻坚行动部署要求，聚焦旧城区存量更新、重点低效片区园区开发、市政和交通基础设施建设等重点领域，全面梳理法律风险点，加强社会稳定隐患排查评估，严格依法开展土地房屋征迁和拆违拆临工作，确保兼顾行政效率与实质正义。加大执法监督力度，对重点民生领域执法单位开展"执法体检"，推动落实行政执法"三项制度"，督促加强执法规范化建设，从源头和责任入手防范执法程序违法问题产生。

（二）推进多元解纷机制建设，提升行政争议治理能力和水平

健全完善重大决策风险评估机制，特别是对于事关群众切身利益的重大改革措施出台、重大政策制定、重大工程项目建设等事项，建议用足用好向社会广泛征求意见、进行专家论证、政策法律把关等方式，确保决策科学

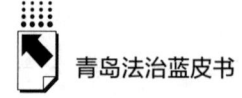

化、民主化、法治化，努力实现纠纷源头预防。注重纠纷前端化解，行政争议发生后积极引导群众通过协商和解、行政调解、行政复议等非诉途径解决，依托审前和解平台配合开展好诉前调解工作。强化纠纷审中和解，积极回应群众诉求，及时纠正案件审理中发现的行政执法问题，从根本上解决群众问题，推动更多行政争议以非裁判方式实质性化解。

（三）重点关注行政赔偿问题，以担当意识妥善应对赔偿事宜

把因强拆房屋引发的赔偿问题纳入重点研判事项范畴，组织学习有关行政赔偿的法律法规，特别是最高人民法院近期出台的关于行政赔偿问题司法解释，统一思想认识，规范赔偿项目和赔偿标准，做到"当赔则赔、公正赔偿"。在个案中应及时回应群众提出的赔偿请求，既要从法律层面作出赔偿与否、如何赔偿的决定，又要从解决根本问题层面研究替代性解决办法，努力将赔偿争议化解在诉前。在应诉后积极提供相应证据，讲明政策法律依据，配合法院开展调解工作，推进进入诉讼的赔偿问题实质性解决。

（四）深化负责人出庭应诉工作，在出声出解出治上取得新突破

与法院协同健全完善庭前联系、庭后评议、定期通报等制度，重点做好特殊情况的庭前沟通工作，确保全市行政机关负责人出庭应诉率连续三年保持100%。行政机关法制部门加强庭前案件分析，协助出庭负责人了解案情、把握争点、熟悉法律，在负责人"出庭又出声"已常态化的基础上，进一步推动实现"出声有质量"。负责人积极参与纠纷化解，牵头研究解决方案，带头执行法院生效判决，充分发挥负责人出庭应诉制度在发现执法短板和管理漏洞、直面群众质疑和不满等方面的功能作用，提升政务服务效能和人民群众对政府工作的满意度。

（五）加强队伍法治能力建设，推动依法行政和应诉能力再上新台阶

坚持把《民法典》作为行政决策、行政管理、行政执法的重要标尺，

把法治教育纳入政府工作人员初任培训、任职培训的必训内容，建立各执法领域执法人员应知应会法律法规清单，让法治意识贯穿队伍建设始终。坚持"以战养兵"，探索推行一线执法人员参与出庭应诉制度，常态化开展典型案例分析研讨、行政案件庭审观摩等活动，以案释法引导执法人员正确理解法律条文、规范执法程序。组织学习人民法院在线诉讼规则，积极适应在线诉讼模式，提升在线应诉水平。

参考文献

[1]《青岛中院发布2020年行政审判"白皮书"》，《青岛日报》2021年4月7日。
[2] 盛波：《从董必武依法办事思想看当前中国特色社会主义法治建设实践——以行政复议诉讼为调研对象》，《董必武法学思想研究文集》（第16辑），人民法院出版社，2017。

B.14
青岛市监察体制改革发展报告

山东大学法学院课题组[*]

摘　要： 党的十八大以来，以习近平同志为核心的党中央持续推进国家监察体制改革，逐步建立起新时代党和国家监督体系。青岛市纪检监察机关在党中央确立的纪检监察体制改革主体框架下进一步做好各项具体工作，推动党内监督和监察全覆盖开创新局面，取得了显著成效。青岛市纪检监察机关以机构改革为依托，以制度建设为主线，深入推进监督、调查、处置三大职能落实，加强规范化法治化正规化建设，加大体制机制创新，切实提高监督执纪执法精准性和科学性，促进监察体制改革系统集成与协同高效，推动监察体制改革向纵深发展。

关键词： 监察体制改革　反腐败　监督　调查　处置　监察学科

党的二十大报告强调："全党必须牢记，全面从严治党永远在路上，党的自我革命永远在路上，决不能有松劲歇脚、疲劳厌战的情绪，必须持之以恒推进全面从严治党，深入推进新时代党的建设新的伟大工程，以党的自我革命引领社会革命。"国家监察体制改革是运用法治思维和法治方式一体推进"三不腐"，着力提升反腐败治理效能的重要举措。在习近平新时代中国特色社会主义思想指引下，青岛市纪检监察机关深入贯彻落实党中央、省委、市委全面深化改革部署，按照中央纪委国家监委、山东省纪委监委的工

---

[*] 课题组主持人：赵恒，山东大学法学院副教授、博士生导师。课题组成员：张瑞斌、王浩、杨小超、孙昊、李涵语、路晓菲、高智恒，山东大学法学院研究生。

作要求，坚守党章和宪法赋予的监督、调查和处置职责，充分发挥监督保障执行、促进完善发展作用，以改革的思维、创新的举措破难题、提质效、开新局，确保依规依纪依法履职，工作集成协同高效，不断提升工作规范化法治化水平，推进新时代纪检监察工作高质量发展。

一 深化监察体制改革，推进纪检监察工作高质量发展

（一）深化监察体制改革的总体要求

国家监察体制改革是健全党和国家监督体系的重要部署，是推动全面从严治党向纵深发展的重大战略举措。党的二十大报告站在民族复兴和百年变局的制高点，从战略全局对党和国家事业作出规划和部署，对完善党和国家监督体系工作提出了新的要求。

第一，强化党的绝对领导。深化国家监察体制改革必须要有正确的政治方向，必须坚持党的领导。中国特色社会主义制度的最大优势就是党的领导，党的全面领导是深化国家监察体制改革取得成功的根本保证。要充分发挥国家监察制度的优势，就必须将坚持中国共产党的领导作为根本政治原则和重大政治责任，不断强基固本，提高政治判断力、政治领悟力、政治执行力。

第二，坚持依规治党。党的二十大报告指出："坚持制度治党、依规治党，以党章为根本，以民主集中制为核心，完善党内法规制度体系，增强党内法规权威性和执行力，形成坚持真理、修正错误，发现问题、纠正偏差的机制。"党的十八大以来，以习近平同志为核心的党中央着眼于长期执政和国家长治久安，着力布局推进党内法规制度体系建设，为深化国家监察体制改革奠定了坚实的制度基础。

第三，健全党统一领导、全面覆盖、权威高效的监督体系。纪检监察机关应当着力构建上下贯通、左右衔接的工作格局，坚决落实推动健全党和国家监督体系部署要求，增强对"一把手"和领导班子的监督实效，强化提升重点领域关键环节的监督质效。

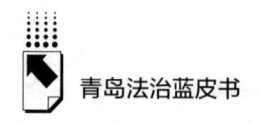

第四，发挥政治巡视利剑作用，坚定不移推动全面从严治党向纵深发展。在党的领导下，纪检监察机关应认真贯彻党中央关于深化监察体制改革决策部署，聚焦纪检监察工作高质量发展，一体落实各项改革任务，有效构建全面覆盖、权威高效的监督体系，使政治巡察工作在决策部署指挥、措施手段运用上更加协同高效，围绕"四个着力"和"六项纪律"，为推进全面从严治党向纵深发展提供坚强保障。

（二）青岛市纪检监察机关深化监察体制改革的新成效

青岛市纪检监察机关以机构改革为依托，以制度建设为主线，一体推进"三项改革"、统筹衔接"四项监督"、协调促进"四责协同"，持续推进纪律检查体制改革、国家监察体制改革、纪检监察机构改革，促进监察体制改革系统集成与协同高效，不断推动监察体制改革向纵深发展，提高监督执纪执法精准性和科学性，构建党统一领导、全面覆盖、权威高效的监督体系。2022年青岛市纪检监察机关共接收信访举报3424件次，处置问题线索10135件，谈话函询1025件次，立案3285件，处分3455人，运用"四种形态"批评教育帮助和处理共13654人次。

第一，青岛市纪检监察机关持续深化机构改革，组织召开全市深化派驻机构改革工作座谈会，探索青岛市深化派驻机构改革的特色路径。2019～2022年，青岛市完成市纪检监察派驻机构调整、优化、更名，持续推进区（市）纪检监察机关派驻机构全覆盖改革，分类施策逐步推进市直企业、市管金融企业以及市属高职高专院校监察体制改革，进一步深化派驻机构、国有企业、功能区监察体制改革，将监察工作延伸至功能区。各派驻机构加大一线监督力度，探索运用"七小""六点"工作法等措施，擦亮探头，加大审查调查力度，提升监督质效。

第二，青岛市纪检监察机关加强规范化、法治化和正规化建设，认真学习贯彻《监察法》《监察法实施条例》；根据实际情况制定实施市纪检监察机关、派驻机构及市直企业纪检监察机构、市管功能区纪检监察机构监督执纪执法工作规程；出台加强和规范纪检监察建议工作办法；修订党风廉政建设意见回复工作办法等。例如，2022年青岛市纪检监察机关全面推进制度"立改废释"工作，制定（修订）各类制度78项，创新出台关于涉案行贿人处理工作的规范指引及案件审理责任制等工作办法，编印办理受贿罪、金融领域职务犯罪案件等实务参考，着力规范执纪执法工作，全面保障和提升案件质量。

第三，青岛市纪检监察机关完善权力运行制约监督机制，协助市委出台关于加强对"一把手"和领导班子监督的制度规范，为青岛市各级党组织的工作规范开展提供制度依据；协助市委制定推进清廉建设的意见，致力于将清廉建设深度融入社会治理。同时，青岛市纪检监察机关健全完善执纪执法监督制约机制，加强内控机制建设，建立健全监督检查、审查调查、案件监督管理、案件审理相互协调、相互制约的工作机制。

二 聚焦主责主业，切实履行执纪监督职责

（一）纪检监察机关履行监督职能概述

纪检监察机关是政治机关。党的十八大特别是党的十九大以来，纪检监察机关坚持把监督挺在前面，贯通融合"四项监督"，精准运用"四种形态"，发现问题、纠正偏差，抓早抓小、防微杜渐，惩前毖后、治病救人。监督是纪检监察机关的基本职责、第一职责。

一方面，《中国共产党章程》第46条明确规定："党的各级纪律检查委员会是党内监督专责机关。"《中国共产党党内监督条例》第26条规定，党的各级纪律检查委员会"履行监督执纪问责职责，加强对所辖范围内党组织和领导干部遵守党章党规党纪、贯彻执行党的路线方针政策情况的监督检查"。《中国共产党纪律检查委员会工作条例》第31条第2款规定，坚持把监督作为基本职责，抓早抓小、防微杜渐，依规依纪依法、精准有效运用监督执纪"四种形态"。

另一方面，根据《监察法》第11条第1项的规定，监督职能是指监察

机关对公职人员开展廉政教育，对其依法履职、秉公用权、廉洁从政从业以及道德操守情况进行监督检查。可见，廉政教育和监督检查是监察机关履行监督职能的重要方式。其中，廉政教育的根本内容是加强理想信念教育，监督检查的方法包括列席或召集会议、听取工作报告、实施检查或调阅、审查文件和资料等等。

（二）青岛市纪检监察机关履行监督职能的工作成效

1. 自觉做到"两个维护"，推动政治监督具体化精准化常态化取得新成效

党的二十大报告提出："推进政治监督具体化、精准化、常态化。"纪检监察机关是推进全面从严治党的重要力量，开展政治监督是纪检监察机关的核心职责。青岛市纪检监察机关深刻领会习近平新时代中国特色社会主义思想的精髓要义，牢固树立"四个意识"、带头捍卫"两个确立"、践行"两个维护"，牢记"国之大者"，增强全面从严治党永远在路上的政治自觉。

第一，坚定不移坚持党的全面领导，从讲政治的高度做好纪检监察工作。2019~2022年，青岛市纪检监察机关坚持和完善"第一议题"制度，健全理论学习长效机制，深入学习贯彻党的十九届四中、五中、六中、七中全会及党的二十大精神，印发《中共青岛市纪委关于认真学习宣传贯彻党的二十大精神的通知》，召开宣讲报告会，举办专题培训班，坚持党中央决策部署到哪里，监督检查就跟进到哪里，更加准确地把握新时代、新阶段对纪检监察工作的新要求。

第二，紧紧围绕"两个维护"根本任务，提高巡察监督质效。例如，青岛市纪检监察机关认真贯彻十三届市委巡察工作五年规划，落实政治巡察要求，明确市委巡察对象，优化路径方法；在全省率先制定出台《关于加强对"一把手"巡察监督的实施办法》，将"一把手"巡察监督工作细化分解为5项工作流程、29项监督要点、92项突出问题表现；落实《市委巡察工作规范化操作手册（试行）》《关于进一步提高巡察报告质量的工作办法》，不断提高巡察监督质效。

第三,多措并举,一体推进政治监督具体化、精准化、常态化。青岛市纪检监察机关严格贯彻落实党的二十大对政治监督的工作要求,围绕"三化"采取多种举措保障政治监督扎实推进。例如,青岛市纪检监察机关编制完善了"政治监督活页"(2022年度),明确8个方面39项重点内容,增强监督针对性;创新出台《关于运用"五步五强化"工作法监督推动黄河流域生态保护和高质量发展等重大决策部署落地见效的实施意见》,明确提出5个步骤、16项具体措施,提高政治监督精准化水平;创新实施双线作战、清单导引、点穴监督、分类促改工作法,做实做细突发疫情和常态化疫情防控专项监督。

2. 深化"三不"一体推进,推动反腐败斗争实现新突破

党的二十大报告强调:"必须永远吹冲锋号。坚持不敢腐、不能腐、不想腐一体推进,同时发力,同向发力,综合发力。"青岛市纪检监察机关聚焦监督首责,运用"全周期管理"方式,强化不敢腐的震慑,扎牢不能腐的笼子,增强不想腐的自觉,让党员干部因敬畏而"不敢"、因制度而"不能"、因觉悟而"不想",切实推进反腐败常态化。

第一,完善派驻监督体制机制。青岛市纪检监察机关贯彻《纪检监察机关派驻机构工作规则》,规范理顺市、区(市)纪检监察机关派出机构设置,完善派驻机构工作质效考核机制,指导推动市直机关部门单位加强机关纪委建设,充分发挥"派"的权威和"驻"的优势,把纪律和规矩挺在前面,强化监督和监察全覆盖的震慑效应。例如,2020年青岛市纪检监察机关派驻第十四纪检监察组跟进监督助力脱贫攻坚和乡村振兴有效衔接,发现并督促整改问题318个,查处扶贫领域腐败和作风问题79起,处理127人,党纪政务处分84人。

第二,强化协同联动,提高监督质效。例如,2019年10月青岛市纪检监察机关牵头起草《关于加强协同监督积极回应群众关切的工作办法》及实施细则,把党内监督同国家机关监督、民主监督、司法监督、群众监督、舆论监督贯通起来,健全协同监督机制,增强监督合力。2022年青岛市纪检监察机关在市纪委监委网站、"清廉之岛"微信公众号,设立"群众点

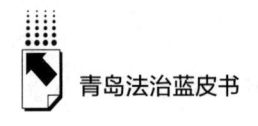

题"监督举报专区的同时,依托广播、电视、报纸、网络等媒体平台,以及"直通车""监测点"等机制,全方位收集民诉民意105条。

第三,着力打造"清廉之岛"文化品牌,推动新时代廉洁文化建设融入社会治理。青岛市纪检监察机关贯彻落实《关于加强新时代廉洁文化建设的意见》,建设青岛市廉政教育馆,开展"清廉家风助清廉之岛"系列活动,常态化举办全国廉洁漫画展、全市廉洁书法展等廉洁文化活动,开发"青岛市廉洁文化导航"系统,制作"青岛市廉洁文化导航"宣传册。截至2023年2月,青岛市已打造省内首家企业廉洁教育馆等"廉洁地标"189处,命名"青岛市首批廉洁文化示范基地"64处,制作违纪违法警示教育片14部,全域推进廉洁文化建设,推动形成处处见廉、人人学廉、时时倡廉的浓厚氛围。

三 开展审查调查工作,加大查办案件力度

(一)纪检监察机关履行调查职能概述

纪检监察机关的审查调查工作包括纪律审查和监察调查。根据《中国共产党纪律检查委员会工作条例》第36条的规定,纪律审查是指纪律检查机关对反映和发现的党员或党组织的违纪问题,经查证属实需要追究责任的,进行立案审查。依据是《中国共产党章程》《中国共产党纪律处分条例》《中国共产党纪律检查机关监督执纪工作规则》等党内法规。监察调查是指监察机关对职务违法和职务犯罪行为进行调查。依据是《监察法》《政务处分法》《刑法》《刑事诉讼法》等国家法律法规及相关司法解释。

(二)青岛市纪检监察机关履行调查职能的工作成效

第一,坚持依法依规开展审查调查,审慎使用审查调查措施。青岛市纪检监察机关建立健全纪法贯通、法法衔接制度机制,坚持纪法"双施双守",分类制定并完善纪检监察机构监督执纪执法工作规程等制度,细化明

确线索处置、谈话函询、初步核实、立案审查调查、审理等各环节工作程序，实现执纪执法工作相互贯通、有机衔接；健全纪法衔接制度机制，完善监督检查和审查调查分工配合机制、审查调查转换衔接机制；健全纪检监察机关与公安机关协作机制、检察机关提前介入机制、审判机关疑难案件协商沟通机制。

第二，加强信息化建设，推进审查调查迈向智能化，以科技手段提升专业化水平。青岛市纪检监察机关创新工作方式，健全重大监督事项会商研判、违纪违法问题线索移送机制，通过建设廉情数据中心，利用大数据技术提升审查调查工作质效，从而提升监督执纪问责、监督调查处置的精准性和有效性。

第三，坚持问题导向，加强调查研究。青岛市纪检监察机关在监察调查过程中，采取各项调查措施，处置反映纪检监察干部问题线索，建立线索排查机制，充分运用监督检查和审查调查成果，注重查找问题根源，查补制度漏洞，以案件促进整改整治，精准发现个案背后的普遍性问题和深层次问题。

第四，做好审查调查安全工作，坚决守住不发生安全问题的底线。青岛市纪检监察机关深化全员培训，注重实战历练，全面提升审查调查安全等能力，构建案件质量保障体系，提高审查调查水平，全面推进审理质量体系建设，充分发挥案件审理审核把关作用。例如，青岛市纪检监察机关建立审查调查"联系区"，设置案件专职监督员，完善审查调查安全工作考核制度，组建安全员队伍，持续强化纪法意识、纪法思维、纪法素养，提升专业化水平。

四 践行处置职能，协同推进监督办案实效

（一）纪检监察机关履行处置职能概述

根据《中国共产党章程》，党的各级纪律检查委员会作为党内监督专责机关，履行监督、执纪、问责职能，对党组织和党员领导干部履行职责、行使权力进行监督，受理处置党员群众检举举报，开展谈话提醒、约谈函询，

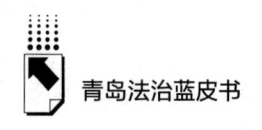

进行问责或提出责任追究的建议等。《中国共产党纪律处分条例》第7条第1款规定："党组织和党员违反党章和其他党内法规，违反国家法律法规，违反党和国家政策，违反社会主义道德，危害党、国家和人民利益的行为，依照规定应当给予纪律处理或者处分的，都必须受到追究。"

在纪委监委合署办公的制度安排之下，根据《监察法》第45条的规定，监察机关有权作出政务处分、问责、移送检察院审查起诉、提出监察建议等处置决定。整体而言，监察机关作出的处置决定既要体现职务违法犯罪的轻重程度，也要考虑其实施职务违法犯罪行为的性质、目的、动机、手段等诸多因素，做到宽严相济。

（二）青岛市纪检监察机关履行处置职能的工作成效

青岛市纪检监察机关坚持始终保持震慑力，坚持无禁区、全覆盖、零容忍，坚持重遏制、强高压、长震慑，坚持受贿行贿一起查，努力提高腐败治理效能。2020~2022年，青岛市纪检监察机关共立案11386件，党纪政务处分11592人，严肃查处了一批严重违纪违法典型案件，形成有力震慑。

青岛市纪检监察机关深化标本兼治，做实做好监督执纪执法"后半篇文章"，制定出台做好监督执纪执法"后半篇文章"工作办法，将制发并督促落实纪检监察建议作为深化以案为鉴、以案促改、以案促建的重要举措，督促案发单位健全制度、堵塞漏洞、完善治理。2019~2021年青岛市纪检监察机关共提出纪检监察建议1576件，2022年提出纪检监察建议830件，同比增长12.9%，有力督促相关职能部门聚焦工程建设、资源开发、公共资源交易、审批监管等重点领域补齐制度短板、堵塞监管漏洞，形成治本效应。

五 构建纪检监察学科体系，加强理论研究与纪检监察实践的有机结合

（一）加强校地合作

青岛市纪检监察机关坚持守正创新，采取"走出去、请进来"的工作

方式，积极探索解决问题的方法和路径。典型做法之一是，青岛市纪检监察机关积极探索校地协作模式。例如，2022年1月12日，青岛市崂山区纪委监委与山东大学签署战略合作协议，依托山东大学法学院监察法治研究中心，打造可推广、可复制的纪检监察工作样板经验。而且，青岛市纪检监察机关充分利用驻地高校学科优势开展课题研究。例如，2022年，青岛市崂山区纪委监委与山东大学法学院聚焦乡村权力监督与监察全覆盖等主题，将纪检监察理论研究和实务工作相结合，实现纪检监察理论研究下沉落地，促使实践操作有法可依，对推进基层监督执纪工作有很好的参考价值。

（二）推动校地学习交流

青岛市纪检监察机关通过与驻地高校开展交流，推动纪检监察理论研究深化和纪检监察工作创新发展。

第一，青岛市纪检监察机关与驻地高校开展培训交流活动。例如，2022年7月11日，由青岛市委组织部、市纪委监委主办的"青岛市纪检监察工作高质量发展专题研讨班"在山东大学青岛校区举办。

第二，由山东省法学会监察法学研究会主办，山东大学法学院承办的山东省法学会监察法学研究会2021年年会在青岛举行。年会的主题是"反腐败法治化背景下的监察法学学科体系和学术体系"，为纪检监察法学研究与学科建设提供有益思考。

参考文献

［1］习近平：《高举中国特色社会主义伟大旗帜　为全面建设社会主义现代化国家而团结奋斗——在中国共产党第二十次全国代表大会上的报告》，2022年10月16日在中国共产党第二十次全国代表大会上。

［2］习近平：《在二十届中央政治局第一次集体学习时的讲话》，《求是》2023年第2期。

［3］习近平：《论坚持人民当家作主》，中央文献出版社，2021。

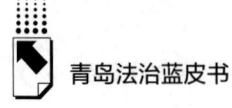

［4］习近平：《决胜全面建成小康社会　夺取新时代中国特色社会主义伟大胜利——在中国共产党第十九次全国代表大会上的报告》，2017年10月18日在中国共产党第十九次全国代表大会上。

［5］习近平：《习近平谈治国理政》，北京外文出版社，2014。

［6］习近平：《论坚持党对一切工作的领导》，中央文献出版社，2020。

［7］中共中央纪律检查委员会法规室、中华人民共和国国家监察委员会法规室编写《〈中华人民共和国监察法〉释义》，中国方正出版社，2018。

法治营商环境篇

Business Environment Ruled by Law

B.15
青岛仲裁创新发展报告

青岛仲裁委员会课题组[*]

摘　要： 仲裁是我国法律规定的纠纷解决制度，是重要的非诉讼纠纷解决机制，也是国际通行的商事争议解决方式。近年来，青岛仲裁委员会认真贯彻落实中办国办印发的《关于完善仲裁制度提高仲裁公信力的若干意见》要求，以提高仲裁公信力为核心目标，大力实施创新驱动发展战略：不断扩大制度型开放，完善与国际接轨的规则制度体系；积极发展互联网仲裁，创新基于区块链电子证据平台的商事仲裁服务模式；创新服务机制，服务国家全面开放和发展战略；创新多元解纷机制，满足人民群众多元法律服务需求；创新仲裁人才选聘和培养机制，建设高素质仲裁工作队伍。青岛仲裁公信力显著提高，被评为"全国十佳仲裁机构"和"涉外服务十佳机构"。新时代，只有不断加强改革创新，才

---

[*] 课题组负责人：常江，青岛仲裁委员会办公室党组成员、副主任。执笔人：郭瑞，青岛仲裁委员会办公室综合处处长；逄焕美，青岛仲裁委员会办公室综合处二级调研员。

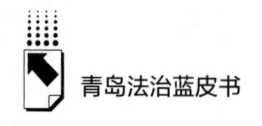

能充分发挥仲裁作用，优化市场化法治化国际化营商环境，更好地服务国家全面开放和发展战略。

关键词： 青岛仲裁　纠纷解决制度　仲裁公信力

一　青岛仲裁创新发展背景

仲裁是我国法律规定的纠纷解决制度，是重要的非诉讼纠纷解决机制，也是国际通行的商事争议解决方式。仲裁具有尊重当事人意思自治、便捷高效、专家断案、域外可执行等独特优势，在服务国家全面开放和发展战略中发挥着不可替代的作用。

党的十八大以来，以习近平同志为核心的党中央多次对仲裁工作作出重要指示要求。在党的十八届四中全会上，习近平总书记强调：完善仲裁制度，提高仲裁公信力。2018年12月，中共中央办公厅、国务院办公厅印发《关于完善仲裁制度提高仲裁公信力的若干意见》（以下简称《若干意见》）。2019年1月15日，中央政法工作会议强调：要加快整合包括仲裁在内的公共法律服务资源，尽快建成覆盖全业务、全时空的法律服务网络。2020年11月，在中央全面依法治国工作会议上，习近平总书记指出：要注重培育一批国际一流的仲裁机构、律师事务所，把涉外法治保障和服务工作做得更有成效。习近平总书记的重要指示精神和党中央重要决策部署，为新时代中国特色社会主义仲裁事业发展指明了前进方向，提供了根本遵循。

2018年6月，习近平总书记在上海合作组织成员国元首理事会第十八次会议上指出，中国政府支持在青岛建设中国—上海合作组织地方经贸合作先行示范区。2018年6月，习近平总书记视察青岛时对山东和青岛经略海洋提出殷切嘱托："海洋经济发展前途无量。建设海洋强国，必须进一步关心海洋、认识海洋、经略海洋，加快海洋科技创新步伐。"2019年9月，习近平总书记提出"黄河流域生态保护和高质量发展"重大国家战略。习近平总书记对山东、对青岛的重要指示，为青岛仲裁服务国家战略、持续创新发展树起了总航标。

2019年，上合示范区和山东自贸试验区青岛片区两大国家战略落地，让青岛站在了中国新一轮对外开放的最前沿。作为国家纵深开放的重要战略支点、山东对外开放的"桥头堡"，沿黄流域最便捷的"出海口"，处在中国经济南北东西大循环"双节点"的青岛，正着力打造东西双向互济、陆海内外联动的国际互联互通大通道，全面融入国家战略，在一系列国家战略中承担着重要任务。作为以国际循环促进国内大循环的重要资源配置节点，青岛在对欧洲、RCEP成员等"一带一路"重点国家和地区高质量对外开放中发挥着极为重要的作用。国家战略托起开放青岛，开放青岛为仲裁创新发展提供了新的机遇。

青岛仲裁立足新时代发展定位，大力实施创新驱动发展战略，着力推动青岛仲裁事业高质量发展，积极服务青岛自贸片区、上合示范区、黄河流域生态保护和高质量发展、"一带一路"建设等国家战略和更高水平开放。

二 青岛仲裁创新发展概况

青岛市委、市政府始终高度重视仲裁工作，把仲裁事业发展作为优化市场化法治化国际化营商环境的重要组成部分，积极推动打造国际知名仲裁机构。

2014年，中共青岛市委提出了"打造国际知名仲裁机构，建成东北亚地区国际商事争端解决的重要公共服务平台"战略目标。"完善仲裁体制机制、打造国际知名仲裁机构"被纳入国际贸易中心城市建设纲要，列入市委改革工作要点。2016年2月，青岛市十五届人民代表大会第五次会议通过了"关于大力推进青岛仲裁事业发展打造一流仲裁机构的议案"，为全国首创。青岛市人民政府于2016年7月印发《关于大力推进青岛仲裁事业发展 打造一流仲裁机构的议案办理工作实施方案》，明确提出把青岛仲裁打

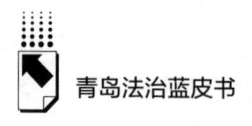

造成为东北亚国际商事争议解决中心，设立中国青岛国际仲裁中心，搭建"一个中心、五个平台"的具体目标。

在历届市委、市政府的正确领导和市人大、市政协及社会各界的大力支持下，青岛仲裁委员会始终坚持正确的政治方向和专业的服务方向，紧紧围绕中心工作和经济社会发展大局，充分发挥仲裁专业优势，积极拓展仲裁服务领域，先后成立青岛仲裁委员会知识产权、海事海商、国际金融、国际贸易、现代物流、互联网、建设工程、易货贸易等8个专业仲裁院和上合示范区国际仲裁院、多元法律服务中心、旅游投诉纠纷仲裁中心等服务平台。目前拥有1300多名国内外资深专家和学者担任仲裁员，仲裁案件范围遍及海事海商、国际贸易、知识产权、金融投资、证券期货、建筑工程等各领域，可满足各类民商事纠纷仲裁需要。自成立以来，累计仲裁各类案件近5万件，标的额700多亿元，案件当事人涉美国、加拿大、英国、俄罗斯、韩国、日本、澳大利亚、比利时、新加坡、泰国及中国台湾、香港等20多个国家和地区。

青岛仲裁委员会拥有国际一流的仲裁服务设施。现有业务用房7000余平方米，拥有现代化仲裁立案大厅和11个智能仲裁厅及仲裁辅助用房，能够为当事人提供一流的仲裁服务体验。建成互联网仲裁系统，满足数字经济时代纠纷解决需求。建成仲裁综合信息服务系统，实现仲裁全流程线上管理和监督。建成国际标准的智能仲裁厅，能够为境内外当事人提供多方异地同步开庭等全流程线上仲裁服务。

近年来，青岛仲裁委员会先后获得一系列荣誉和奖项。被中国互联网法治大会授予"优秀'互联网+法律'创新项目"奖，荣获首届中国仲裁公信力评估"开拓进取奖"，在第二届中国仲裁公信力评估中被评为"全国十佳仲裁机构"和"涉外服务十佳机构"，在全国仲裁工作会议上作典型发言。2022年，青岛仲裁委员会被教育部、司法部确定为全国20个法律硕士（国际仲裁方向）研究生联合培养单位之一。"基于区块链电子证据平台的商事仲裁新模式"被确定为山东自贸区制度创新案例。

三 青岛仲裁创新发展的经验做法

近年来，青岛仲裁委员会认真落实仲裁法律制度，积极推进仲裁改革创新，不断提高仲裁公信力，积累了一些值得深入总结提升和复制推广的好经验好做法。

（一）扩大制度型开放，完善与国际接轨的规则制度体系

1. 创新委员会顶层设计

落实《若干意见》要求，借鉴国内先进仲裁机构成熟经验，修订《青岛仲裁委员会章程》，制定《青岛仲裁委员会议事规则》等配套制度。修订后的章程进一步明确仲裁委员会为决策机构，办公室为执行机构，纪律与职业道德委员会为监督机构，构建起决策权、执行权、监督权相互分离、有效制衡的治理体系。强化委员会成员履职责任，建立委员劝退机制，完善委员会议事程序，全面提高委员会科学决策、民主决策和依法决策水平。成立纪律与职业道德委员会，加强委员会内部监督。通过独立的决策机制和完善的议事程序、有效的监督机制规范机构运作，委员会内部治理结构更加完善，有效提升了机构管理民主化、专业化水平，稳定境内外当事人对仲裁独立性和透明度的预期。

2. 创新仲裁规则

对标高标准国际经贸规则，借鉴《联合国国际贸易法委员会仲裁规则》及《联合国国际贸易法委员会国际商事仲裁示范法》最新发展成果，参考知名仲裁机构仲裁规则，创新适应国际商事争议解决的程序设计，制定实施更契合国际商事仲裁理念的2022年版《青岛仲裁委员会仲裁规则》，建成以仲裁规则为核心、专业仲裁规则及《国际商事调解规则》等为补充的国际化专业化仲裁规则体系。新版仲裁规则主要创新点如下。一是贯彻"以当事人为中心"的理念，充分尊重当事人意思自治，坚持中国特色与国际惯例相融合、本土创新与国际通行相协同、稳定性和创新性相统一，凸显仲

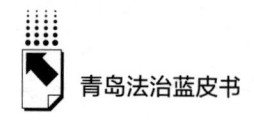

裁专业性和效率性两大优势。优化了程序设计，降低了仲裁成本，提高了仲裁效率。二是新规则与国际惯例接轨，引入国际通行的"仲裁地"概念，完善仲裁员信息披露义务规定，增加并规范追加当事人、紧急仲裁员和临时措施等规定。在国际商事仲裁程序中建立仲裁员开放名册制，赋予仲裁庭更多的程序决定权，赋予仲裁庭对仲裁协议效力及管辖权问题的自主审查权。建立更加清晰明确的拟制送达制度等，真正满足现代仲裁的"用户需求"。三是促进《联合国国际贸易法委员会仲裁规则》在青岛自贸片区落地，将机构仲裁管理优势与临时仲裁高效灵活的特点相结合，为境内外当事人提供更加高效灵活的弹性争议解决机制。四是进一步提升境内外市场主体选择适用规则的自由度和灵活性，平等保护境内外当事人合法权益。

3. 创新内部管理机制

制定完善《案件受理工作指引》《仲裁庭组成工作规定》《仲裁庭开庭指引》《仲裁庭秘书办案程序指引》《仲裁员办案规范》《委托鉴定工作管理办法》《裁决书制作指引》等办案制度，制定完善《裁决书核阅工作规定》《仲裁案件专家论证办法》《仲裁员管理办法》《仲裁员信息披露指引》等监督制度，形成了与仲裁规则相衔接的配套制度体系。通过机制创新，一是进一步优化了争议解决流程，提高了争议解决质效；二是坚持仲裁委员会管理与仲裁庭独立裁决有机结合，在尊重仲裁庭、仲裁员独立裁决的基础上，强化了仲裁委员会对仲裁程序的管理；三是通过落实仲裁员信息披露和仲裁员回避等制度，确保仲裁庭独立公正高效解决民商事争议；四是进一步规范仲裁员选定、指定工作，提高了组庭工作的民主化、科学化水平，防止和杜绝"关系案""人情案"。

（二）积极发展互联网仲裁，创新基于区块链电子证据平台的商事仲裁服务模式

1. 创新电子数据存证模式

运用区块链、5G 切片等技术，建成全球首个可满足境内外市场主体电子数据实时存证需求的区块链电子证据平台，克服数据垄断，破解电子数据

"举证难"痛点和数据可信难题。成立国内首个法治区块链链盟,实现平台数据的互联互通互认,打通"数据壁垒",推动法治数据跨链共享和协同,提高互联网仲裁国际公信力。在司法部"区块链+法治"论坛上作为全国唯一的法律服务单位代表,交流了运用区块链等前沿技术创新仲裁服务的经验。在商务部、联合国贸法会主办的"数字经济时代:跨境贸易规则与在线纠纷解决"国际研讨会上作交流发言。2022年,"基于区块链电子证据平台的商事仲裁新模式"被确定为山东自贸区制度创新案例。

2.创新商事仲裁服务模式

区块链电子证据平台成功对接工业互联网、现代金融、文化版权交易等企业数据平台并不断向大宗商品交易、易货贸易、跨境电商等领域拓展,存证量超过170余万条。以区块链电子证据平台、法治区块链联盟和仲裁综合信息服务系统为基础,积极打造"3+N"互联网仲裁"青岛模式",创新契合仲裁国际化属性的商事仲裁服务模式,高效化解商事争议,服务数字经济健康发展,努力营造稳定透明可预期的市场化法治化国际化营商环境。

(三)创新服务机制,服务国家全面开放和发展战略

1.服务更高水平开放

汇聚上合组织国家专家资源,成立上合示范区国际仲裁院。举办上合组织国家仲裁联盟筹建圆桌会议,发出上合组织地方经贸合作仲裁服务机制建设倡议,推进成立上合组织国家仲裁联盟,服务上合示范区建设。在青岛自贸片区打造面向全球、辐射周边国家和地区的"一站式"国际商事争议服务平台,为境内外市场主体提供全链条仲裁法律服务。举办RCEP政策解读与利用实务培训,帮助企业掌握和应用RCEP经贸规则。强化知识产权协同保护,主办"RCEP协定下企业知识产权合规指引研讨会",发布国内首个《RCEP协定下企业知识产权合规指引报告》。推进区块链电子证据平台与RCEP山东企业服务中心平台对接,服务保障RCEP青岛地方经贸合作先行创新实验基地等建设。发挥青岛胶东半岛城市群"龙头"作用,落实《胶东经济圈仲裁一体化发展战略合作协议》,举办"胶东经济圈一体化背景下

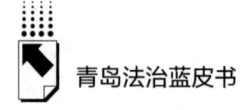

破产与仲裁之冲突与协调论坛",建设要素资源共享、辐射作用明显的区域性"破产实践—仲裁服务"合作机制,助力胶东经济圈一体化发展,服务"黄河流域对外开放门户"建设。

2. 深化国际交流合作

建立服务"一带一路"仲裁合作机制,与中国国际经济贸易仲裁委员会、国际商会仲裁院等43家国际知名仲裁机构签署《一带一路仲裁机构北京联合宣言》。在新加坡、韩国设立青岛仲裁海外联络处。加入亚太区域仲裁组织。与俄罗斯工业家和企业家联盟仲裁中心、俄罗斯现代仲裁研究院中心等建立战略合作关系,推进务实合作。举办中国—奥地利仲裁法律与实务研讨会、上合组织国家仲裁机构仲裁论坛、国际调解新进程等国际学术会议。承办中国法学会主办,韩国、俄罗斯等5国法律界人士参加的"东北亚法律人才交流项目研修班"。与青岛自贸片区、中国社会科学院、德国阿登纳基金会联合举办中德仲裁法律圆桌会议,加强"一带一路"背景下国际法治合作,构建与国际高标准投资贸易规则相衔接的争议解决服务机制,服务国际经贸往来。

3. 提高涉外仲裁水平

近年来,受理涉外案件涉及美国、加拿大、英国、俄罗斯、韩国、日本、澳大利亚、比利时、新加坡、泰国及中国台湾、香港等20多个国家和地区。案件类型包括国际贸易、海事海商、金融投资等各类国际商事纠纷。受理并裁决一起国内某公司与美国某公司经销合同纠纷案,裁决结果为美方公司应承担赔偿责任,在2020年中美贸易摩擦加剧的复杂背景下,由康涅狄格联邦地区法院依据《承认及执行外国仲裁裁决公约》裁定承认。这一案例成为境内仲裁机构涉外法律服务得到国际认可的成功范例,彰显了中国仲裁公信力。

4. 服务现代化国际大都市建设

一是服务引领型现代海洋城市建设。成立青岛海事海商仲裁院,制定《海事海商仲裁规则》,建成由120余名专家组成的海事海商仲裁高端智库,专业化解涉海纠纷,涉海案件数量和标的额稳步增长。推进互联网仲裁平台与山东港口等涉海企业数据平台对接,服务国际航运贸易金融创新中心建设。在全国仲裁工作会议上，介绍了服务海洋强国战略、促进海洋经济发展的经验。二是服务国际化创新型城市建设。成立青岛知识产权仲裁院，落实知识产权快速协同保护机制，促进仲裁与知识产权调解平台融合、专家聚合，打造知识产权保护"生态圈"，高效仲裁化解知识产权纠纷，营造良好的创新创业生态，为企业创新发展赢得时间、赢得市场。三是服务国际财富管理中心和创投风投中心建设。成立青岛国际金融仲裁院，制定《金融仲裁规则》，不断提升金融仲裁水平，高效化解创投风投、基金管理等纠纷，防范化解金融风险。创新服务中小企业融资机制，促进实体经济发展。与青岛蓝海股权交易中心等合作，服务股权交易模式创新。

（四）创新多元解纷机制，满足人民群众多元法律服务需求

1. 建设多元法律服务平台

成立青岛国际商事调解中心。引进山东海洋经济团体联盟、青岛市中小企业协会等十余家公益性社会调解组织，打造多元法律服务中心，实现仲裁与社会服务资源深度对接，满足人民群众多元化法律服务需求。建成ADR调解系统，实现在线批量调解，营造办事方便的营商环境。推进旅游投诉调解与仲裁衔接试点工作落地落实，成立旅游投诉纠纷仲裁中心，制定《青岛仲裁委员会旅游纠纷快速仲裁规则》。创新仲裁确认制度，制定《仲裁确认暂行办法》，提高争议解决效率，降低争议解决成本。完善仲裁、调解、诉讼有机衔接机制，构建"仲裁、调解、诉讼"多元化纠纷解决新格局。

2. 创新"四位一体"争议解决机制

出台《关于发挥仲裁法律制度优势　服务建设行业高质量发展的意见》，优化建设工程领域"一站式"贴心管家仲裁服务，创新推行"谈判促进+争议评审+调解+仲裁""四位一体"多元解纷机制，为市场主体提供个性化、便利化、低成本、高效率的仲裁"套餐"服务。公正高效仲裁建设工程纠纷，维护建设工程领域市场秩序，服务城市更新和城市建设。

3. 开辟商事解纷新路径

借鉴《联合国国际贸易法委员会国际商事调解示范法》，制定《国际

商事调解规则》，着眼《新加坡调解公约》的深远影响，对商事调解作出前瞻性安排。引入调解员推荐名册制，建立专业化调解员队伍。制定调解员职业守则，区分调解员独立调解与仲裁中的调解，推动建立调解、仲裁有效衔接机制，为在同一商事纠纷中先后适用调解、仲裁等多种争议解决方式提供制度安排，为国内外当事人提供更加灵活、经济、便捷的多元争议解决服务。

（五）创新仲裁人才选聘和培养机制，建设高素质仲裁工作队伍

1. 着力提升委员会国际化专业化水平

第六届青岛仲裁委员会聘任具有国际视野的国际仲裁专家、业界知名学者等进入委员会。成立专家咨询委员会，其中涉外仲裁专家39人，占比61%。上述委员和专家在国际商事仲裁理念的引入、国际化专业化规则的制定等工作中，充分发挥了专家学者智库作用。专家咨询委员会及时对重大疑难案件提出专家咨询意见，确保专业高效解决各类商事争议。

2. 着力打造具有顶尖水平的仲裁员队伍

与中国政法大学等合作，在国内首创仲裁员遴选制度，提高仲裁员选聘标准，细化仲裁员权利与义务。在全球范围内选聘1338名职业操守好、专业素养强的专家学者担任仲裁员，其中，通晓国际仲裁规则、具备涉外仲裁能力、善于处理国际经济贸易纠纷的仲裁员275人，包括来自18个国家和地区的境外仲裁员153人，可满足各类国际国内商事争议解决需求。以讲座、论坛、沙龙等形式，常态化开展仲裁理论与实务、仲裁员职业操守、仲裁文化等培训。科学制定《仲裁员酬金支付办法》，完善仲裁员办案激励机制。建立完善仲裁员聘任资格审查、日常管理、监督考核评价及退出机制，强化仲裁员考核、监督与管理。

3. 着力打造职业化专业化仲裁秘书队伍

按照市场化模式和岗位需要，选聘精通法律、外语的法学/法律硕士研究生担任仲裁秘书。加强仲裁秘书的法律实务培训和职业操守教育，不断提高仲裁秘书服务仲裁庭和当事人的能力。制定《仲裁秘书管理暂行办法》

《仲裁秘书绩效考核办法》，建立符合仲裁行业特点的秘书队伍分类分级管理制度和以品德、能力、贡献为导向的评价考核机制。

四 青岛仲裁事业发展的问题与应对之策

（一）存在的问题

青岛仲裁事业尽管取得了不错的成绩，但也存在一些发展中的问题与不足。目前，制约青岛仲裁发展的主要问题如下。一是制度创新不够。仲裁规则不能适应更高水平开放发展需要和境内外市场主体需求。二是传统服务模式亟须更新。随着互联网经济的快速发展，大量交易行为在互联网上进行，互联网纠纷呈现爆发式增长，其特点是主体众多、地域跨度大、证据电子化。而传统的仲裁模式难以解决电子数据易篡改、易伪造，举证难、认证难等问题，不能满足数字经济时代纠纷解决需求。三是仲裁服务机制有待完善。服务国家全面开放和发展战略的能力有待提升，青岛仲裁的国际竞争力和影响力有待增强。四是纠纷解决形式单一。仲裁、调解、诉讼有机衔接机制不完善。五是仲裁队伍建设的专业化、国际化水平有待提升。

（二）应对之策

2019年，习近平总书记在中央政法工作会议上作出重要指示，明确提出要"把非诉讼纠纷解决机制挺在前面"。2020年，习近平总书记在中央全面依法治国工作会议上强调，"要坚持统筹推进国内法治和涉外法治"。这为青岛仲裁改革创新、攻坚克难指出了前进方向。

立足新时代，面对新形势、新任务、新要求，青岛仲裁委员会必须充分发挥国家重大战略叠加优势和青岛独特地缘优势，积极在服务国家战略中谋求发展定位，不断增强服务青岛自贸片区、上合示范区、黄河流域生态保护和高质量发展、"一带一路"建设等国家战略和更高水平开放能力，努力打造面向东北亚、上合组织国家及"一带一路"沿线国家和地区的国际仲裁

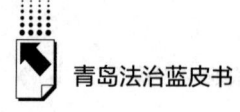

中心，为国际国内商事争议解决提供全方位、多样性、专业化的仲裁法律服务。

新征程上，青岛仲裁委员会将以习近平新时代中国特色社会主义思想为指导，深入学习贯彻党的二十大精神，努力践行习近平法治思想，坚持守正创新，努力打造面向全球的国际仲裁中心。不断健全立足中国国情、适应更高水平开放需求的多层次仲裁法律服务体系，进一步提升仲裁服务国家发展战略的能力，进一步提高青岛仲裁公信力，显著增强青岛仲裁的国际影响力和话语权。

参考文献

[1]《立足实际　借鉴经验　完善中国特色社会主义仲裁法律制度》，《人民政协报》2022年6月2日。

[2]《青岛仲裁委一模式入选山东自贸试验区新一批制度创新成果》，《大众日报》2022年12月29日。

[3]《落实中国仲裁2022方案　打造山东品牌　贡献青岛智慧》，《青岛日报》2019年7月2日。

B.16
青岛市企业合规治理研究

郭 斌 李云峰 赵清树 等[*]

摘 要： 新的时代背景下，加强企业合规建设既是在青企业正常经营和做大做强的需要，也是青岛市实现市域社会治理现代化的必然。山东诚功律师事务所课题组对在青企业合规现状进行了调查研究，并结合青岛市企业合规建设既有实践探索，提出做好企业合规工作的具体建议。要通过打造"合力工程"，全面构建现代化企业合规治理体系，形成企业、政府及社会有效合作模式。要按照"五个确定"的工作思路，有序开展企业合规治理。要强化企检合作，有效运用刑事合规不起诉制度，引导企业健康发展。

关键词： 在青企业 企业合规 "合力工程" 刑事合规不起诉

随着全球经济一体化发展，国际社会和各国政府都注重建立和维护开放、透明、公平、规范的社会秩序，政府监管内容日益全面、要求日益细化、态度日益严格，对企业生产经营及履行社会责任提出了更高标准和要

---

[*] 本报告系山东诚功律师事务所课题组撰写，并由青岛市社会科学院姜福东研究员加以修改完善。课题组组长：郭斌，山东诚功律师事务所创始合伙人、所主任。课题组成员：李云峰，山东诚功律师事务所高级合伙人、执行主任，山东诚功（黄岛）律师事务所主任；赵清树，山东诚功律师事务所高级合伙人、副主任、管委会主任；王艺，山东诚功律师事务所高级合伙人、刑事法律事务部主任、所本部副主任、代理书记；杨炜林，山东诚功律师事务所高级合伙人、建筑工程房地产法律事务部主任、所本部副主任、执委会主任；朱鹏，山东诚功律师事务所高级合伙人、本部执行主任；黄璐，山东诚功律师事务所律师；张奇，山东诚功律师事务所实习律师；郑珂，山东诚功律师事务所实习律师。

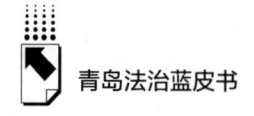

求。在这种大环境下，加快构建现代化企业合规治理体系，提升企业合规管理能力势在必行。山东诚功律师事务所课题组结合青岛市开展的企业合规实践探索，在有关部门支持下，通过线上线下方式对在青企业合规现状开展了调查研究，梳理分析企业合规治理中存在的现实问题，并提出了推动青岛市企业合规工作健康发展的对策建议。

一 青岛市企业合规治理研究背景

随着国际国内经济社会形势变化，合规管理越来越受到国家、企业和各类组织的重视。

在国际上，经济合作与发展组织、国际商会等国际性组织对相关组织的不合规行为实施联合惩戒，并制定《合规管理体系要求及使用指南》等作为认证标准。在国家层面，中央高度重视企业合规治理，习近平总书记多次作出重要指示批示。《法治中国建设规划（2020~2025年）》《法治社会建设实施纲要（2020~2025年）》等中央文件明确要求，企业要树立合规意识，守法诚信、合法经营。

在民营企业层面，2021年3月11日，十三届全国人大四次会议表决通过的"十四五"规划强调：推动民营企业守法合规经营，鼓励民营企业积极履行社会责任、参与社会公益和慈善事业，引导企业加强合规管理，防范化解境外政治、经济、安全等各类风险。

在中央企业层面，国务院国有资产管理委员会专门负责央企合规管理工作。2018年印发《中央企业合规管理指引》，要求所有央企全面建立合规治理体系，提升企业合规管理能力。2021年11月1日，发布《关于进一步深化法治央企建设的意见》，提出构建世界一流企业的合规制度体系，助推企业高质量发展。2021年12月3日，召开"合规管理强化年"工作部署会，强调中央企业必须建立健全企业合规管理体系，真正发挥规范管理、防控风险、支撑保障的重要作用。2022年8月23日，发布修改后的《中央企业合规管理办法》，规定中央企业结合实际设立首席合规官，为中央企业以及地方国有企业合规管理实务操作提供了纲领性指导。

从企业合规改革试点层面看,最高人民检察院以刑事合规为突破口,首次在国家层面提出了刑事合规的概念,将企业合规引入涉企刑事案件办理。2021年4月8日,最高人民检察院下发工作方案,依法有序推进企业合规改革试点。检察机关对于涉企刑事案件,在依法作出不批准逮捕、不起诉决定或者根据认罪认罚从宽制度提出轻缓量刑建议等的同时,针对企业涉嫌具体犯罪,结合办案实际,督促涉案企业作出合规承诺并积极整改落实,促进企业合规守法经营,减少和预防企业犯罪,实现司法办案政治效果、法律效果、社会效果的有机统一。但从实际操作看,企业合规治理究竟如何寻找有效的切入点、真正落地并有效实施,尚有待进一步研究解决。

在这一新的时代背景下,青岛市做好企业合规治理工作,对政府、企业和社会都具有重要意义,有利于打造市场化法治化国际化一流营商环境,促进市场主体健康发展,助推经济高质量发展和全方位对外开放。

二 青岛市企业合规治理实践探索

青岛市在国内较早开展了协助企业规避传统风险的相关活动,在企业合规治理方面进行了初步探索,形成了一些经验做法。既有实践探索为下一步更好地推动在青企业合规建设奠定了良好基础。

(一)强化顶层设计,推动改革创新

近年来,青岛市先后发布《青岛市推进国有企业改革攻势作战方案(2019~2022年)》和《青岛市推进国有企业改革攻势作战方案2.0版》,把加强青岛地区企业合规管理作为重要任务进行部署安排,加快提升在青企业参与国际竞争能力。

2021年,根据最高人民检察院下发的企业合规改革试点工作方案,青岛市获批在李沧区人民检察院设立合规试点。这为企业合规治理工作提供了良好契机。在青企业借助刑事合规试点,以点带面,建立风险数据库,提前

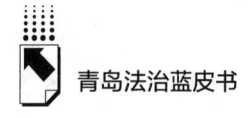

把握可能出现的风险，做到"早发现、早化解"。检察机关牵头建设好第三方监督评估组织机制与巡回探访机制，精准施治，保障企业合规计划行之有效。

2022年10月，青岛市委编办作出《关于调整市司法局有关机构编制事项的批复》，同意市司法局法律顾问和法律事务处加挂"企业合规工作指导处"牌子，强化企业合规管理，引导企业依法合规经营，推进企业合规体系建设。这标志着全国首个行政机关内部企业合规指导工作机构正式设立。

（二）举办合规论坛，汇聚专家智库力量

青岛通过持续举办企业合规论坛，聚集著名专家学者，着力在法学家、经济学家、企业家与司法机构、律师、媒体和公众间构建沟通交流的桥梁，助力企业健康可持续发展。

早在2014年5月，北京师范大学中国企业家犯罪预防研究中心就在青岛成立了首家试点分支机构"北京师范大学企业家刑事风险防控山东中心"。该中心依托北京师范大学法学院与刑事法律科学研究院、北京师范大学中国企业家犯罪预防研究中心雄厚的学术力量，在青岛接续举办第二、三届"企业家刑事风险防控与经济发展高端论坛"，将北京的高端智库引入青岛，加强对企业刑事风险防控法律实务的理论研究。

会议每年以《企业家刑事风险分析年度报告》《企业家腐败犯罪报告》形式，分析涉及企业刑事风险情况。其中，《企业家腐败犯罪报告》系国内首份多维度揭示和解读国有企业家和民营企业家腐败犯罪的统计分析报告，帮助企业找准合规治理突破口，推进合规建设。

迄今为止，青岛已连续举办六次企业合规高端论坛，为企业搭建了沟通交流平台，助力企业提升安定力、增强核心竞争力。六次会议主题分别为："引领刑事风险理论研究、助推企业风险防控实践、促进市场法治进步""企业家刑事风险防范与经济发展""企业与企业家腐败风险防控体系建设、本土企业腐败风险内控机制建设、企业财产权保护""建立企业刑事法律风

险防控,引导企业和企业家树立刑事风险防范意识""医疗器械行业规范行为、企业应如何做好刑事风险防范""何为刑事合规、企业犯罪相对不起诉适用机制探索、如何打造企业刑事合规计划以及当前国家对刑事合规的倡导和推动工作"。

（三）探索打造"律所+企业"合规治理合作模式

青岛市律师事务所携手在青企业积极开展企业合规工作,协同打造"律所+企业"合规治理新模式。以山东诚功律师事务所为代表的本地律师界在其中提供了专业力量,发挥了示范引领作用。企业借助律师事务所的专业化平台,通过专业律师对企业进行全面的刑事风险评估会诊、核心人员辅导与培训,形成风险评估报告,建立企业刑事风险防控联动预防机制,提前化解企业经营中的潜在刑事风险。

例如,2016年青岛某知名控股集团股份有限公司聘请山东诚功律师事务所提供刑事风险防控法律服务。承办律师通过初步调查、风险评估、重点调查、专家会诊、撰写风险防控报告等步骤完成了该项工作。具体来讲,一是理顺公司工作流程,对一线员工进行问卷调查和深入访谈；二是对企业刑事风险的分布及特征进行评估会诊,并提出合理化防控建议等；三是形成针对企业刑事风险防范的有效刑事风险报告。最终通过专业律师服务,将企业刑事文化体系、利益分配机制、权力运行机制、完善的工作流程相互整合,将刑事风险防控落实到具体业务中,形成实质性、相互关联、相互依托的风险防控体系。

除提供专项合规服务外,律师还可通过对企业开展一对一"法律体检",了解企业生产经营和依法治理情况,分析企业法律需求和风险点,帮助企业查找制度漏洞和薄弱环节,从专业角度提出合法合规应对措施或合理化建议。对不能即时解决或需要有关部门解决的问题,认真研究并提出工作建议,通过司法行政机关和律师协会向有关方面反映,积极搭建沟通联系平台,通过工作座谈等方式为企业精准解决问题。

岛城律师界根据多年合规治理经验,推动企业转化治理机制,注重前端

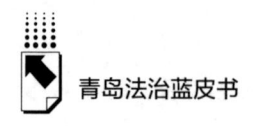

治理，从微观层面改造企业不良经营模式，加强企业自我监督，预防企业犯罪，保障企业可持续发展。山东诚功律师事务所主动靠前，为在青企业提供企业刑事合规、专项风控体系设计、涉税行政与刑事等专项合规法律服务，形成了"企业之力、企业之魂、企业之盾、企业之剑、企业之育、企业之效、企业之财、企业之链与企业之益"九级运行管理体系，联手企业走团队化、专业化、合成化之路，走共同发展、共同富裕之路。

三 青岛市企业合规治理调研及分析

为进一步了解在青企业合规治理中存在的现实问题，更精准地把握青岛市推动企业合规治理现代化的基本规律，山东诚功律师事务所课题组积极响应国家发展大势，依托所内律师多年的公司法律服务及企业合规探索经验，以现有企业合规相关法律法规和指引汇编为基础，针对在青企业合规治理现状开展了调查研究，并作了分析研判。

（一）调研范围、调研方法与调研要素

调研范围为青岛市企业联合会、青岛市外商投资协会、中国国际贸易促进委员会青岛分会400余家在青会员企业。

调研方法为问卷调查，调查方式为网络调查与电话调查，调查期限为2022年7月29日至2022年9月8日。

调研要素为如下三个方面。首先，调研问卷主要考量企业合规管理工作的主动性与被动性、企业合规工作的体系性与专项性、企业合规工作的组织性与领导性、企业合规工作的实施效果与监督体系。其次，综合企业合规文化、合规体系建设、合规培训、合规专项管理与企业流程再造等因素，系统评估企业合规工作对企业发展的积极意义以及对企业经营效率的影响。最后，调研重点从企业对合规治理的重视程度、企业合规学习与宣传、企业现有合规体系建设现状、企业刑事合规现状等方面，深入分析企业合规治理工作不深入的缘由和企业对合规管理工作的真实需求。

（二）调研情况分析研判

从调研情况看，本次合规调查中，企业参与积极性普遍不高，企业合规治理情况不理想。这反映了企业对合规治理知晓度较低，对合规管理工作的认知不足。

1. 主体范围：以大型国有企业为主

此次参与调研的企业，集中进行过企业合规管理的多为国有及其控股的有限责任公司与独资（控股）有限公司，主要为建筑施工、律师、市政、制造、电力工程、金融服务等行业，业务范围主要在山东省及其周边省区。因青岛独特的地理位置、港口交通特点及城市地位，部分企业的业务辐射范围包括全国及海外。

另外，本次调研结果显示，中小企业以及私营企业对合规管理工作的接受程度较弱。

2. 主体意愿：自主性弱，外缘主导性强

调查发现，自主开展合规工作的企业与被动要求（公检法机关或上级主管部门要求）开展合规工作的企业各占50%。这说明企业开展专项合规工作的主动性不足，半数企业对主动开展专项合规管理工作意义的认知较弱，企业合规治理的意识不足。这与企业合规工作的宣传力度存在一定关联，同时又反映了现阶段企业对于合规治理的认知，更多停留在企业规范经营的朴素理解上。

已经开展合规管理工作的企业，多数能够制发年度合规报告。对调查问卷中关于合规管理的作用，排在前四位的是：预防企业经营风险、符合监管要求、降低潜在争议风险、提升企业管理水平。同时，半数企业认为，当企业家面临刑事或行政风险时，极有可能导致企业难以存续。另外，多数企业并未深入理解企业合规文化成为企业文化重要组成部分的重要性。

3. 主体能力：合规专业性不足

开展过专项合规工作的企业更愿意通过企业内部部门主导企业合规工作，寻求在企业内部建立合规领导小组或合规委员会，但企业对合规领导小

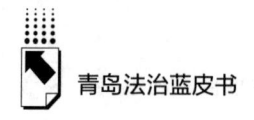

组（合规委员会）的专业性和独立性存在认知偏差。从检察院发布的典型合规案例来看，合规领导小组（合规委员会）多为企业或当地指派的党委组织成员，其合规管理的专业性、独立性以及能否主导合规专项工作，都是值得探讨的。

开展过专项合规工作的企业，几乎都选择企业负责人或法务部门负责人担任专门的合规工作负责人。虽然多数企业设立了独立的企业合规管理部门，但其负责人（或者说"首席合规官"）并不具备独立性。实际上将企业合规部门的监督责任和监管权力架空，形成"仅存部门而无实权的现象"，造成企业合规管理空转。

4. 主体实践：概念理解与具体工作存在偏差

开展过合规工作的企业均应具备专门的企业合规制度，但调查发现：多数企业合规制度主要集中于管理流程、业务体系、企业架构、财务及人力资源（后三者并列第三位）。参与调研的企业已具备的"合规制度"实际上局限于企业规章制度完善层面，专项知识产权、刑事风险防控制度较少。建立的企业合规制度中虽有部分合规风险识别预警机制与合规审查机制、违规问责机制与合规管理评估机制，但对上述机制的理解存在偏差。例如，企业合规风险识别预警机制局限于买卖、建设工程分包、租赁、融资租赁等民事法律领域的风险，对首要应当预先识别并预警的刑事和行政风险，则缺乏相应制度规范。企业合规体系不全面，与目前开展的刑事合规试点存在现实偏差。

参与调查的企业多数开展过合规培训工作，但从参与人员范围看，部分企业中层及以上人员与高级管理人员参与合规培训比例不高。但合规管理强调的不仅是企业员工的普遍合规，更强调企业家及高级管理人员（或中高层领导）的合规。

5. 实践效果：工作预期与工作结果不符

调查发现：开展过专项合规工作的企业，其中2/3认为合规工作主要是应对政府监管要求，所有企业均认为合规工作能够预防企业经营风险，半数企业认为合规工作可以预防企业管理者责任风险，2/3认为合规工作能降低潜在争议风险，1/6认为合规工作可以协助企业更准确地测算项目成本，2/3认为合规工作能够提升企业的管理水平。

调研结果显示，当前的企业合规工作不能完全实现合规管理工作目标。1/3的被调查企业认为合规与其他风险防控部门存在分工不清或没有相互配合，1/3的企业认为不能正确处理合规与经营的关系，超半数的企业认为员工对合规管理要求理解不足。这些会导致企业合规管理中出现分工不明、缺少配合等问题。

从调研结果总体情况看，青岛地区仅有少数（总数的5%以内）国有大型企业进行过专项合规管理工作，企业合规管理工作情况不理想，企业参与的积极性普遍不高。

四 青岛市企业合规治理未来展望

顺应国内外新的发展形势，课题组坚持问题导向，在调查研究基础上，结合青岛市企业合规工作既有实践探索，提出推进企业合规治理现代化的展望和建议。

（一）打造"合力工程"，全面构建企业合规治理体系

企业合规治理不仅是一项企业管理工作，也是一项重要的社会治理工作。作为青岛市实现市域社会治理现代化的重要领域之一，企业合规治理需要社会各界积极参与，形成企业、政府及社会有效合作模式。青岛市要加快形成企业、政府、社会互通互联合力，形成合规治理合力，推动企业优化合规业务，共同建设好、完善好、守护好这项"合力工程"。

企业全面合规治理是一个庞大繁杂的系统工程，包含制度制定、风险识别、合规审查、风险应对、责任追究、考核评价、合规培训等全方位内容，覆盖企业经营活动各个环节。企业合规治理涵盖企业初创阶段、企业稳步发展阶段、企业高速发展阶段、企业出现不合规甚至违法阶段，是从点到面、从底线思维到全面思维的有序过程，且伴随企业的生存、发展，不断更新、

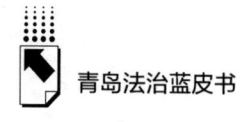

不断完善。

依法治企应当着眼于合规建设的全过程和全面性。目前，青岛市各企业开展企业合规工作较少，一方面是由于企业自身欠缺合规主动性，另一方面是由于企业合规大量存在于"事后补救"式合规阶段。企业事后合规作为一种"补救手段"，无法从根源上解决企业发展不规范的问题，无法将问题解决在萌芽之时、成灾之前，难以补救企业因不合规而丧失的时间、机会成本和经营损失。

企业应树立从局部到整体的综合治理理念，以企业刑事合规为切入点，覆盖企业全面合规。通过一体化、全面性的企业合规流程，从企业运营各个环节入手，依托专业的合规团队，为企业排除因不合规带来的风险，提升企业治理能力、降低企业成本、创造企业价值。尚未开展企业合规工作的在青企业要引起重视，以一套有效且具有针对性的企业合规体系开展合规经营，避免未来可能出现的法律风险，降低经营管理风险。合规工作走在前列的在青企业，也要进一步学习合规新知识，把握时代脉搏和发展趋势，优化企业合规建设体系，让合规管理产生最大的经济效益和社会效益。

对政府而言，要改进合规治理机制、出台相应政策，协助企业构建合规体系。推动惠企法律服务工作向纵深推进，进一步丰富服务内容、扩大服务范围、拓展服务主体，赋予惠企法律服务新的内容和活力。要发挥专业合规研究机构的智库职能作用，助力政府提升政务服务水平。

有关部门要结合新调整增加的工作职能，加强与国有资产监督管理等部门在企业合规方面的工作协同，加大对合规研究机构、行业协会、惠企法律团队、律师、公证和法学院校等社会资源的统筹指导力度，形成全社会工作合力。要加强对企业合规的服务供给、搭建企业合规体系、制定企业合规管理制度、组织企业合规体检、开展企业合规培训，推动企业强化合规管理、守法合规经营、防范化解各类风险，加快提升依法合规经营管理水平、抗风险能力和市场竞争力，推动青岛成为全国企业合规经营模范城市。

（二）按照"五个确定"工作思路开展企业合规治理

企业合规治理工作要做到"五个确定"：一是确定企业合规建设的理念和信心，作为企业合规文化的核心组成部分，载入企业文化和章程；二是确定企业合规建设的具体责任人；三是确定企业合规建设的目标；四是确定企业合规建设的制度架构；五是确定企业合规建设的考核与评估机制。

1. 确定企业合规建设的理念和信心

合规管理对企业具有重要意义和深远影响，应当成为企业的核心价值理念。合规文化的培养，是企业合规管理能够切实有效推行的基础。企业应当通过合规文化的熏陶和传递，让企业员工相信，合规管理和经营是企业生存和发展不可动摇的基石。合规的理念需要从企业层面、管理层层面、员工层面达到知行合一，在日常管理和工作中不断增强规范化意识，使企业形成一股巨大的保护层，共同抵御或者化解不合规带来的各种风险，保障企业健康和可持续发展。企业合规理念应当融入企业文化建设、写入企业章程，作为行为规范的最高指导思想。

2. 确定企业合规建设的具体责任人

企业合规建设离不开一个高效、负责的合规团队。要通过设立专门的合规委员会等企业内部机构，确定合规机构负责人，全程推进和监督企业合规建设的落实。

3. 确定企业合规建设的目标

企业应结合自身发展目标确定合规建设的目标。企业合规，归根结底是为确保企业健康、持续、稳定发展，具体到不同类型、不同领域的企业，其自身发展面临的问题不尽相同，遇到的风险领域也有各自的特点。企业需要自检，排查自身存在的问题和风险点，结合企业发展的特点和目标，制定宏观和微观的合规目标，以便确定切实可行、符合企业生存和发展的合规建设计划。

4. 确定企业合规建设的制度架构

制度架构是企业合规建设得以推进的最关键部分。实现企业合规的理想目标，要着眼于企业规章制度和企业管理架构两个层面。在规章制度层面，要求决策程序合法合规、审核程序严谨严格、投资融资程序完善等。针对企业生产关键环节，制定专门规定，并严格监督实施，做到有规可依、有规必依。在管理架构层面，要理清企业不同层级的职责，从职工到经理到管理层，要做到职能划分明确，责任分配清晰。另外，不同层级的权利义务设计也要考虑到监督和制约的作用，将企业股东、董事会、监事会的制衡关系纳入管理架构设计。管理架构设计合理，可以提高企业民主化水平，提高决策的科学性；同时实现企业不同层级群体互相监督，防止权力滥用引起的不规范经营行为。

5. 确定企业合规建设的考核与评估机制

一套完善的制度系统离不开良好的反馈机制。国务院国有资产监督管理委员会印发的《关于加强中央企业内部控制体系建设与监督工作的实施意见》指出："通过完善公司治理，健全相关制度，整合企业内部监督力量，发挥企业董事会或委派董事决策、审核和监督职责，有效利用企业监事会、内部审计、企业内部巡视巡察等监督检查工作成果，以及出资人监管和外部审计、纪检监察、巡视反馈问题情况，不断完善企业内控体系建设。"完善的管理体系，需要企业内部各部门互相监督，及时发现管理中出现的问题，作出积极的应对方案。企业合规建设更需要通过监督、评估、考核等方式，保障合规建设的正确实施。定期对企业合规工作开展评估，是检验企业合规计划可行性、合规效果最有效、最直观的体现。同时，能够帮助企业及时发现风险点，利用有效的化解机制，以最小的成本、最高的效率、最优的方案化解企业危机、优化企业治理、提升企业竞争力。

（三）强化企检合作，有效运用刑事合规不起诉制度

企业要将刑事合规作为企业治理原点。企业最基本的需求是存续，无论是刑事犯罪还是行政处罚，都有可能使企业破产或者难以经营。只有先做好企业刑事合规这个原点，才能逐步推动企业全面合规。也只有先做好刑事风

险防控，才能保证全面合规的效果。从这个角度来说，企业刑事合规是企业全面合规的必然要求，企业全面合规是企业刑事合规的必然结果。

历史经验表明，给一个企业和企业家带来灾难性打击的，一定是风险程度最高的刑事风险，而不是民商事风险或行政风险。中国要扩大对外开放，不仅要重视传统企业风险防控，更要重视已发生或者尚未发生的刑事风险防控。近年来，无论在学界还是实务界产生较大争论的企业合规，就是特指企业的刑事合规。尤其是涉案企业，在面临即将承担刑事责任时，需要积极配合侦查机关、检察机关，争取通过刑事合规不起诉制度积极整改，保证企业未来正常经营。

当前，刑事合规不起诉制度有两种模式，一是"检察建议"模式，二是"附条件不起诉"模式。"检察建议"是检察机关对企业具体领域提出整改建议，企业承诺整改后检察机关即作出相对不起诉决定。检察机关出具的检察建议书通过最高人民检察院的系列配套制度强化了其约束力，对企业未来监督有重要作用。而"附条件不起诉"则是借鉴西方国家"暂缓起诉"模式的一种本土化探索。在此模式下，检察机关可以在侦查阶段即提前介入调查企业犯罪，通过评估确认企业开展刑事合规的价值以及可能性，与涉案企业签署合规监管协议，在有限的考验期内选任独立监控人并完成协议中的各项合规要求，考验期结束前通过审查验收后，检察机关即可作出不起诉决定。

刑事合规不起诉制度的创立是检察机关积极参与社会治理、引导民营企业健康发展的新举措，在青企业要加强学习、认真配合。从表面上看，企业只需按照各省检察院的合规提纲方案，在检察机关的监督下完成合规计划书并承诺限期整改，结合企业现实情况制订详细的工作方案，但本质上需要企业将合规经营的理念全面渗透到经营行为及各项组织制度中。要在企业章程中详细规定本企业合规的各项制度及人员构成，通过开展定期的合规培训及考核使本企业合规工作获得长效性，构建起符合本企业的合规文化和精神。

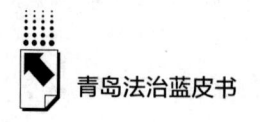

参考文献

［1］陈瑞华：《企业合规不起诉制度研究》，《中国刑事法杂志》2021年第1期。

［2］张远煌：《企业家刑事风险分析报告（2020）》，《河南警察学院学报》2021年第4期。

［3］张远煌、赵军、黄石等：《中国企业家腐败犯罪报告（2014~2018）》，《犯罪研究》2020年第6期。

［4］张远煌：《刑事合规视野下探索企业犯罪相对不起诉》，《人民检察》2020年第19期。

［5］孙国祥：《刑事合规的理念、机能和中国的构建》，《中国刑事法杂志》2019年第2期。

［6］《山东青岛市南区：细化涉案企业合规第三方监督评估机制》，最高人民检察院，https：//www.spp.gov.cn/spp/dfjcdt/202208/t20220822_573046.shtml。

［7］《青岛设立全国首个企业合规指导工作机构》，法治网，http：//m.legaldaily.com.cn/index/content/2022-10/28/content_8794573.htm。

［8］李本灿：《合规与刑法》，中国政法大学出版社，2018年。

B.17
青岛市数字法治建设研究

宋保振*

摘　要： 数字法治是数字社会治理的规范依据和数字中国建设的重要内容。青岛作为国家首批"千兆城市"、数字山东发展的核心区和重要数据开放城市，需要通过数字法治建设，为数字经济发展和数字社会治理保驾护航。青岛市立足建设"一带一路"沿海重要节点城市和国际知名互联网工业城市的发展任务，积极参考上海市、深圳市、杭州市等数字法治建设先行省市实践经验，充分发挥青岛市数字经济发展特色和副省级城市立法优势，从数据相关立法、数字法治政府建设、数字司法、数字法治理论研究与人才培养四方面，深入推进青岛市数字法治建设。

关键词： 数字法治　数字立法　数字法治政府建设　数字司法

建设数字中国是以习近平同志为核心的党中央对国家信息化发展作出的战略部署，是新时代国家信息化发展的重要指引。数字法治提供了数字社会治理的规范依据，同时也构成数字中国建设的重要组成部分。青岛市作为国家首批"千兆城市"、数字山东发展的核心区和重要数据开放城市，要抓住"互联网+"发展机遇，全面建设数字法治，助力实现建设新时代社会主义现代化国际大都市总体目标，为青岛市数字经济发展和数字社会治理保驾护航。

---

* 宋保振，山东大学法学院副研究员，法学博士。

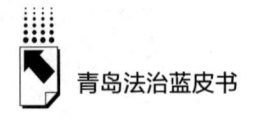

立足经济和法治发展现状，以及建设"一带一路"沿海重要节点城市和国际知名互联网工业城市的发展任务，青岛市委、市政府以习近平新时代中国特色社会主义思想为指导，深入学习贯彻习近平总书记关于网络强国的重要思想。贯彻落实市第十三次党代会总体部署，积极参考上海市、深圳市、杭州市等数字法治建设先行省市的实践经验，充分发挥青岛市城市特色，着眼数据相关立法、数字法治政府建设、数字司法、数字法治理论研究与人才培养，深入推进青岛市数字法治建设。

本文通过调查研究，了解青岛市数字法治建设基本情况，分析数字法治建设存在的问题，对标国内先行省市经验做法，提出推进青岛市数字法治建设的对策建议。青岛市要依法规范公共数据开放活动，贯彻落实国家构建更加完善的要素市场化配置体制机制有关要求，加速推进数据要素市场化配置，充分挖掘公共数据潜在价值，增强"数字青岛"建设法治保障水平，提升政府治理效能和公共服务水平，促进经济社会高质量发展。

一 深刻认识青岛市数字法治建设的重要意义

数字法治建设开启了青岛市社会主义新时代法治建设的新征程，对整个青岛市和山东省而言意义重大。如何结合青岛市数字经济发展特色和副省级城市立法优势，通过顶层设计和制度安排，贯彻落实国家构建更加完善的要素市场化配置体制机制有关要求，加速推进数据要素市场化配置，引领和推进山东省数字法治建设，在当前和今后一个时期，既是青岛市所面临的重要理论课题，也是迫切需要解决的重大实践难题。

（一）数字法治是发展青岛数字经济的有力保障

在互联网、人工智能和大数据时代，数字经济已成为青岛市经济发展的新引擎。为抓住新机遇，青岛市提出要加快数字经济发展，营造良好的数字经济发展生态。要实现青岛市数字经济高质量发展，离不开数字法治保驾护航。一方面，通过完善数字信息技术领域立法，可在制度安排层面创设数据资源开发利用的规则与标准，贯彻落实国家构建更加完善的要素市场化配置体制机制有关要求，推进青岛市数字产业化和产业数字化进程，直接拉动青岛市 GDP 增长；另一方面，通过加强数据信息监管与保护领域执法和司法，可化解数字经济发展和数字社会治理中个人、企业面对的信息权益损害、隐私和商业秘密泄露和数据安全威胁问题，引导企业和平台规范数据处理与保护活动，为青岛市招商引资和互联网经济发展创造良好的数字法治营商环境。

（二）数字法治是推动数字青岛建设的必然要求

为深入贯彻落实党的十九届五中全会提出的"要加快数字化发展，坚定不移建设网络强国、数字中国"要求，青岛市充分利用数字赋能，在全市层面提出"数字青岛"和"智慧青岛"建设目标，并制定《数字青岛发展规划（2019~2022 年）》。在数字青岛建设过程中，数字法治建设意义重大。一方面，要以数字化的法律制度供给和执法司法体制机制创新为动力，实现数字青岛发展顶层设计的法治化、规范化；另一方面，青岛市数字法治建设也有利于在统一的法治框架内，指引新一代数字基础设施加快发展，培育壮大数字经济新动能，协力打造政府数字治理新模式，着力提升为民服务数字新体验。

（三）数字法治是建设数字法治政府的重要途径

青岛作为全国大数据发展与应用先进城市，高度重视通过网络化、数字化、法治化方式提升政府社会治理能力和政务服务水平。《青岛市法治政府建设实施纲要（2021~2025 年）》明确提出了"全面建设数字法治政府"目标，积极推进智慧执法和政务信息共享。青岛市数字法治建设，一方面有助于调整政府社会治理理念从行政管理向"互联网+"服务转变，并从科技素养与技术运用上对党员干部的法治思维提出更高要求；另一方面，为政府信息化平台建设和政务数据开放共享过程的合法性提供保障，提升"互联

网+"监管执法水平，实现政府治理信息化与法治化深度融合，推进青岛市法治政府建设进程。

二 青岛市数字法治建设的进展与问题

（一）青岛市推进数字法治建设的具体实践

青岛市数字法治建设围绕青岛市城市和经济发展目标，发展快、范围广，具有良好的工作基础，也积累了一定实践经验，主要开展工作如下。

1. 不断完善数据相关法律规范体系，加强数字立法

学习《个人信息保护法》《数据安全法》《网络安全法》《国务院关于印发促进大数据发展行动纲要的通知》《山东省大数据发展促进条例》《山东省电子政务和政务数据管理办法》等国家和地方法律法规，指导青岛市数据信息保护与监管立法。2020年9月，出台《青岛市公共数据开放管理办法》，在本市公共数据资源目录范围内，制定公共数据开放清单、需求清单、责任清单，并建立了开放清单动态调整机制，扩大公共数据开发利用的范围和边界，为制定《山东省公共数据开放办法》和《山东省大数据发展促进条例》提供重要参考；出台《青岛市人民政府办公厅关于支持数字经济发展的实施意见》《青岛市人民政府办公厅关于加快青岛市城市云脑建设的实施意见》等规范性文件，积极推进城市数字化转型，促进数据资源共享与应用。经市大数据局、市科技局等单位提请，将《青岛市智慧城市建设条例》和《青岛市科技创新促进条例》列入青岛市人大常委会2022~2026年立法规划。青岛市大数据发展管理局等印发《青岛市政务云平台管理细则（试行）》《青岛市支持数字经济发展政策实施细则》。

2. 努力实现信息化与法治化深度融合，建设数字法治政府

坚持运用互联网、大数据、人工智能等技术手段促进依法行政。聚焦"数字青岛"建设，打造"全市一个数字机关"，全面推广应用"山东通""一卡通办""网上办"等平台，提升数字政务服务事项比例，"爱山东·青

e办"累计发布服务专区37个，10个区（市）分厅全部上线运行。《数字青岛2022年行动方案》总体完成度达到61%。以开放公共数据为突破口，建设线上"数字实验室"，印发《全面深化电子证照应用 推动无证明城市建设专项行动方案》。深入推进"互联网+监管"执法，建立常态化监管数据更新报送机制，积极开展移动执法App试点，数据覆盖率和及时率均居全省前列。

3. 加快推进智慧法院和数字检察工作，促进数字司法

党的十八大以来，最高人民法院一直把全面深化智慧法院建设、实现智能化升级作为法院工作要求。青岛市各级人民法院着眼于加快推进智慧法院建设，不断深度开发应用智慧法院建设成果。目前，青岛市法院已全部推广使用全流程网上办案系统，实现无纸化网上办公。展开建设网上立案平台、电子送达平台、网上调解平台、互联网法庭、网络司法查控系统、12368诉讼服务热线等信息化平台；推进互联网法庭建设工作，推进"两个一站式"诉讼服务中心建设，完成青岛两级法院专网网络带宽升级工作；引入专业外包服务并引入"智能云柜"，升级智慧法院建设。从办案机制、方式、手段全方位、系统性推进数字检察，依托数字检察应用，青岛市法律监督数据翻倍式上升，移送刑事案件线索数、立案监督数、纠正漏捕数以及纠正漏诉数均大幅提升。

4. 多主体开展数字法治教育与培养，深化数字法治教育

良好的数字法治教育是提升数字法学素养、弘扬数字法治文化的重要举措。青岛市高度重视各种形式的数字法治教育，协同政府机关和驻青高校共同开展。从政府来看，通过政企合作方式，举办山东省数据应用（青岛）创新创业大赛，丰富青岛市数据资源开发应用生态；从高校来看，山东省尤其是青岛市多所法学院校都格外重视数字法治的教学与科研工作。山东大学法学院依托国家双一流平台，成立"全面依法治国战略实施中的数据运用与数据治理"创新团队，举办数据法学系列高端论坛，开设数据法学专门课程，成为全国数据法学理论研究的重要力量；中国石油大学（华东）也成立研究中心，推进国家能源治理中的数据和知识产权保护。

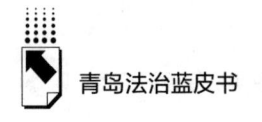

（二）青岛市数字法治建设的现实问题

1. 数据处理与交易的相关立法或实施条例有待制定

数字法治建设的第一步是要有完备的法规体系。为规范公共数据开放，青岛市在全国较早制定了《青岛市公共数据开放管理办法》；为支持数字经济发展，青岛市也先后出台了《青岛市人民政府办公厅关于支持数字经济发展的实施意见》和《青岛市支持数字经济发展政策实施细则》。但相比上海、深圳等数字法治建设先行地区，青岛市仍缺少有关规范数据处理与交易的专门立法或实施条例。为规范数据处理活动，上海市制定了《上海市数据条例》，深圳市制定了《深圳经济特区数据条例》。这些立法都充分结合了当地的数字经济发展特色，对数据处理规则、数据安全保护、数据交易与产业化发展作出明确规定，极大促进了数据依法有序自由流动。

2. "互联网+执法"中的标准规范体系有待完善

遵循数字青岛和数字法治政府建设要求，青岛市较早开展"互联网+执法"改革，并从技术和财政多方面提供专项支持。但相比运行保障体系，"互联网+执法"的标准规范体系不健全构成青岛市数字法治政府建设的明显短板，成为引发网络舆情的潜在隐患。具体体现在：一是"重载体、轻用户"，各区、各部门在"互联网+"监管执法、行政调解和行政裁决过程中，强调信息化技术、装备配置和行政执法App平台上线，忽视了平台的兼容性和与用户的互动反馈问题，行政执法App使用率低；二是"重数量、轻质量"，各区行政执法部门虽然在行政执法平台开放共享了所掌握的大量公共数据资源，但由于缺乏统一的数据开放与处理标准，所开放数据实用性不强，各区之间数据对接差，智慧执法难以深入推行。

3. 智慧法院建设中的数字技术赋能实效有待提升

数字司法的最主要体现是智慧法院建设。党的十八大以来，青岛两级法院紧跟全省智慧法院建设部署，从智慧法院1.0到4.0，不断推进系统迭代升级，为审判体系和审判能力现代化提供科技支撑。但相比深圳、杭州，青岛市智慧法院建设仍存在数字技术赋能不足问题。一是数字企业对智慧法院建设的推动作用利用不足。相比深圳、杭州充分利用阿里巴巴、腾讯、新浪等互联网公司的资源和技术优势，帮助法院构建司法领域的大数据服务体系并推进"互联网+审判改革"，青岛市智慧法院建设政企合作力度明显不足，缺乏审判机制及程序创新。二是技术人才助力智慧法院建设的实现程度不足。智慧法院建设对技术人才依赖程度较高，但相比长三角和珠三角，目前青岛市智慧法院建设中大数据、人工智能等技能型人才缺口大，兼具互联网技术与法律业务的复合型人才更为匮乏，相应政策和待遇又导致相关职位的社会吸引力不足。

4. 数字法治研究团队及复合型人才培养有待强化

前沿的研究团队和完善的人才培养既是落实青岛市"人才强青"计划的重要举措，也是推动青岛市数字法治建设的长远之计。近年来，青岛市虽然意识到数字法治理论研究与人才培养的重要性，但相比上海、深圳、杭州等城市，仍存在以下两方面不足。一是未能组建高质量、交叉性的数字法治理论研究团队。除山东大学在新文科建设推动下，在校级层面成立"全面依法治国战略实施中的数据运用与数据治理"创新团队外，其他驻青高校的数字法治理论研究仍处于零散状态。少数关注数据交易与数据合规的企业和律师事务所，也只是进行了初步的法规整理。二是未能形成具有一定影响的复合型法治人才培养模式。各驻青高校要么未开设数字法治课程，要么设置课程专业和制定培养计划还处于自我探索阶段，缺乏与国内其他高校的交流沟通。相比长三角高校，各驻青高校的数字法治理论研究与驻青互联网企业互动程度明显偏低。企业无法实际参与高校人才培养很大程度上制约了青岛市的复合型法治人才培养效果。

三 数字法治建设先行省市的可借鉴经验

（一）上海市

上海市凭借数字经济发展优势，成为数字法治建设的排头兵。数字相关

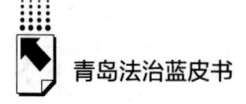

立法方面，上海市先后出台《关于全面推进上海市数字化转型的意见》《上海市公共数据开放暂行办法》《上海市公共数据和一网通办管理办法》《上海市数据条例》《上海市促进人工智能产业发展条例（草案）》等系列法规，为公民信息权益保障及数据要素流通提供了直接规范依据。数字法治政府建设方面，上海市深入推进数字化平台建设，将"一网通办""随申办"作为深化政务服务的重点；加快推进政务数据有序共享，高度重视政务数据采集质量，实现政务数据集中汇聚，加强数据治理。依托市大数据中心推动数据共享和业务协同。深入推进"互联网+监管"。坚持全覆盖、强监管、高赋能原则，构建形成覆盖市、区、乡镇（街道）的综合执法系统，推进行政执法系统向移动端延伸。在数字司法方面，上海市创建在全国具有重要影响的"206系统"（"刑事案件智能辅助办案系统"）。依托互联网、大数据、云计算等技术，嵌入公检法司机关刑事办案系统。数字法治教育方面，不仅以华东政法大学、上海交通大学、同济大学为代表的高校，通过组织团队、建立研究中心或研究院引领国内数字法治理论研究和课程教学，而且上海市社会科学院、上海市法学会也积极推进数字法学理论研究，定期组织会议研讨和论文评奖，组织政产学研理论与实践领域的深入交流，积极参与世界人工智能大会的数字法治分论坛，在扩大影响的同时为数字法治和数字治理建言献策。

（二）深圳市

深圳作为国家首批5G试点城市和"中国特色社会主义法治先行示范城市"，加速推进信息和智能技术与政务服务、法治建设的结合，将数字技术广泛运用于立法、执法、司法和法律服务，不断提升城市法治化水平。数字相关立法方面，深圳市充分运用其特区立法权创新"互联网+立法"工作思路，结合《广东省数字经济促进条例》，发布《深圳经济特区数据条例（征求意见稿）》，该条例是国内首个明确界定各类数据产权的政策性文件。深圳市司法局发布的《"数字法治、智慧司法"信息化项目建设方案（征求意见稿）》更是直接围绕智慧城市发展从法律层面的回应。数字法治政府建设方面，创新"互联网人工智能+政务服务"工作模式。面对机构人员有限及部门信息壁垒造成的发展瓶颈，各部门积极探索信息和智能技术在政务服务和执法中的应用。政务服务"秒批"、"不见面审批"、"不见面服务"、一窗通服务等，通过"让数据多跑路"，实现"让群众少跑腿"或"不跑腿"。数字司法方面，深圳法院坚持机制创新与智慧科技相结合，深入推进智慧法院建设。开发了"类案在线办理系统""电子卷宗随案生成系统"等多个信息化办案系统（平台）。检察机关推动实现刑事案件电子卷宗全程网上流转，集成开发侦查活动监督平台软件。仲裁机构创新在线法律服务，启动"云上仲裁"。司法局借助公共法律服务资源，与腾讯公司协作推出深圳"法治地图"信息查询和业务办理平台。

（三）浙江省

浙江借助经济发达、创新意识强和互联网发达优势，大力发展数字经济，深化网络强省和数字浙江建设，努力使法治真正成为数字浙江核心竞争力的重要组成部分。数字相关立法方面，《浙江省数字经济促进条例》首次对数字产业化、产业数字化作出法律界定，并超越了个别部门，策动全省上下和相关部门政府机构联动和协同。《浙江省公共数据开放与安全管理暂行办法》也是全国首部关于省域公共数据开放的地方性法规，明确了大数据主管部门的法定地位和相应责任，提供了可供借鉴的浙江方案。《浙江省公共数据开放与安全管理暂行办法》为规范和促进本省公共数据开放、利用和安全管理，加快政府数字化转型提供了直接依据。数字法治政府建设方面，以信息化推进基层治理法治化，以智能决策办公系统、大联动机制为基础，推进服务能力升级，实现城市管理能力范式转变，倒逼基层政府的法治能力创新。以余杭区为例，遵循顶层设计，大胆开放数据平台，大规模应用"大数据"和"互联网"等现代信息技术改造政府核心职能。一方面，通过App等新技术手段统计公众倾向性；另一方面，努力打破数据垄断，将政府工作各个环节的主客体数据库彼此联通，实现政府所有部门无缝对接。数字司法方面，引领国家智慧司法改革。浙江省建立国内首个互联网法庭，集中化解互联网纠纷，其网上司法拍卖、网上法庭、庭审记录改革以及"审务云",都对全国智慧法院建设起到示范和带头作用。此外,浙江省还高度重视智慧检务和数字检察工作,探索运用"非羁押码",并利用数据共享和建模,助力公益诉讼。数字法治教育方面,浙江省高度重视数字法治教育。以浙江大学为例,成立数字法治研究院并开办数字法治卓越班,进行"本—硕—博"一贯制培养,加强数字法学理论研究,其最大特色就是深化高校与政府、企业及法检部门的合作。政府就数字治理和公共数据开放向科研单位主动发布课题,互联网企业就个人信息保护及数据要素流通和企业合规加深与学者沟通,并在浙江省法学会组织下,围绕多个现实问题展开会议研讨。

四 推进青岛市数字法治建设展望

数字法治先行省市的实践做法,为深入推进青岛市数字法治建设提供了重要经验启示。下一步,青岛市要紧密围绕优化营商环境、建设现代化国际大都市和国际贸易城市发展规划,充分利用已有数字经济发展优势和计划单列市的立法地位,推进数字法治建设,打造成为山东数字法治建设的典型城市。对此,特提出如下决策建议。

(一)加强党对数字法治建设工作的领导,实现数字青岛建设与数据保护和监管协同推进

坚定不移地把坚持党的领导作为立法工作的最高政治原则,并贯彻数据立法工作全过程。结合青岛市数字经济发展现状,坚持问题导向,科学立法、民主立法、依法立法,以高质量顶层设计引领大数据高质量发展。主要建议如下。

一是完善数字保护与监管法律法规,做好立法规划。在《数字青岛发展规划(2019~2022)》和《青岛市数字机关建设行动方案(2019~2022年)》基础上,修改出台《数字青岛发展规划(2023~2025年)》《青岛市数字机关建设行动方案(2023~2025年)》。青岛市数字保护相关立法应

在国家和山东已有立法基础上，围绕青岛市"一带一路"沿海重要节点城市和国际知名互联网工业城市建设目标，完善数字经济、互联网金融、人工智能、大数据、云计算等方面的法律法规，缩小与先行省市的差距。青岛市人大、青岛市人民政府应参考青岛市工业和信息化局、青岛市大数据管理局、青岛市科技局等部门建议，将有关数据保护与监管内容列入年度立法规划。

二是建议制定"青岛市大数据发展条例"。近年来，各省市有关数据信息运用及其安全的法律法规和标准规范陆续发布，为城市数字化转型提供了重要规范依据。为全面贯彻党的二十大精神，充分发挥数据要素的基础资源作用和创新引擎功能，培育和发展数据市场，促进数字经济高质量发展，"青岛市大数据发展条例"可针对《青岛市公共数据开放管理办法》未规定事项，由青岛市人大及其常委会制定规范，主要就青岛市数字基础设施完善、数字技术发展应用、数据安全保护、具体保障措施及法律责任等内容进行规定。充分发挥数据生产要素作用，推进青岛市大数据局《青岛市数据要素市场化配置改革三年行动规划》编制的落实，促进数字青岛建设。

三是建议引导和规范企业数据合规。青岛市作为全国知名的贸易和制造城市，啤酒饮料、高端家电、橡胶轮胎、海洋金融等重点领域均具有典型的数字化、科技化特点。推进企业数据合规，是打造"数字青岛"与"世界工业互联网之都"，为青岛市企业推进数字化转型提供制度指引与参考的重要举措。数据合规工作指引和标准制定的引导和规范工作，可由青岛市司法局、青岛市工业和信息化局督促落实，有数据合规和企业合规业务的律师事务所重点参与，就数据风险识别、数据合规运行与保障、企业数据合规体系建设等问题制订合规标准。

（二）加强公共数据开放和公共数据标准化处理，进一步提升青岛市数字法治政府建设水平

青岛市数字法治政府建设应坚持技术维度与法治维度同频共振、均衡发展，主要建议如下。

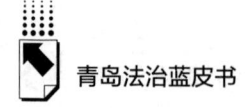

一是持续推进数字基础设施和数字平台建设，提升政务服务水平。通过数字基础设施建设和数字公共服务，优化政府在公共数字资源配置方面的供给和保障作用。全面实施数字基础设施强基工程和数据强基工程，开展数字机关提质行动和政务服务提质行动，加速推进全市数字机关协同事项"一件事"试点建设，继续推进政务服务"一件事"和城市运行"一个场景"改革。深化"互联网+政务服务""互联网+监管"，提升线上线下融合服务能力。

二是建议进一步扩大数据开放，实现数据收集与处理标准化。在《青岛市公共数据开放管理办法》指引下，出台公共数据开放政策，统一的标准是推进公共数据资源高效配置的基础条件。在国家、地方、行业相关标准的基础上，结合"城市云脑"平台建设、系统对接、数据共享、应用服务等实际需求，制定统一、开放、可操作的数据管理标准和规范体系。培育壮大数据应用生态。坚持以数字青岛建设为抓手，扎实推进"12231"工程和一体化综合指挥平台建设，研究制定"城市云脑应用资源共享管理办法"等制度办法和标准规范。

三是建议引导企业积极参与探索数据流通和数据交易规则。切实发挥青岛市大数据交易中心的作用。青岛大数据交易中心作为山东省唯一的大数据交易中心，是立足青岛、辐射全国的创新型数据交易平台。通过政府引导，有效规范社会生产和数据要素行为，推动青岛市乃至山东省数据要素流通并建立健康的交易秩序，促进青岛市相关数据产品及服务在技术上相互协调和配合，助力青岛大数据交易中心成为引领性的国家级数据交易平台。重点推进"青岛人工智能计算中心"和"青岛人工智能生态创新中心"建设，致力于打造集公共算力服务、产业聚合发展、科创人才培养等功能于一体的生态平台。

（三）回应数字司法中的形式主义和技术限制问题，大力提升数字司法质量和社会治理效能

在数字社会转型背景下，数字司法活动既要充分运用大数据、人工智能等现代数字技术和数字平台，又要推进从治理"有效性"向治理"人本性"

转变，通过现代科技促进司法与社会良性互动。为推进青岛市数字司法水平提升，特提出如下建议。

一是协调好智慧司法的技术推广和有效运用的关系。一方面，继续完善一站式诉讼服务平台，推进12368"一号通办"改革，深化应用全流程网上办案系统，推广案件繁简分流识别、知识产权智能3D证据管理等应用；另一方面，重点优化裁判文书生成系统，以有效性和"司法为民"原则破解智能司法办案中的形式化难题，尤其是简化电子签章程序和数据留痕要求，切实通过智能办案系统减轻法官工作负担。

二是结合不同法院的具体情况制订差异化的考核标准。青岛市因其城市发展特点，各区经济发展水平和主要发展行业呈现一定差异，体现到司法过程中就是法院具体受案类型上的差异。不同类型案件对数字技术及智能司法办案程序的依赖程度不同，尤其体现在互联网金融和知识产权保护案件上。建议结合青岛市不同区及不同类型法院的具体差异，根据不同案件类型及区域办案水平差异，分层级、分重点推进智慧司法建设。

三是完善智慧法院建设的经费保障和技术人才支撑。一方面，提升智慧法院建设的经费保障。在国家支持的基础上，积极推动智慧法院建设与当地经济发展衔接，争取青岛市委、市政府有关数字司法的专项支持。另一方面，加强法院专业信息化人才队伍建设，进一步加大与驻青法学院校"法律+计算机"复合型人才的培养力度，签订定向用人意向协议。在青岛市中院引领下，建议一线办案人员实质性参与智慧法院建设的规划、论证和设计，缓解智慧法院建设人才队伍不足和业务与技术相脱离问题。

（四）深化高校与政企部门交流，通过政产学研结合提升数字法治教育质量和人才培养水平

数字时代法学教育的一个重要方面就是培养高素质的数字法治人才，这也是新时代法学人才培养面临的挑战。青岛市拥有三所国家双一流建设高校的法学院和五所山东省重点高校的法学院，应当立足全国，开展数字法治理论研究和人才培养。对此提出建议如下。

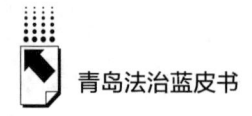

一是整合青岛市法学教育优势资源，形成数字法治理论研究和人才培养合力。在各高校法学研究院所主动发起或在青岛市委教育工委组织领导下，探讨解决"数字法治理论研究与人才培养"问题。一方面，深化数字法治理论研究，在形成学术影响的同时，积极为青岛市数字法治政府建设及数字社会治理建言献策；另一方面，探索依托高校各类信息化学院（专业）建立数字化人才联盟，以区域经济社会和产业发展需求为牵引，培养产业急需的高素质应用复合型人才。

二是发布数据法学研究课题或组织研讨，扩大影响，提升人员参与积极性。青岛市委宣传部可以与青岛市社科院、青岛市法学会、青岛市司法局等部门合作，一方面可就数字法治建设相关问题，设立特定的理论研究和实践调研选题，组织各类综合性和专业性的大数据创新与应用比赛，鼓励科研院所和高校专家积极参与；另一方面可就数据立法、数据安全与保护、数据开放与交易等相关问题，召集立法和司法部门、企业领域和理论专家开展主题研讨，为推进数字青岛建设、发展青岛市数字经济建言献策。

三是实现数据法学产学研深入融合，推进数字产业合法合规发展。青岛市各行业对数字经济发展充满热情，数字产业化和产业数字化发展迅速，这也是青岛市数字法治理论研究和人才培养的重要推动力。在青岛市工业和信息化局、市大数据局及各区政府引导下，可通过企业调研或校企合作，共同设立数据法治实验室等方式，发现青岛市数字经济发展中的现实问题，促进理论与实践结合。海尔卡奥斯、歌尔声学等多家企业的技术研发和法务部门，已经开始和法学院校及专业律师团队合作，就数据安全保护和数据要素交易展开探讨。在充分实现数据要素生产价值、加强企业数据安全和知识产权保护的同时，积极促进数据法学研究和人才培养。

参考文献

[1] 崔亚东：《世界人工智能法治蓝皮书》，上海人民出版社，2022。

［2］许剑锋等：《智慧法院体系工程概论》，人民法院出版社，2021。

［3］马颜昕：《数字政府：变革与法治》，中国人民大学出版社，2021。

［4］马长山主编《数字法治概论》，法律出版社，2022。

［5］余凌云：《数字政府的法治建构》，《中国社会科学院大学学报》2022年第1期。

［6］《数字青岛2022："46条"让城市更"智慧"》，《青岛日报》2022年3月8日。

［7］《青岛争创法治政府"全国示范"》，《青岛日报》2022年6月28日。

［8］《青岛上榜数字经济："新一线"城市》，《青岛日报》2021年9月13日。

［9］中共青岛市委、青岛市人民政府：《关于印发数字青岛2021年行动方案的通知（2021年）》，（2021-04-22）［2022-08-22］，http：//www.qingdao.gov.cn/zwgk/xxgk/bgt/gkml/gwfg/202104/t20210427_3095762.shtml。

［10］《关于组织实施数字青岛发展规划（2019~2022年）的通知（2019年）》，青岛市人民政府，（2019-11-28）［2022-08-10］，http：//www.qingdao.gov.cn/zwgk/xxgk/bgt/gkml/gwfg/202010/t20201016_349973.shtml。

B.18 "法治青关"建设与青岛口岸营商环境法治化报告

房广亮*

摘　要： 青岛海关准确把握"法治是最好的营商环境"理念，严格落实海关总署党委和山东省委关于法治建设部署要求，自2020年以来启动实施并深入推进"法治青关示范创建""制度建设标准化+""跨境贸易便利化"三大行动，全力打造青关示范岗、青关好制度、青关工作室、青关好声音、青关好队伍五项"法治青关"特色工程，为青岛口岸营商环境不断优化贡献了海关法治力量，为全国海关系统开展法治海关建设和各地口岸优化法治营商环境提供了可复制可借鉴的路径和方法。

关键词： 法治海关　口岸营商环境　营商环境法治化　通关便利化

党的十八大以来，党中央、国务院高度重视优化口岸营商环境工作。习近平总书记多次强调，要围绕实行高水平对外开放深化改革，加快营造市场化、法治化、国际化的营商环境。习近平总书记关于营商环境"三化"（市场化、法治化、国际化）的系列重要论述，为优化口岸营商环境指明了发展方向，其所揭示的法治化营商环境建设的基础地位、重要意义以及"法治是最好的营商环境"理念更是当前和今后口岸部门持续优化口岸营

---

* 房广亮，山东交通学院海关法研究中心副教授，法学博士。

商环境的总遵循。法治是党领导人民治国理政的基本方式。海关代表国家，依法履行进出境监管职责，是主要的口岸管理部门，是国家口岸治理乃至外贸领域治理的重要环节。因此，国际上谈贸易便利化，实质就是指通关便利化。

一 法治海关建设对优化口岸营商环境的重要意义

实践中，我国海关先后开展的分类通关、无纸化通关、区域通关、全国通关一体化等系列改革，正是我国贸易便利化水平提升的关键步骤。我国海关法治建设水平直接影响到整个口岸营商环境法治化建设进程，关系到以高水平开放促进高质量发展战略的有效实施，关系到政府服务能力、治理水平与人民群众获得感、幸福感、安全感的全面提升。

（一）口岸营商环境"优化"的根本在于"法治化"

口岸营商环境"优化"的根本指向是打造市场化、法治化和国际化的营商环境。"三化"之中，法治化具有更为特殊的保障作用和更重要的基础地位。首先，法治建设同营商环境建设本质上相同。营商环境是指企业在一地从开办到退出市场各环节所组成的制度环境，其中跨境贸易便利度指标更是主要考察企业运营所处的外部微观制度环境，这些制度都需要法规来确认和落实，与法治具有天然密切的同质关联。其次，法治化是市场化和国际化的共有内涵，具有通适基础性。市场经济的本质特征之一是法治经济，而国际化的一个核心内容和突出特征就是依法运行和监管。再次，法治化是市场化和国际化的坚实保障，保障具有根本性。依靠法治才能维护市场化、国际化的基本秩序，也才能引领和推动"放管服"改革等行为或做法体现市场化、国际化的本质要求。因此，优化营商环境必须高度重视法治建设，或者说，法治手段是促进营商环境不断优化的根本手段。

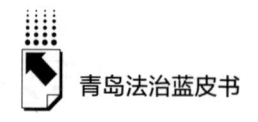

（二）口岸营商环境法治化是法治海关建设的必然要求

海关作为国家进出境监督管理机关，在国家层面海关总署是优化口岸营商环境的牵头部门，在地方层面驻地海关是优化口岸营商环境的重要责任部门。海关治理自然包含口岸营商环境治理，属于口岸制度创新和治理能力建设的重要组成部分。近年来，随着跨境电商等"互联网+"新兴业态的兴起，传统外贸格局得以重塑，海关治理在促进国际贸易便利化中的作用越发明显。鉴于此，海关法治工作者不应局限于海关业务改革的保障者和推动者，更应当成为口岸治理体系和治理能力现代化的开拓者与先行者。要站在把握新发展阶段、贯彻新发展理念、构建新发展格局的高度，综合把握国际国内形势，统筹考虑企业、地方优化营商环境需求和国家对跨境贸易便利化和贸易安全的要求，谋划新时代法治海关建设的目标定位。通过海关法治化综合治理为口岸制度创新和优化口岸营商环境寻找最大发展空间，以口岸营商环境法治化水平的全面提升，为开放型经济发展注入新动能和新活力，助力我国经济企稳回暖、更好地稳外贸促增长。

（三）法治海关建设是口岸营商环境法治化的关键因素

口岸营商环境法治化的精神意蕴在于实现进出口市场主体经营活动的全面法治化，亦即为进出口主体经营行为提供全方位的进出口行为规制与法治保障。虽然口岸营商环境涉及多个管理环节，是由多个行政部门、多项管理职能构成的复合体系，既包括通关流程、口岸费用、市场秩序等制度因素，也包括港口基础设施、海关查验设备、智慧港口建设等硬件因素。国际贸易中比例最大的业务发生在货物跨境交换和流通中，最主要环节就是通关监管，故从法治视角审视口岸营商环境问题，最为关键的因素就是要实现海关通关监管的法治化。习近平总书记多次强调，要切实解决进口环节制度性成本高、检验检疫和通关流程烦琐、企业投诉无门等突出问题。要从根本上解决这些突出问题，很大程度上要依靠法治海关建设来引领口岸治理法治化水平的全面提升。

二 "三大行动"：法治海关建设的青岛实践

近年来，青岛海关深入学习宣传贯彻习近平法治思想和中央全面依法治国会议精神，严格落实海关总署党委和省委关于法治建设部署要求，切实把执法为民理念贯穿海关治理全过程，持续推进"法治青关"建设，实施并深入推进"三大行动"，助力青岛打造口岸营商环境示范高地和标杆城市。

（一）"法治青关示范创建"行动

青岛海关推动"关键少数"做"崇法"表率，通过法治青关示范创建活动将法治海关建设抓成各层级"一把手工程"，形成一级抓一级、人人抓、抓人人的良好局面。2020年初始，青岛海关党委成立法治海关建设领导小组，法治工作和"法治青关"示范创建行动被作为"骨干工程"率先写入青岛海关新时代现代化强关建设方案。随后，青岛海关制定《2020~2022年法治建设工作方案》《青岛海关基层法治建设指标体系》《法治青关建设示范指标体系》，设立三级框架、40项基层法治建设指标。明确关区各单位创建法治建设示范单位、单项法治示范点、示范岗位的具体标准，正式启动创建单项法治示范点24个、法治建设示范单位5个的法治建设"样板田"工程。通过表彰一批政治过硬、本领过硬、执法过硬、作风过硬的示范单位、示范岗，调动执法一线深度参与法治建设的积极性，同时动态调整创建指标，实施年度法治工作报告制度和"示范单位"摘牌制度，在全关区形成比学赶超的良好氛围。

（二）"制度建设标准化+"行动

青岛海关将制度建设作为法治海关建设的前提基础，坚持用制度扎紧海关执法的"笼子"。创新制定新海关"岗位操作手册"：关检合并后，青岛海关第一时间修订岗位操作手册，新手册涵盖新海关26个业务门类157个岗位，在全国海关率先构建起"规范性文件—制度—岗位操作手册—操作规范"相互配套、相互协调的直属海关制度体系，以及覆盖26个业务门类157个岗位的岗位工作标准化体系[①]。全面提高制度供给质量：创新清单管理，率先制订涵盖10类权力97个权责事项313个子项的新海关权责清单；率先制订执法公示及重大执法决定法治审核事项清单；率先制订涉检处罚操作指引和裁量基准，编制53万余字的办案手册；全面推行执法领域内部核批"一步作业"改革，探索开展重大执法决定法制审核试点工作，搭建"执法疑难问题"收集解决平台，解决各类涉法疑难问题200余个。

（三）"跨境贸易便利化"行动

2022年1月起，海关总署部署在10个城市开展促进跨境贸易便利化专项行动，青岛首次承接便利化举措先行先试任务。青岛海关创新将法治保障列入跨境贸易便利化"百日冲刺"专项行动，出台提升口岸智能化水平、推进重点商品通关便利化、放大海关改革综合效应等5方面18条举措和配套制度规定，从保障改革落地、疫情防控、稳外贸稳外资和落实普法责任制等方面，紧抓常抓法治保障作用发挥，法治保障疫情防控和稳外贸稳外资成效显著：审查完善自贸试验区创新措施及改革举措11条；与济南海关和省公安厅签订联系配合办法，完善疫情防控行刑衔接机制，设立"疫情服务热线"，精准解答防疫与复产涉法疑难问题100余个；对"稳外贸稳外资"服务措施156条进行法治论证审查；深入企业送法上门，组织"疫情防控、法治同行"等专题普法活动200余次，"普法讲师团""点菜式"普法22次，举办"模拟法庭"以案说法；13个普法案例入选总署优秀普法案例，列直属海关首位。

[①] 青岛海关一直有业务标准化建设传统，海关岗位操作手册就是由青岛海关首创并被海关总署复制推广到全国的。手册能够让基层关员在短时间内精准把握岗位职责、工作依据和操作流程，成为海关一线关警员执法必备的工具书。青岛海关还开发岗位操作手册应用系统，无论是审单还是查验，每一项业务、每一个环节、每一个步骤都有详细的规范要求。借助岗位手册的制定，青岛海关成功将规范、标准、统一的执法理念和要求嵌入制度设计，从而最终体现到每一个具体执法行为中。

综上，青岛海关以"示范创建"行动引领法治海关建设，以"标准化+"行动夯实法治海关制度基石，以"跨境贸易便利化"专项行动释放法治海关建设红利，全方位、多层次推动"法治青关"建设。"三大行动"是一场法治海关建设的全面动员，更是一次全员"崇法尚德"的法治实践，高质量的制度供给和严格的制度执行一体推进，使得青岛关区上下崇法学法守法用法蔚然成风，"法治青关"建设引领青岛海关各项工作始终在法治轨道上扎实推进，青岛口岸营商环境法治化水平的提升可谓看得见、摸得着、感受得到。

三 "五大亮点"：青岛口岸营商环境法治化建设成效

（一）"青关示范岗"擦亮执法服务窗口

青岛海关始终将执法规范化建设作为优化口岸法治营商环境的一项全局性、基础性工作常抓不懈，坚持以企业对透明执法、阳光执法、公正执法的需求为目标，全面落实行政执法"三项制度"，着力打造政治过硬、本领过硬、执法过硬、作风过硬的"规范执法示范岗"："AEO企业认证岗"在青岛关区率先开展总署信用单兵试点工作，"一企一策"精准帮扶、定点联系服务企业，为企业办实事、解难题；"知识产权侵权案件办理岗"扎实开展海关知识产权保护政策宣讲，助力服务创新型国家建设和全方位对外开放大局；"出口原产地签证岗"与上合示范区管委会共同设立上合示范区原产地证书审签中心，开通RCEP咨询专窗和上合服务绿色通道，提供前置的原产地确定和适用税率确定服务，大力推广无纸化申报、智能审核等智慧审签模式，为企业提供"无感通关"新体验。青岛海关通过"规范执法示范岗"创建活动，明确8项创建标准、覆盖10个业务条线、发动269个岗位，关区上下多点开花、齐头并进，逐岗梳理执法依据，岗岗落实执法全过程记录与执法公示，为执法提供科学全面的法律支撑。

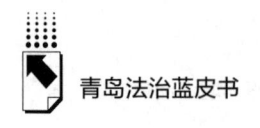

（二）"青关好制度"激发营商环境优化原动力

青岛海关始终将制度创新作为优化口岸营商环境的关键。在制度建设和执法规范性方面，青岛海关在全国海关系统走在前列，制度建设经验更是被全国多地口岸海关复制推广。"未经法制审核不得作出决定"是青岛海关诸多制度创新中的一个亮点。青岛海关创新在业务科室设置法制审核岗，创新制定《重大执法决定法制审核管理办法》，对凡涉及重大公共利益，可能造成重大社会影响或引发社会风险，直接关系行政相对人或者第三人重大利益，经过听证程序作出行政执法决定的，以及案件情况疑难复杂、涉及多种法律关系的，都要进行法制审核，以此强化法治对改革创新的保障作用。在法制审核制度保驾护航下，青岛口岸多项海关监管制度创新走在全国前列，且经得起法治审视和实践检验：推出42项自贸试验区创新举措，12项入选山东自贸试验区首批"最佳实践案例"；首创企业集团加工贸易保税监管模式，被国务院办公厅列为全国深化"放管服"改革重点任务；与山东省口岸办公室联合开展深化"放管服"改革、优化口岸营商环境十佳实践案例评选活动，"五字工作法"经验入选山东优化营商环境创新案例。在青岛大港、胶州等海关启动"RCEP监管服务创新试验基地"建设；创新实施中韩食品农产品"前置检测、结果互认"；牵头建立黄河流域"11+1"关际一体协同机制，被纳入山东省"十四五"规划和山东服务黄河流域生态保护和高质量发展规划。

（三）"青关工作室"解决企业"急难愁盼"问题

青岛海关深入践行新时代"枫桥经验"，探索基层海关矛盾化解新途径，构建"1+1+N"行政纠纷预防调处化解工作机制，即建立1个行政执法纠纷预防调处化解工作室（践行"枫桥经验"实体工作室）、配备1个公职律师团队、组建N个行政纠纷化解工作小组，积极引导行政相对人依法合规表达诉求，从源头化解纠纷。"枫桥经验"实体工作室成立2年来，吸纳处罚、归类、查验、企管、稽核查等纠纷易发领域专家共计28人参与重大执法纠纷调处化解，以"甘做'支点'、解决'痛点'、打通'堵点'、服务'焦点'"为宗旨，初步形成纠纷态势准确掌握、调解资源精准配置、风险评估与预警机制基本健全的口岸关务纠纷化解新格局。2020年以来，青岛口岸行政复议、诉讼案件数量明显下降，多数隶属海关常年保持零复议、零诉讼，关区实现海关机构改革以来34起复议应诉案件"零败诉"，胜诉案件入选"2020年度山东省法院十大优秀庭审"案例和"青岛法院2020年行政审判典型案例"，彰显海关执法规范性的显著提高。

（四）"青关好声音"搭建关企连心桥

青岛海关高度重视惠企普法，全力打造以"青关法语"为核心的关区普法品牌矩阵，综合运用9家省级普法基地和"报、网、端、微、屏"等资源平台，发出"青关好声音"。制订"谁执法谁普法"责任清单37个，建成20人普法讲师团，充分利用政策宣讲会、关企工作群、"云端开讲"等多种渠道进行政策法规宣传，实实在在帮扶企业提质增效。青岛海关重视普法品牌建设，打造隶属海关"一关一品""青关法语"等一批普法品牌。2021年以来"青关法语"共发布《新法速递》27期，对123份法律法规规章和公告进行解读，成为企业了解海关监管政策的主要窗口之一。经过多年常抓不懈，青岛海关普法成效显著，该关法规处被中宣部、司法部等评为"七五"普法全国先进集体，2个法治动漫微视频获中宣部、司法部等法治动漫作品三等奖和优秀奖，13个案例入选全国海关优秀普法案例，建成9个省级法治文化基地，均列全国海关首位。

（五）"青关好队伍"夯实口岸营商环境法治化根基

青岛海关始终将法治人才培养作为优化口岸法治营商环境的保障，下大力气建设一支以法制岗位人员为主、公职律师、法治人才专家库为辅的德才兼备的法治团队：完善《公职律师管理办法》《优秀公职律师评选标准》，4人获评全国海关优秀公职律师，3人入选署级普法讲师团，5人入选总署行政复议应诉人才库，该关公职律师总数和优秀比例均居全国海关首位；建立

"青关法语"研究品牌,参加山东省法学会海关法专委会组织的齐鲁海关法论坛,4篇获第二届"齐鲁海关法论坛"一等奖,16篇获二、三等奖;通过《法治日报》、《大众日报》、《中国国门时报》、学习强国等载体发表海关政策宣传文章30余篇,多条信息获总署领导批示。经过多年努力,青岛海关的法治专家队伍成为"法治青关"建设的"源头活水",法治思维和法治方式已然成为广大关警员的内心认同和行动自觉。青岛市荣获2020年"国家营商环境评价跨境贸易标杆城市",在"中国十大集装箱海运口岸营商环境测评结果"中排名第二,在2021年中国十大海运口岸营商环境星级评价中斩获四星级"最优等次"等荣誉,为青岛口岸营商环境持续优化贡献了海关法治力量。

四 青岛口岸营商环境法治化建设的短板与弱项

在法治海关建设中,青岛口岸优化营商环境方面取得了明显成效,受到社会普遍认可。但立足长远,对标先进,聚焦市场关切,结合调研反馈,也发现青岛市口岸营商环境法治化建设尚存短板和问题,需在口岸新一轮制度创新和营商环境建设中重点关注、统筹解决。

(一)亟须构建口岸法治营商环境评价指标体系

一是缺少口岸专项营商环境指标。2018年9月14日,青岛市政府制发《青岛市营商环境评价专项行动实施方案》,确定青岛市的营商环境评价指标主要为"企业开办""获得信贷""缴纳税费""政府采购""社会服务"等7个方面22个子项目。相较于世界银行的营商环境评价指标体系,青岛市营商环境评价未纳入"跨境交易"指标。当时或许是想待全国统一的营商环境评价体系建立后,再采用国家指标体系进行评价,可时至今日国家并未出台正式的营商环境评价制度,评价机制、评价程序、评价方法等尚缺乏明确规定。青岛作为我国东部沿海重要经济中心、港口城市以及中日韩自贸区的前沿地带,口岸营商环境优化始终是经济建设的一项重要内容,亟须制订专项指标，以量化方式直观反映外贸企业发展情况与跨境贸易便利化水平以及口岸跨境交易软硬件环境的不足。

二是现有营商环境评价指标体系缺少法治元素。青岛亟须构建一套独立的法治营商环境评价指标体系，以满足法治营商环境建设的现实需求。聚焦口岸领域，由于缺少评价指标体系，"以评促建"的内外部动力不足，仅依靠口岸办、海关等口岸职能部门和港口企业等的法治营商环境情况报告、新闻简报或工作计划、方案等并不能直观、客观、全面地反映青岛市口岸法治营商环境现状，缺少可量化指标和赋分便难以对口岸各有关单位法治营商环境优化产生激励和推动作用。法治化营商环境评价可以从立法、司法、执法、守法、普法等多个层面审视口岸法治营商环境问题，并提出具体优化举措。

三是法治营商环境评价中的青岛特色体现不足。青岛作为中日韩自贸区的前沿地带以及"一带一路"新亚欧大陆桥经济走廊主要节点，口岸经济特色明显。因此，为涉外企业提供更有针对性的营商环境优化服务，提升跨境贸易、涉外纠纷解决的便利程度，是青岛市口岸法治营商环境评价指标体系构建的重要内容。鉴于青岛市目前尚未出台专门的口岸营商环境指标，也尚未形成正式的法治营商环境评价指标体系，应积极对标先进，构建青岛口岸特色法治营商环境评价指标体系，通过"以评促建"，提升青岛作为口岸城市的市场竞争力。

（二）海关制度创新和通关模式改革进入深水区

一是进一步压缩进出口环节合规成本的难度增大。由于进出口环节收费涉及主体多、环节多、链条长，且口岸收费主要是经营服务性收费，难以通过取消收费项目或降低收费标准等行政手段强制调控，更多是要充分发挥市场机制作用，破除垄断，引进竞争机制，引导企业合理定价。

二是进一步压缩货物通关时间的难度增大。目前，海关查验部门执法时间占整体通关时间比例仅为20%~30%，而货物在途运输等其他时间占70%~80%，进一步巩固压缩整体通关时间成效需要各地、各相关部门及港口、机场、车站等更加紧密配合、协同发力。

三是进一步深化改革的制度瓶颈制约增大。随着以便利化为核心的通关制度和以功能拓展为重点的保税监管制度日趋完善，海关促进外贸转型升级的制度创新空间日趋受限，海关"放管服"改革的红利释放集中期终将过去；随着以单一窗口为突破的管理模式日臻成熟，口岸协同治理能力提升终将取代海关制度创新，成为影响企业获得感提升的首要因素。同时，海关作为中央设在地方的监管执法部门，肩负的"安全高效管住"职责与地方政府及企业持续宽松的监管预期有很大矛盾，自贸区制度创新还存在"制度发展整体性和各口岸单位制度创新的规制不协调"矛盾。改革进入深水区后，海关要实现实质性制度突破难度越来越大。

（三）口岸综合治理法治化水平有待提高

一是单证全流程电子化尚未实现。目前，青岛口岸海运进出口集装箱的提单和提货单、电放保函、码头作业收据、集装箱设备交接单等单证尚未完全实现电子化流转，海关、海事等口岸管理部门与跨境贸易所涉银行、保险、民航、铁路、港口以及货代、报关、仓储、理货、码头堆场、船公司等服务单位信息化水平参差不齐，进出口环节单证办理及流转还存在"断点"，电子数据交换的报文标准和数据接口不统一，无缝衔接的全流程电子化信息共享程度有待提升。

二是降低进出口环节合规费用方面尚有潜力。口岸服务市场价格垄断仍未绝迹，存在多层代理、代收代付等现象，口岸中介代理服务环节多、链条长，每经一个程序（环节）通常会加收相应服务费用，政府降费红利尚未完全直接传导并惠及进出口企业。有的具有垄断性质的收费企业将收费项目改头换面、收费标准明降暗升。

三是在口岸发展合力上制度供给不足。口岸是跨部门、跨行业、多层次、多环节、多功能、分工协作的有机综合体，口岸经济更是围绕口岸物流、人流、资金流、信息流等形成的多行业、多部门、多层次、多环节、多功能分工协作的综合经济体系。发展口岸经济、优化口岸营商环境从来不是口岸办或海关某一家的事，而是海关、边检、海事、外管、税务等诸多部门及海港、机场、物流等共同的职责，进出口环节优流程、简单证、降费用、提时效是各口岸部门的共同使命。一直以来，市口岸办牵头组织、协调、督促口岸各单位在各自职责领域内分工优化营商环境做了大量卓有成效的工作。各单位在职责领域内均作出了大量制度创新和业务模式改革，但目前仍以"海关串联"为主，尚未形成"多部门并联"优化营商环境的整体合力。

五 法治海关助力口岸营商环境法治化发展的路径与展望

口岸营商环境建设是一项长期任务，将随着形势变化而不断推陈出新，优化口岸营商环境永远在路上。为持续打造市场化、法治化、国际化口岸营商环境，谋划推进"十四五"时期青岛口岸健康持续发展，更好地实现高水平开放、高质量发展，结合法治海关建设实际，提出如下对策建议。

（一）聚焦既有改革举措"提质增效"，不断释放海关改革红利

一是服务发展大势。深化关检业务深度融合，将全国通关一体化向全业务领域一体化拓展；稳步推进进出口货物"两步申报"改革试点、"两段准入"监管作业和"两轮驱动"风险管理等更为便捷高效的口岸通关管理模式，助力构建双循环新发展格局，不断推动海关改革向纵深发展；要积极落实"六稳""六保"，促进黄河流域生态保护和高质量发展，抢抓RCEP机遇，支持自贸试验区、上合示范区建设、跨境贸易便利化等重大改革，更好地发挥法治的引领、规范和保障作用。

二是促进"放管服"提档升级。要根据海关总署"放管服"工作部署，着眼于满足企业需求和释放改革红利，主动思索监管和服务平衡之道。深入推进行政许可事项清单管理；严格落实中央、海关总署部署，编制关区行政许可事项清单，及时动态调整，并做好与权责清单、政务服务事项清单、监管事项清单的衔接。深入推进行政许可标准化、规范化、便利化建设，持续

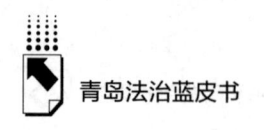

保持行政许可办理"零超时"。要探索行政许可办理时限承诺制，全力压缩行政许可办理时限。

三是促进信息流、物流再提速。进一步推广应用国际贸易"单一窗口"，加强区域"单一窗口"合作，强化功能整合创新，支持"单一窗口"改革创新发展。持续推进口岸通关"提前申报"，优化"两步申报"通关改革；全力推进口岸通关和物流作业无纸化电子化；公布公开海运口岸进出口作业流程和作业时限，落实口岸收费公示制度，加大价格监督检查力度，全面提升服务企业水平。完善口岸设施，加大先进设施设备应用力度，优化进出口特定商品监管模式；试点进口货物"船边直提"和出口货物"抵港直装"；完善集装箱"通关+物流"跟踪查询系统，实行进口集装箱物流与海关通关手续并行操作，创新"陆海联动、海铁直运"模式，内陆港与码头数据互通、作业联动，实现铁路运输与海运口岸船舶作业的无缝对接，真正将青岛出海口搬到企业家门口，全面增强企业获得感。

（二）聚焦执法规范化建设，着力践行执法为民利民

一要全面站稳人民立场。习近平总书记指出，"全面依法治国最广泛、最深厚的基础是人民，必须坚持为了人民、依靠人民"，人民性是习近平法治思想的鲜亮底色。海关法治工作不能自说自话、自娱自乐，而是要站稳人民立场，坚持执法为民、执法利民，把人民群众满意作为最高标准。要坚持法无授权不可为，深化"放管服"改革，优化口岸营商环境，最大限度为外贸发展减束缚、添动力、增质量、提效能。要坚持严格规范公正执法，让人民群众在每一个执法决定中都感受到公平正义。要坚持刚性执法与柔性执法相统一，做到行政执法有力度、有温度，实现法律效果、政治效果、经济效果和社会效果的统一。要将企业群众办事难的"问题清单"，转变为服务高效的"满意清单"，不断提升企业获得感、提高群众满意度。

二要进一步落实权责清单和"三项制度"。建议按照《法治政府建设实施纲要（2021~2025年）》要求和海关总署部署，全面实行政府权责清单制度，适时公布权力运行流程图和办事指南，并对"三项制度"落实情况

实施评估，推动海关部门高效履职尽责。

三要进一步学习"枫桥经验"，规范行政处罚案件办理。坚持和发展新时代"枫桥经验"，加强矛盾纠纷源头预防。用好青岛海关"枫桥经验"孵化中心，复制推广"6点工作法"和"十二字法则"，积极探索建立协同联动的行政争议多元化解工作机制，总结可复制可推广的创新经验，努力将执法矛盾纠纷化于未发、止于未诉。

（三）聚焦"智慧口岸"建设，不断提升口岸信息化智能化水平

一是推进港口与海关等口岸管理部门更高水平的信息共享。力争实现舱单、报关单、查验、检疫和智能卡口等海关监管指令信息与船舶动态、集装箱装卸、卡口管理等港口物流信息交互共享，为实施进口货物码头直接提离、出口货物卡口智能分拨提供支持，实现海关对船舶抵离、码头装卸、货物进出口卡口、异常报警等作业的实时监控。

二是加强口岸风险综合分析研判。支持青岛口岸探索与日韩开展跨境贸易相关单证互联互通、信息共享和联网核查；推进风险研判环节前移，融合货物抵港前申报数据、港口部门提供的实货信息，扩充研判数据源头，为风险研判提供精准数据支撑。在货物运抵目的港前，依据货物来源国、舱单、申报信息、风险比对等完成布控和指令下达，实现对货物的智能"画像"和精确瞄准。

三是强化新技术新设备应用。探索法治保障区块链应用业务改革的有效途径，优化海关监管，推动试点项目应用推广。完善制度，提高音视频单兵设备、手持式合金分析仪、稀土矿石分析仪等便携式查验设备配备比例和使用率，实现现场快速检测，提高查验效率，有效提升时效。

（四）聚焦助力协同共治，不断激发口岸治理合力

一要全面、合理设计青岛口岸法治营商环境评价专项指标体系。充实口岸跨境贸易立法、执法、司法、守法、普法等环节的指标设计，在尊重总体法治营商环境评价指标体系的基础上充分融入青岛作为中国东部沿海重要经

济中心、港口城市以及中日韩自贸区前沿地带所应有的地域性特色。用好青岛市地方立法权，充分发挥包括地方性法规在内的各类规范性文件的作用，调整口岸营商环境上位法规则细化措施，形成较为完整的地方口岸法规体系；增加口岸营商法治环境评价的具体方式和量化标准，增强执法环节评价的体系性并体现政府职能的全面性。

二要改海关单线串联治理为口岸各部门全线并联治理。随着优化营商环境制度建设的深入推进，青岛市口岸营商环境制度保障要从依靠单一领域内局部制度优化发力转向注重口岸整体制度整合与创新合力的提档升级。更加注重跨境贸易便利化的顶层设计和口岸层面的整体制度安排，更加注重部门配合联动、统筹协作方面的制度创新和多部门联合监管、联合执法模式改革，统筹疫情防控和促进通关便利化改革，更加注重提高企业在进出口环节优流程、简单证、降费用、提时效等方面的整体获得感。要在口岸办的统筹协调下，积极推动建立政府主管、海关监管、社会共管机制；加大跨部门沟通协商力度，加强海关同海事、市场监管、卫健委、公安、旅游商务等口岸管理部门的互助合作，广泛开展口岸部门信息数据共享，建设协同指挥系统，实现集中调度、快速反应、整体作战、风险防控的集成指挥协调，强化口岸应急处置能力；要注重改革的系统性、整体性、协调性，加强政策协同，助力全市口岸制度的顶层设计和基层创新互动，努力实现各部门依法履职、各尽其责，跨部门相互支持、密切协作、联动配合的大口岸工作机制，积极推动青岛口岸形成社会协同共治的良好局面。

三要大力支持跨境贸易行业自治。行业自治是对国家规范体系的有益补充。市场主体参与口岸治理改革是持续优化口岸营商环境的重要内容。建议加大海关监管社会参与度，完善社会参与海关监管和决策的渠道。按照海关总署的统一部署，适时建立进出口企业、行业协会、第三方机构等跨境贸易相关方共同参与的海关企业咨询委员会，开展常态化海关商界对话，充分发挥港口、铁路、航空等企业和行业协会作用，推动各类企业参与口岸治理，畅通企业反映问题渠道，统筹企业意见处理结果反馈，形成海关内外良性反馈循环回路。

（五）聚焦口岸治理绩效，不断拓展口岸综合服务功能

一要不断放大海关改革综合效应。建议深入推广进出口货物"提前申报""两步申报"通关模式，为市场主体提供合理稳定的通关预期；尊重企业意愿，支持青岛港扩大进口货物"船边直提"和出口货物"抵港直装"试点；探索实行提交验估单证一次性告知制度；推广跨境电商企业对企业出口监管试点；加大企业信用培育力度，成立 AEO 虚拟认证中心；适度降低低风险"专精特新"中小企业查验率；提高布控指令协同处置效率。

二要不断拓展口岸综合服务功能。建立健全黄河流域"11+1"关际一体协同机制；支持国际贸易"单一窗口"开设 RCEP 专区；针对青岛重点出口商品开展技贸措施跟踪研究，指导企业做好合规应对；建立口岸营商环境问题快速解决机制，推动地方涉企服务平台与青岛海关贸易便利化工作台账系统对接，探索建立企业通关疑难问题协调处置中心，实现涉企问题快速响应、协同研究、动态清零。

三要加强口岸国际合作交流力度。继续对标全球营商环境排名靠前国家，汲取先进经济体成功经验，全面落实好党中央、海关总署和省市政府各项跨境贸易便利化改革举措；加强中国（山东）自由贸易试验区青岛片区、上合示范区政策宣传力度，开展 RCEP 框架下通关便利化比较研究，认真做好 RCEP 生效实施保障工作，为决策提供智力支持，助力加快打造国际化口岸营商环境。

参考文献

［1］王玥：《市域法治营商环境评价指标体系的现状、不足和完善——以青岛市为例》，《太原城市职业技术学院学报》2021 年第 9 期。
［2］张彬：《大力优化营商环境　推动青岛上合示范区建设快速起势》，《山东人大工作》2020 年第 3 期。

［3］ 张明香：《进一步优化上海口岸营商环境的思考及建议》，《中国港口》2022年第8期。

［4］ 《打造市场化法治化国际化口岸营商环境 十年来我国货物贸易进出口增量达14.7万亿元》，中国网，2022年10月19日，［2022-10-20］，https：//www.gov.cn/xinwen/2022/10/19/content_5719920.htm。

［5］ 边锐、刘箫：《青岛大港海关：落实"三项制度"推进规范执法》，《中国海关杂志》，https：//mbd.baidu.com/ma/s/ikysVJOe，2022年8月12日。

［6］ 《示范引领"法治青关"建设——青岛海关持续开展"法治青关"示范创建活动纪实》，青岛海关，2021年10月12日，［2022-09-20］，http：//qingdao.customs.gov.cn/qingdao_customs/406496/406497/3945302/index.html。

［7］ 《"法治青关"示范创建活动引领效应初显》，青岛海关，2020年5月15日，［2022-09-20］，https：//qingdao.customs.gov.cn/qingdao_customs/406496/406497/3058521/index.html。

［8］ 《弘扬法治精神开创法治海关建设新局面》，光明网，2020年12月23日，［2022-09-22］，http：https：//legal.gmw.cn/2020-12/23/content_34486145.htm。

［9］ 《让法治阳光照进执法的每个角落》，青岛海关，2020年1月24日，［2022-09-22］，http：//shantou.customs.gov.cn/qingdao_customs/406496/406497/4138324/index.html。

［10］《打造口岸营商环境示范高地——青岛海关促进跨境贸易便利化专项行动见实效》，海关总署，2020年3月16日，［2022-09-22］，http：//ningbo.customs.gov.cn/customs/xwfb34/302425/sygdtp/4231292/index.html。

B.19 青岛市破产法治发展报告

青岛市法学会破产法研究会课题组*

摘 要： 对青岛市近三年企业破产相关数据的统计分析、实证研究表明：青岛市存在破产立案难、审案难、企业挽救难、管理人履职难、府院联动机制落地难等困境。困境形成的原因主要有：青岛市破产司法资源稀缺、政府部门实质参与度较低、破产挽救投资市场未能形成以及破产法治文化传播不足。针对上述问题，青岛市应以打造专业化破产审判团队为突破口，提升全市破产审判司法能力；以府院联动联席会议机制为抓手，引导各级政府相关部门积极参与；健全资产处置机制与预重整机制，积极促进投资人引入，构建青岛市破产挽救投资市场；最后，通过加强破产法治文化传播，破除思想壁垒，扭转观念偏见，从源头化解困境，全方位、多层次优化破产法治发展路径。

关键词： 破产法适用 破产挽救 府院联动机制 法治文化

《企业破产法》作为规范市场主体退出的法律制度，是市场经济法律体系的重要组成部分，对维护市场经济正常秩序、促进市场经济健康发展起着重要作用。作为山东省内经济体量第一大城市，青岛市始终坚持将优化营商

---

* 课题组负责人：丁燕，青岛大学法学院教授，青岛市法学会破产法研究会会长。课题组成员：孔凡诚，青岛市法学会破产法研究会理事，青岛黄海学院教师；刘怡，青岛大学法学院2022级民商法学硕士；徐剑锋，国浩律师（青岛）事务所破产重组业务部律师。

环境作为重要任务。近年来，社会主义市场经济体制改革进一步深化，市场主体退出机制在青岛市日益受到重视。随着国内外经济形势不断变化，破产案件审理实践中的体系化问题逐步显现，破产法治发展面临新的挑战。深度剖析问题并提出可行性解决方案，有利于进一步完善青岛市破产法律实施体系，促进青岛市破产法治发展。

一 青岛市破产法治发展现状实证考察

在全国企业破产重整案件信息网输入关键词"鲁02"，限定时间为2019年1月1日至2021年12月31日，剔除重复数据，并通过中国裁判文书网、企查查、聚法案例等网站进行补充检索，共检索到破产案件143件。其中破产立案审查案件134件，2019年审查案件13件，2020年审查案件71件，2021年审查案件50件。审结破产案件共67件，其中2019年审结6件，2020年审结35件，2021年审结26件。通过青岛市各级人民法院[①]官方网站，查询到2019~2021年出台相关文件10件。总体而言，2019~2021年青岛市破产案件审查数量、审结数量都有所增加，但也暴露出诸多问题，具体分析如下。

（一）破产案件立案难

在143件破产审查案件中，有105件可以同时查询到申请时间与审查决定作出时间，由此可得出案件审查期间。依据《企业破产法》第10条的相关规定推算，债权人申请的法定最长审查期限为37天，债务人等其他主体申请的法定最长审查期限为30天。在统计破产案件审查期限总体情况的基

[①] 文中"青岛市中级人民法院"简称"青岛中院"；各地区基层人民法院简称"某区（市）法院"，如"黄岛区法院""莱西市法院"等；文中"青岛市人民政府"简称"青岛市政府"或"市政府"；各地区政府简称"某区（市）政府"，如"黄岛区政府""莱西市政府"等。

础上，可以细化为"债权人申请破产"与"债务人等其他主体申请破产"两类①。

1. 案件立案审查存在超期现象

数据表明②，2019~2021年青岛市破产案件审理在立案审查阶段存在较为明显的超期现象，案件审查效率亟待提高。在105件案件中，约29.52%的案件审查超过法定最长期限（见图1）。相比债务人等其他主体申请的案件，债权人提出破产申请的案件更容易发生审查超期情况，约45.16%的案件审查超期，而这一数据在债务人等其他主体申请的案件中仅为22.97%（见图2、图3）。此外，有超过四成的案件审查需要延期，这也表明审查效率较低。

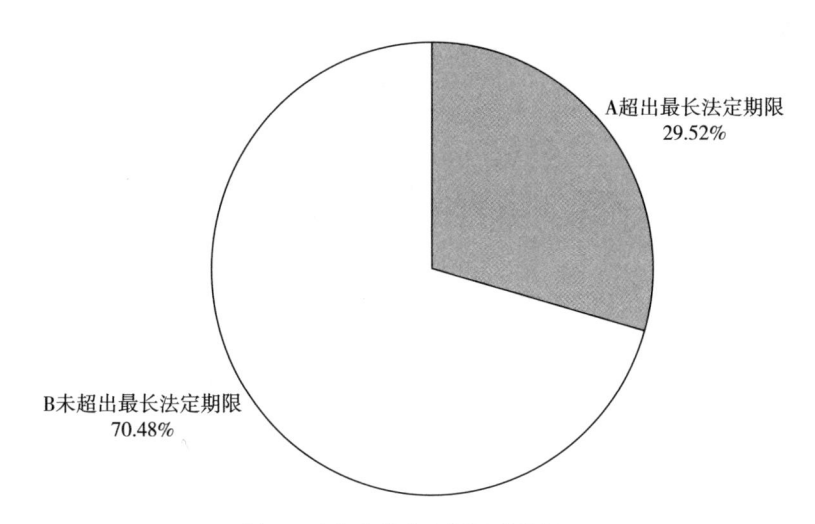

图1 破产案件审查期限总体情况

---

① 细化分析这105件案件可知，债权人提出申请的案件有31件，债务人等其他主体提出申请的案件有74件。在债权人提出破产申请的案件中，在22日以内审查完毕的案件有15件，在37日以内审查完毕的案件有2件，有14件案件的审查超过最长法定期限。在债务人等其他主体提出破产申请的案件中，有46件案件得以在15日以内审查完毕，有11件案件得以在30日以内审查完毕，但仍有17件案件审查超期。

② 105件可以同时查询到申请时间与审查决定作出时间的案件中，有74件案件能够在最长法定期限内审查完毕，其中61件案件无须延期审查，13件案件在延期15日内审查完毕，有31件案件审查超出最长法定期限。

图2 债权人申请破产

A≤37日 6.45%
B＞37日 45.16%
C≤22日 48.39%

图3 债务人等其他主体申请破产

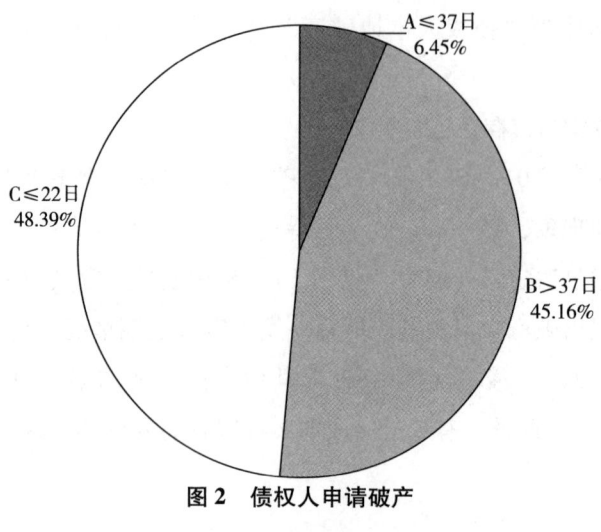

A≤30日 14.86%
B＞30日 22.97%
C≤15日 62.16%

2.破产立案审查异议救济权难以保障

数据表明①，仅约8.21%的案件存在异议人上诉情形，破产立案审查异

---

① 在134件破产审查案件中，存在异议人上诉寻求救济的案件有11件，余下123件案件并未查询到上诉情形。分析这11件案件发现，当事人上诉意见被支持的案件有5件，被不予支持的案件有6件。11件上诉案件全部为原申请人提出上诉，其中债权人上诉案件8件，债务人上诉案件3件。

议权运用程度不高，异议权被支持率较低。而在上诉案件中，约72.73%的上诉案件由债权人提出，约45.45%异议能够得到上级法院支持（见图4、图5、图6）。

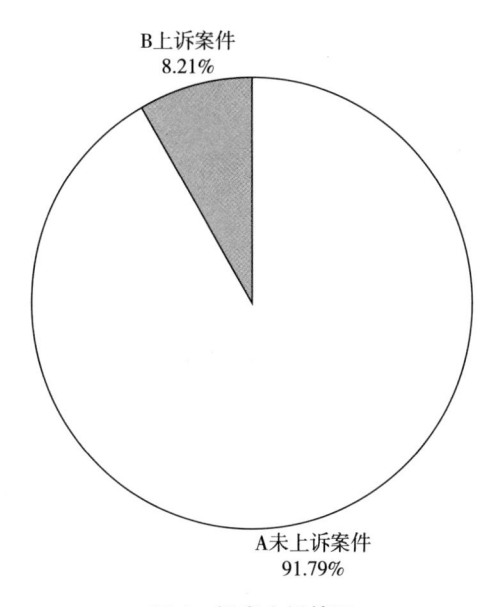

图4 提出上诉情况

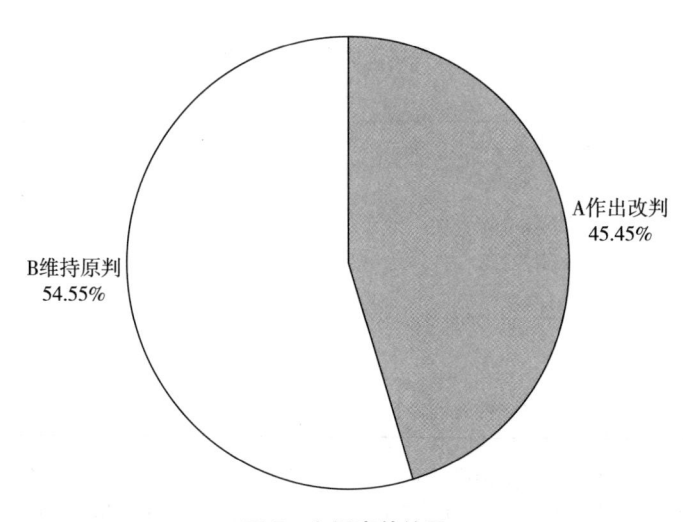

图5 上诉案件结果

B债务人上诉
27.27%

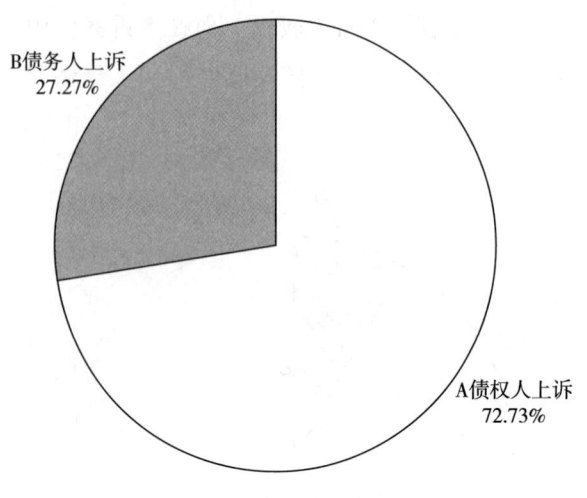

A债权人上诉
72.73%

图6 提出上诉主体

3.破产案件立案审查存在地域差异

数据表明①，基层人民法院破产案件立案审查存在地域差异。2019～2021年青岛市半数以上基层人民法院审查破产案件数量不足10件，相比之下，环胶州湾地区破产案件审查数量较多。其中以市北区、黄岛区、李沧区、胶州市最为突出，大体上呈现"南多北少"局面（见表1）。

表1 各区、县级市破产案件审理数量情况

单位：件

法院名称	案件数量
莱西市人民法院	1
即墨区人民法院	4
城阳区人民法院	5
崂山区人民法院	7

---

① 3年内青岛市办理的143件破产案件中，有48件系青岛市中级人民法院办理，余下95件案件由各地基层人民法院办理。10家基层人民法院中，案件审查数量超过20件的仅市北区基层法院，10件及以上的有胶州市、李沧区、黄岛区3家基层法院，其余各区、市基层法院审查案件数量少于10件，平均审查案件数为9.5件，审理案件数量在此之上的法院有4家。

续表

法院名称	案件数量
市南区人民法院	7
平度市人民法院	9
胶州市人民法院	10
李沧区人民法院	14
黄岛区人民法院	15
市北区人民法院	23

4. 执行转破产机制运行不佳

对14件执行转破产（文中简称"执转破"）案件进行分析发现[①]，首先，2019~2021年青岛市"执转破"机制运行存在地区差异。目前仅青岛中院以及城阳、黄岛、即墨、胶州、崂山、平度等地查询到"执转破"案件，其余市区并未查询到此类案件。而在查询到"执转破"案件的市区中，案件数量也基本在1件至3件，从数量上看并无太大亮点（见图7）。

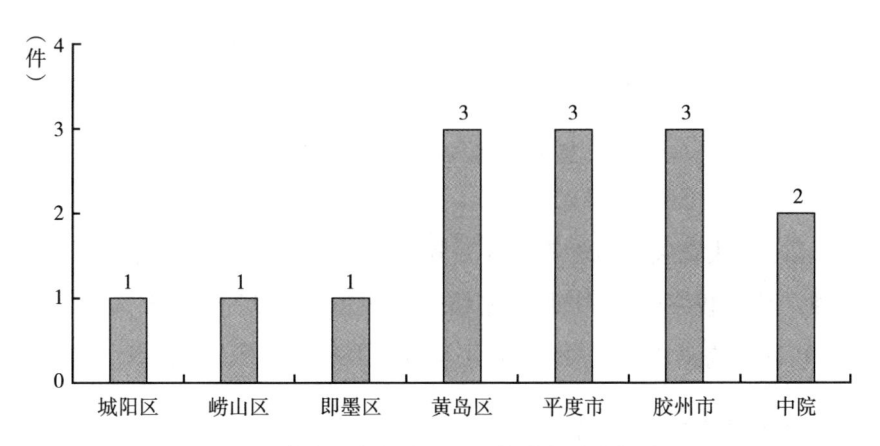

图7 青岛市各级法院"执转破"案件数量

[①] 在134件破产审查案件中，检索到采用执行案件移送破产审查机制进入破产程序的共14件，其中2件系外省作出执行转破产案件裁定并移送青岛市内法院审理，14件案件中3件已经办结。

其次,"执转破"案件数量较少。通过"企查查"查询可知,目前青岛市内作为被执行人的企业共有4033家,其中经营状态显示为注销、吊销、撤销的企业283家,但其中仅14家企业进入破产程序。还有269家企业存在执行不能、应进入破产程序却未进入的情况,说明更多符合"执转破"立案条件的企业未能进入破产程序(见图8)。

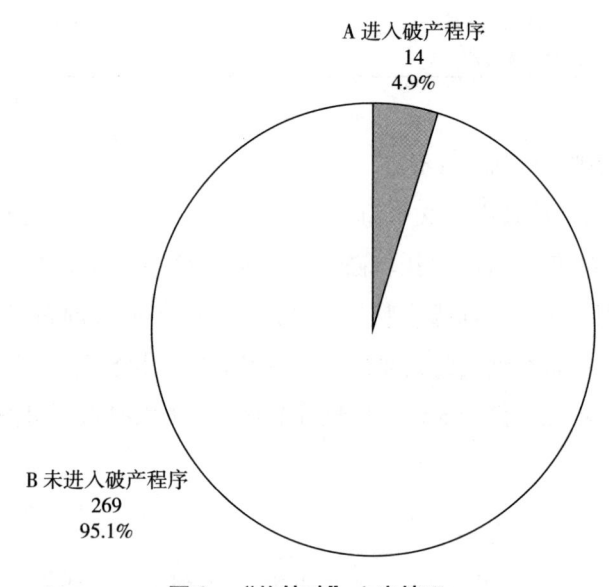

图8 "执转破"立案情况

最后,"执转破"案件审理效率较低。14件"执转破"案件全部为清算案件,其中仅3件案件审理完结,平均审理时间302.75天,远低于2019~2021年青岛市破产案件审理平均时间188.36天①(见图9、图10)。

(二)破产案件审理难

破产案件的审理过程存在诸多环节,这些环节的复杂性与多样性为案件审理造成了许多困难。通过对2019~2021年青岛市破产案件数据的统计发

---

① 在143件破产案件中,共检索到61件已审结案件可以计算审理时间,通过计算得出61件案件的平均审理时间为188.36天。

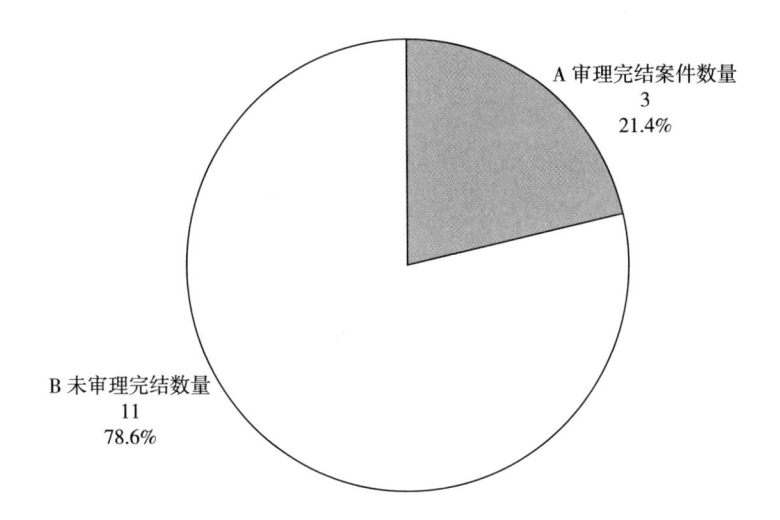

A 审理完结案件数量
3
21.4%

B 未审理完结数量
11
78.6%

图 9　"执转破"案件审理完结情况

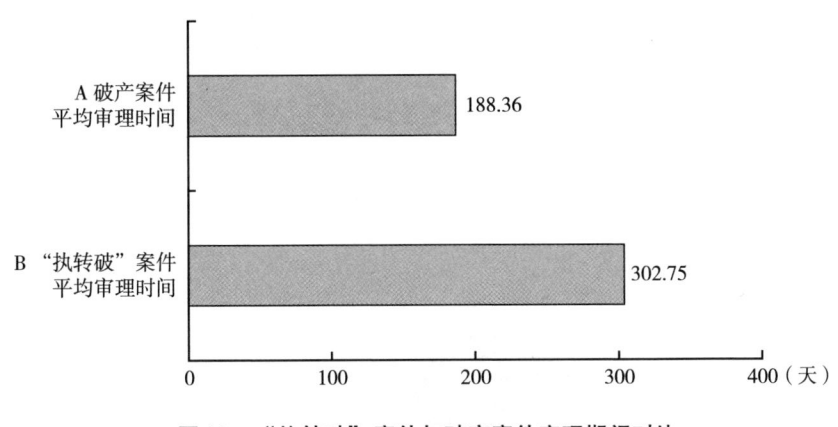

A 破产案件平均审理时间　188.36

B "执转破"案件平均审理时间　302.75

图 10　"执转破"案件与破产案件审理期间对比

现，破产案件审理期间过长就是一个突出的问题。

数据表明①，总体而言，尽管六成左右的案件可以在6个月内审结，但仍有约13.11%的案件审理超期。在清算类案件中，虽然有简易程序助力，

---

① 67件破产审结案件中，有61件案件可以计算自案件受理至审结的具体期间，其中审理时间在一年以上的案件有8件，审理期间在一年以内的案件有15件，审理期间在6个月内的案件38件。

仍有12.5%的案件审理期间超过1年；在重整、和解等破产挽救类案件中，约20%的案件存在审理期间超过1年的情况（见图11～13）。造成破产案件审理期间过长的因素诸多，下文将对简易程序成效不佳、破产审判信息化程度低和破产财产分配时间较长等三个方面进行数据统计与分析。

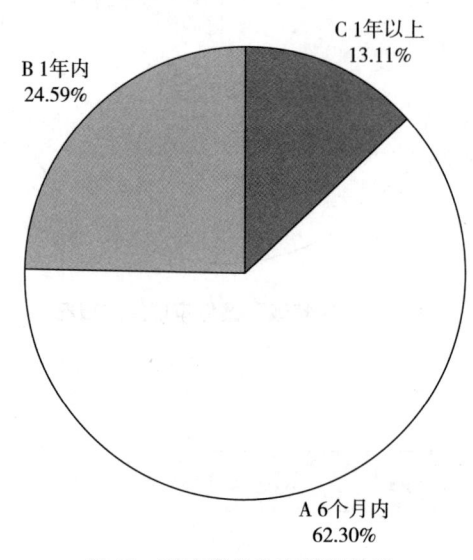

图11　破产案件审理期间统计

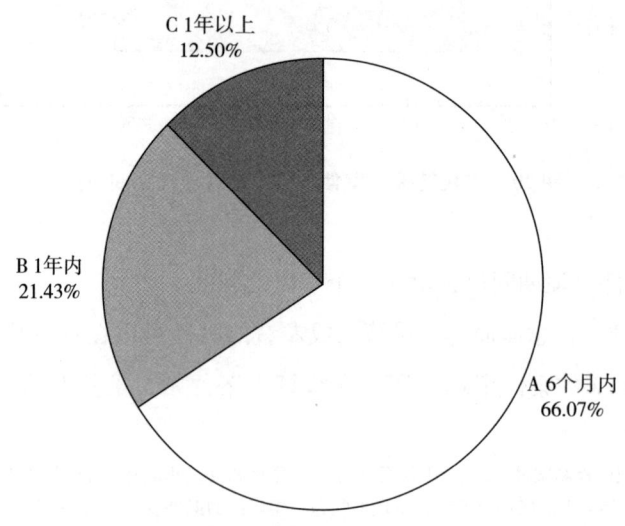

- A 6个月内　62.30%
- B 1年内　24.59%
- C 1年以上　13.11%

图12　清算类案件审理期间

- A 6个月内　66.07%
- B 1年内　21.43%
- C 1年以上　12.50%

青岛市破产法治发展报告

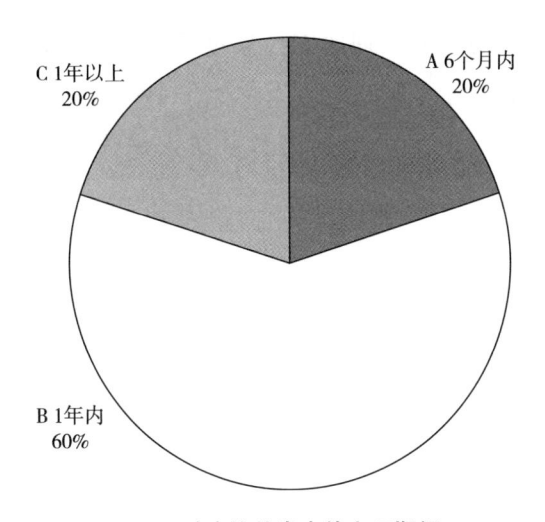

图 13 破产挽救类案件审理期间

（饼图：A 6个月内 20%；B 1年内 60%；C 1年以上 20%）

1. 简易程序成效不佳

首先，2019~2021 年青岛市各级法院适用简易程序的案件数量较少，在 143 件破产案件中仅有约 20%，其中仍有 2.4% 的案件未审结。进一步分析发现，采用普通程序审结的破产清算案件中，约 61.76% 的案件存在破产财产不能支付破产费用的情况，多数为长期不经营、无破产财产的案件。这些案件绝大部分可以适用简易程序，但实践中却未适用（见图 14）。

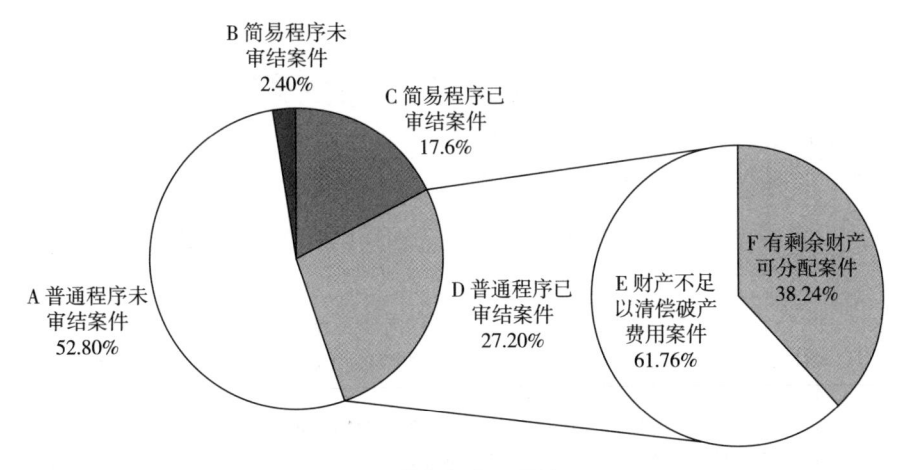

图 14 简易程序运用情况

（A 普通程序未审结案件 52.80%；B 简易程序未审结案件 2.40%；C 简易程序已审结案件 17.6%；D 普通程序已审结案件 27.20%；E 财产不足以清偿破产费用案件 61.76%；F 有剩余财产可分配案件 38.24%）

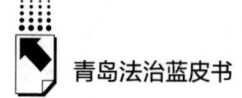

其次，采用简易程序审理的案件数量较少且存在地域差异。数据表明①，2019~2021年简易程序的运用主要集中在青岛中院，部分基层人民法院也在运用这一机制，然而多数基层人民法院可能仍未着手运用（见图15）。

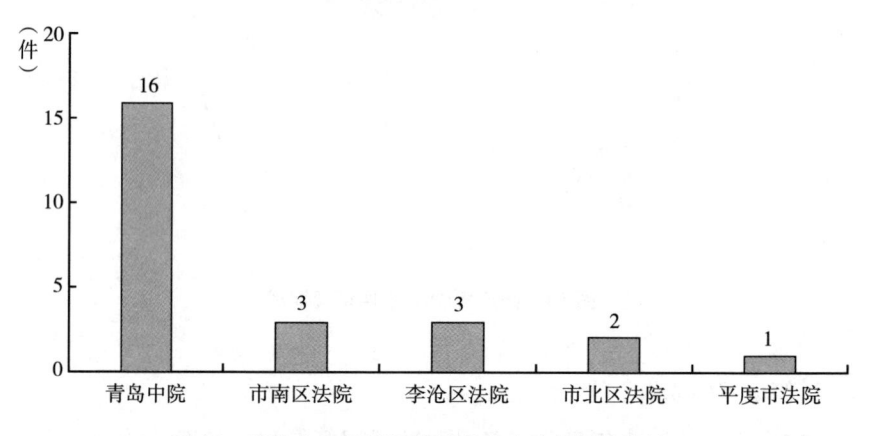

图15　青岛市各级法院简易程序案件数量统计情况

再次，采用简易程序审理的案件有减少趋势。2020年采用简易程序审理的案件有18件，在2021年这一数据下降到仅4件，降幅达77.78%，未能查询到2019年采用简易程序审理的案件。可以看出，相比2020年，2021年采用简易程序审理的案件数量明显下降（见图16）。

最后，部分案件仍存在审理期间较长现象②。案件审理期间的平均数大于中位数，则说明数据中存在至少一个过大的值将平均数拉高；标准差为58.23且变异系数大于15%，说明数据差异较大（见图17）。检索数据显示，22件办结案件中有4件案件的审理期间在3~6个月，有2件案件

---

① 25件采用简易程序审理的破产案件中，由青岛中院办理的案件共16件，市南区法院、李沧区法院办理的案件各3件，市北区法院办理2件，平度市法院办理1件。未能检索到其他地区法院办理的简易程序案件。

② 25件采用简易程序审理的破产案件中，审结案件22件，将这22个数据作为一组，则可得平均数为98天，中位数为71，计算标准差约为58.23，由此可得该组数据变异系数约59.41%。

青岛市破产法治发展报告

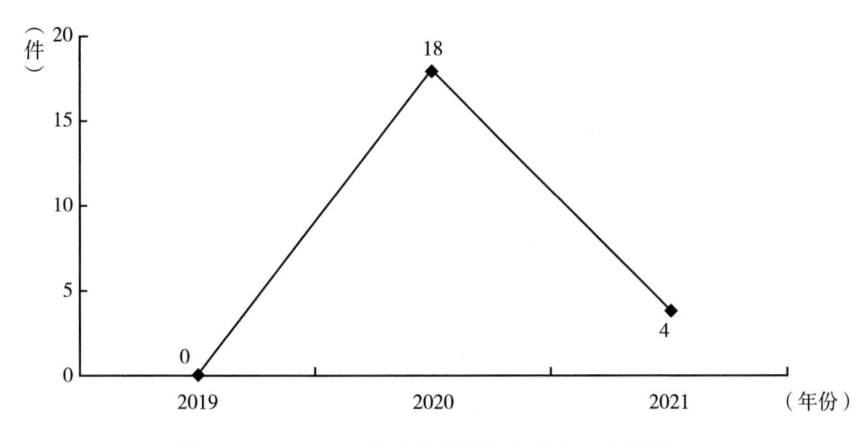

图 16　2019~2021 年青岛市简易程序审理案件情况

审理期间在 6 个月以上（见图 18）。另有 2 件案件审理超期，最长审理期间达 301 天[①]。

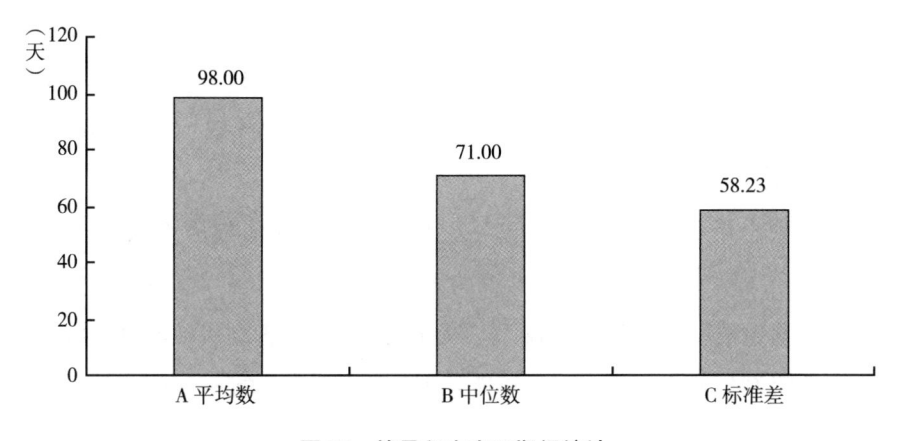

图 17　简易程序审理期间统计

2. 破产审判信息化程度低

破产审判信息化程度低主要表现为线上债权人会议运用较少，债权人会

---

① 最高人民法院发布的《关于推进破产案件依法高效审理的意见》第 15 条规定，对于适用简易审理方式的破产案件，受理破产申请的人民法院应当在裁定受理之日起六个月内审结。

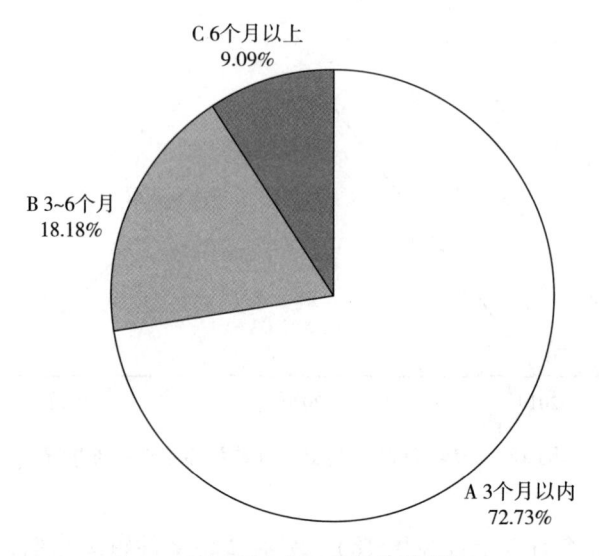

图 18　简易程序审理期间类型化情况

议是监督破产案件审理、维护债权人自身利益的重要机制，然而这一机制在实务中的运行存在诸多挑战。在143件破产案件中，可以查询到债权人会议召开方式的案件有56件，以此可对2019~2021年青岛市破产案件债权人会议运行情况进行分析。

债权人会议召开形式较为单一，线上方式召开债权人会议的案件较少[①]。采用线上方式召开债权人会议的案件仅占10.71%，仅不到4%的案件能够完全通过线上方式举行债权人会议（见图19）。青岛市破产案件线上债权人会议机制仍处于较低水平，可能是因为相关软件功能、操作方法不尽相同，实践中难以把握，运用难度较大。

3. 破产财产分配时间较长

在61件可以计算案件审理期间的破产审结案件中，清算案件有56件，占比约91.80%（见图20）。61件审结案件中，审理用时前五位的分别为

---

① 检索数据显示，56件案件中，采用线上方式召开债权人会议的案件仅6件，其中2件案件债权人会议完全通过线上召开方式进行，4件案件通过线上与线下相结合方式召开债权人会议。

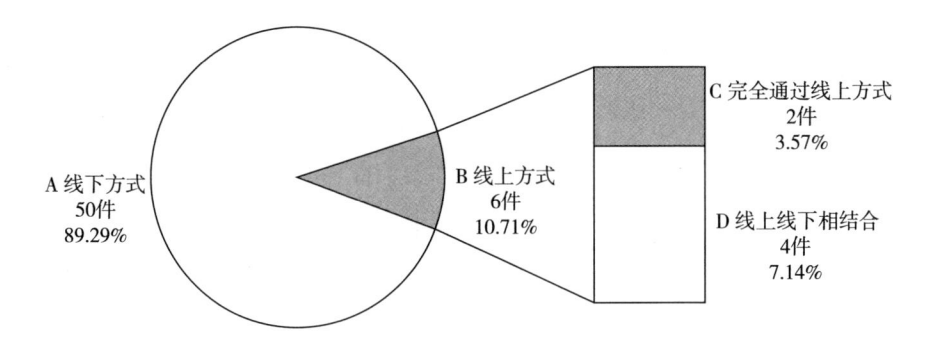

图 19　第一次债权人会议召开形式

（2018）鲁 0283 破 1 号平度市永盛建筑有限公司破产清算案、（2019）鲁 0203 破 1 号青岛麒麟食品有限公司破产清算案、（2020）鲁 0203 破 7 号青岛装饰布总厂破产清算案、（2019）鲁 0214 破 1 号青岛海珊发展有限公司破产重整案、（2020）鲁 0203 破 13 号青岛第一染织厂破产清算案。其中，用时最长的是（2018）鲁 0283 破 1 号清算案，审理期间达 840 天。以上情况说明，青岛市清算类案件存在部分程序耗时较长的情况。

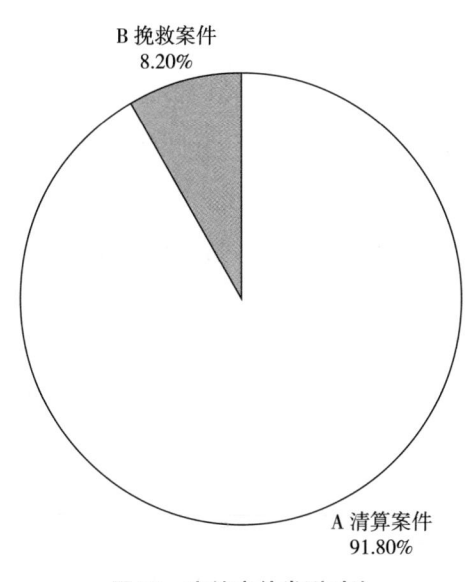

图 20　审结案件类型对比

对56件清算案件进行比较可以发现，有可分配破产财产的案件平均审理期间为281.73天，而无剩余财产或财产不足以支付破产费用的案件平均审理期间仅143.29天（见图21）。数据表明，破产财产分配是清算案件审理效率提升的一大挑战，进入破产清算的企业往往财产变现难度较大，资产处置通道较为狭窄，破产企业的资产处置能力需要提高。

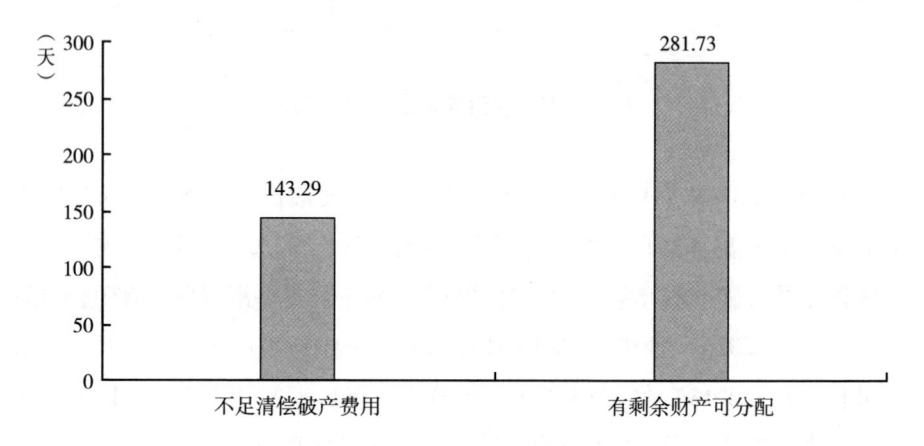

图21 平均审理期间对比

（三）破产企业挽救难

破产挽救功能是破产法的精髓所在。破产挽救程序主要包括重整、和解、预重整等多类机制。在143件破产案件中，共检索到重整案件14件，和解案件1件，预重整案件3件，对这些案件进行数据分析，所得情况如下。

1.破产挽救类案件数量较少

总体而言，2019~2021年青岛市破产挽救类案件呈逐年增加趋势[①]。2020年与2021年分别出现了和解案件与预重整案件，破产案件种类更加多

---

① 143件破产案件中，破产挽救类案件有18件，其中有17件案件系3年内新增案件，1件案件系2019年前受理而在前3年内得以结案。2019年新增破产挽救类案件1件，为重整案件，并受理1件；2020年新增该类案件6件，其中1件为和解案件，5件为重整案件，受理3件，其中1件和解案件，2件重整案件；2021年新增该类案件10件，其中预重整案件3件，重整案件7件，受理7件，其中预重整案件3件，重整案件4件。

元。但相比清算案件,青岛市破产挽救类案件较少,在134件新增破产案件中占比仅8.21%(见图22、图23)。

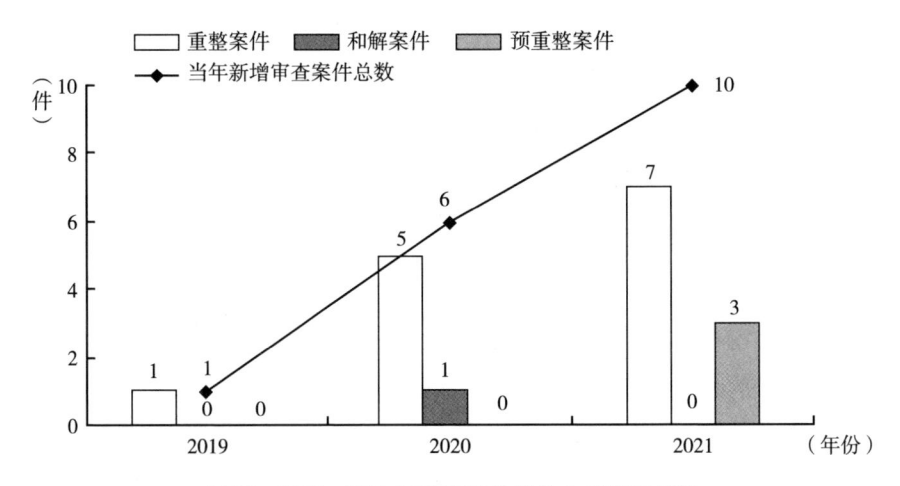

图22 2019~2021年破产挽救案件立案审查情况

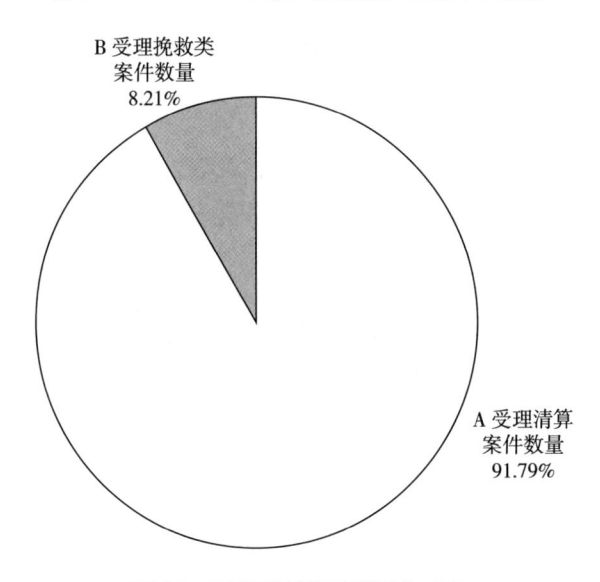

图23 案件受理数量类型化对比

此外,从挽救机制的类别看,青岛市目前企业挽救形式以破产重整为主,76.47%的挽救类案件为破产重整案件,而和解案件、预重整案件占比较低，分别为5.88%以及17.65%（见图24）。可见，青岛市企业挽救机制较为单一。

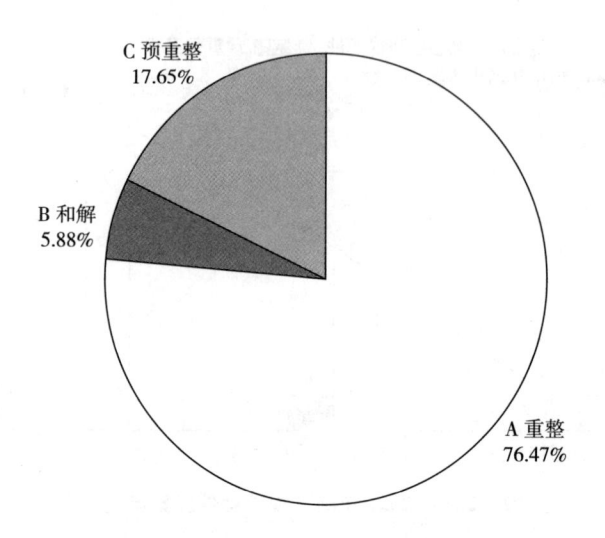

图24 挽救类案件立案审查类别对比

2.存在挽救周期过长现象

数据表明，在挽救类案件中，已办结案件占比不到三成，数量较少[1]。此外，重整类案件的平均审结时间为312.25天，最长审结时间为467天，超过重整类案件平均审结时间49.56%，存在挽救周期过长的现象（见图25、图26）。可见，2019~2021年青岛市破产挽救类案件审理效率较低。

3.清算程序转挽救程序存在障碍

143件被裁定受理的破产案件中，有3件清算程序转为重整或者和解程序。其中，清算程序转重整程序的案件2件：（2020）鲁02破3号青岛塑料八厂破产重整案，于2021年5月11日申请程序转换并于5月13日被批准；（2020）鲁0203破14号青岛纺织万象实业有限责任公司破产重整案，于2021年5月25日申请程序转换，并于5月28日被批准。清算程序转和解程

---

[1] 18件破产挽救类案件中，5件案件已办结，2020年办结1件重整案件，2021年办结3件重整案件及1件和解案件。

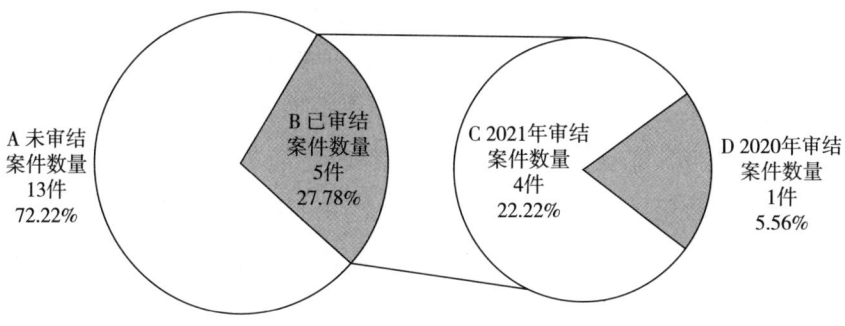

图 25　破产挽救类案件办结情况统计

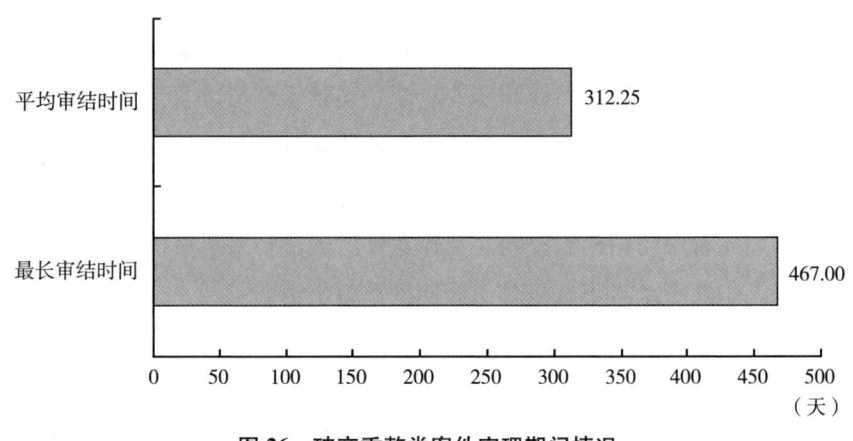

图 26　破产重整类案件审理期间情况

序的案件 1 件：（2020）鲁 02 破申 30 号山东省纺织品进出口公司破产和解案，于 2021 年 2 月 25 日因达成和解协议申请终结清算程序，并于 3 月 18 日被认可并裁定终结程序。

通常清算程序向挽救程序转化存在较大困难。第一，清算程序转挽救程序需要企业具备相应条件。在 2 件清算程序转重整程序案件中，债务人企业或者拥有优质资产，或者具有发展前景，或者存在债权收购情况，为投资人的引入奠定基础。其中，（2020）鲁 02 破 3 号案涉案企业具有发展前景；（2020）鲁 0203 破 14 号案涉案企业有优质厂房，地理位置优越，基础设施完备，以上 2 件案件都找到了投资人。（2020）鲁 02 破申 30 号案中某债权人收购了其他债权人的债权并最终与债务人达成和解。第二，清算转挽救程序案件需要法院综合研判并维护程序价值。在上述3件清算程序转挽救程序案件中，人民法院需要召开听证会，听取各方利害关系人意见，并就债务人企业是否具备转入挽救程序的条件进行综合研判。第三，清算转挽救程序需要成功引入投资人。在上述3件清算程序转挽救程序案件中，投资人对重整板块的关注度、金融机构对破产重整制度的认可度都会产生影响。

4. 预重整制度适用存在障碍

2019~2021年青岛市共审理预重整案件3件，全部于2021年受理。其中1件由平度市法院审理，系青岛佳龙腾置业有限公司预重整案；另有2件由市北区法院审理，系青岛鹤顺船业有限公司预重整案以及青岛乐通土木集团有限公司预重整案。并未检索到市内其他法院预重整案件审理情况。截止到2021年12月31日，公开资料显示，青岛佳龙腾置业有限公司预重整案、青岛鹤顺船业有限公司预重整案共2件案件已依法转入重整程序，法院已裁定批准青岛乐通土木集团有限公司撤回预重整申请。

对3件预重整案件进行深入分析可以发现，青岛市预重整制度尽管已经开始建立，但仍处于起步阶段。预重整案件数量占挽救类案件总数的16.67%，已经由预重整转入正式重整程序的案件更为稀少。这意味着尽管预重整制度在青岛市推行已有2年[1]，但该类案件总量难以增加，各级人民法院对预重整制度的熟悉程度也很难保证，案件审理质量与效率提升存在障碍。

（四）破产管理人履职难

1. 管理人选任机制较为单一

数据表明[2]，青岛市破产管理人选择机制单一，灵活性较低。绝大多数

---

[1] 2020年9月25日，青岛中院印发《青岛市中级人民法院办公室破产案件预重整操作指引（试行）》。
[2] 在143件破产案件中，共有92件案件可以查询到管理人选任的方式。其中，采取竞选方式选任的案件有5件；为保证案件审理效率，经审判委员会决定直接任命管理人的案件有1件；其余案件管理人皆从管理人名册中摇号选择。

案件采用的是摇号选任方式，采用竞选等其他方式选任管理人的案件仅占6.52%，并未检索到债权人推举等选任方式（见图27）。

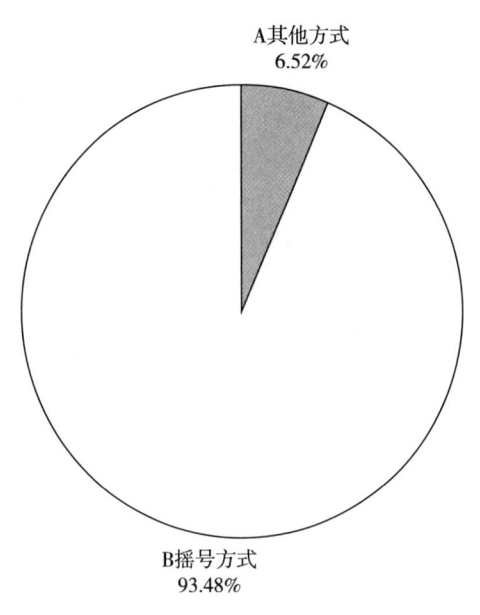

A 其他方式 6.52%

B 摇号方式 93.48%

图 27　管理人选任方式情况

2. 随机选任机制弊端凸显

在检索到的公开数据中，根据管理人选任方式不同，可以将案件分为随机选任类案件与其他方法选任类案件，由于不同案件管理人选任期间差距较大，对不同选任方法指定管理人花费的时间进行类型化统计①。

随机指定管理人方式的管理人指定期间过长。数据表明，在随机指定管理人的案件中，存在部分案件管理人指定期间过长现象。在破产清算案件中，10.29%的案件在案件受理之日后30天以上才指定管理人，多数案件会在案件受理后30天内指定管理人，仅22.06%的案件能够在受理当天指定管理人。而在10件破产挽救案件中，20%的案件选任管理人期间超过30天（见图28、图29）。

---

① 在86件随机指定管理人案件中，共有78件案件可以计算指定管理人所用时间并进行类型化统计，其中破产清算案件68件，破产挽救案件10件。

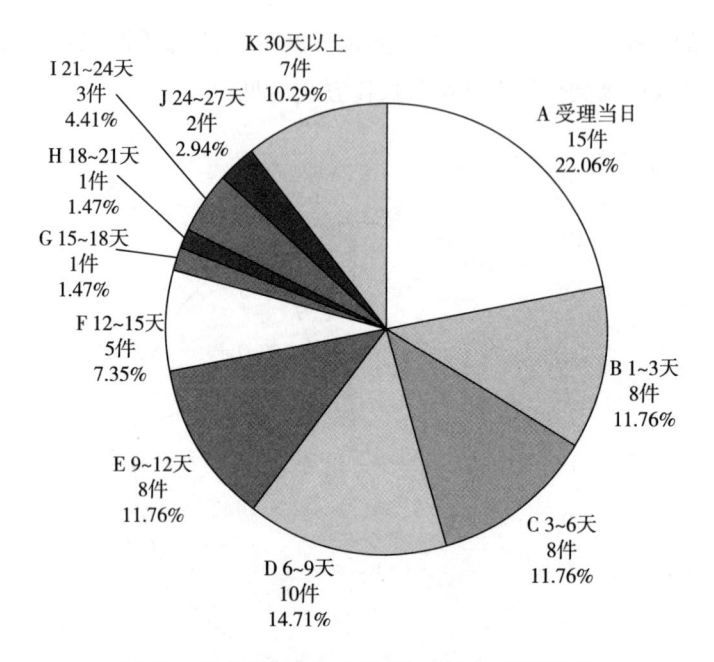

图28 破产清算案件随机指定管理人期间统计

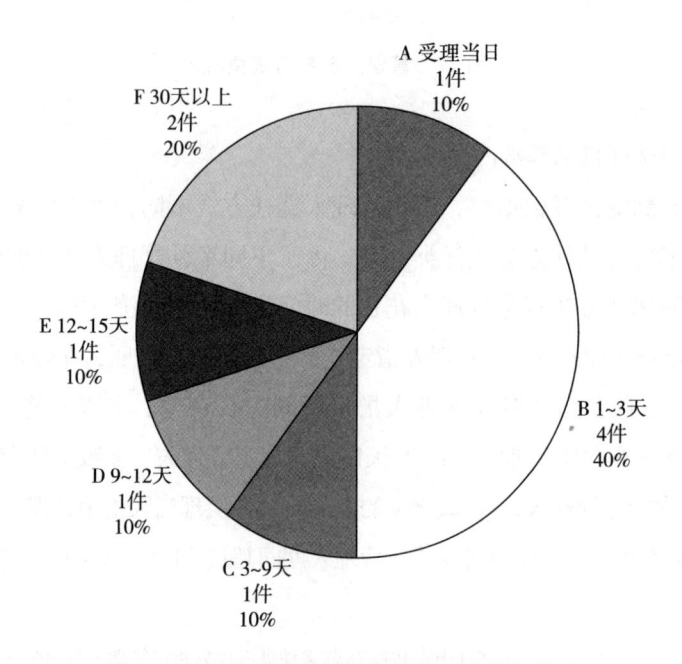

图29 破产挽救案件随机指定管理人期间统计

3. 管理人报酬难以保障

根据《企业破产法》的规定，管理人报酬属于破产费用。数据表明①，高达73.21%的案件管理人报酬无法从破产财产中获得足额支付（见图30）。调查发现，即便是在足额清偿破产费用的案件中，法院通常会依据最高人民法院《关于审理企业破产案件确定管理人报酬的规定》计算的数额对管理人报酬打折，遑论案件出现破产费用无法足额清偿情况，管理人报酬很难得以保障。此外，尽管青岛市已经出台《市级破产案件援助资金管理使用办法》，能够为符合条件的管理人提供一定报酬补偿②，但援助数额相对较少，难以覆盖管理人团队运营成本。

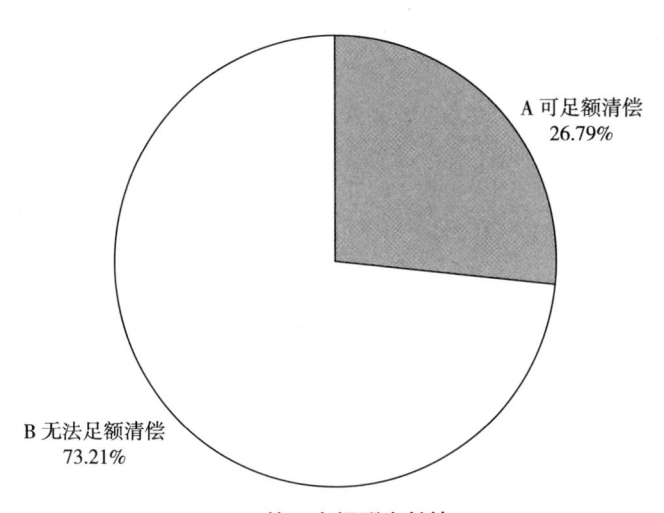

图30 管理人报酬支付情况

A 可足额清偿 26.79%
B 无法足额清偿 73.21%

---

① 在青岛市已经办结的破产案件中，有56件案件可以查询到财产分配情况，其中经查明无破产财产或破产财产不足以支付破产费用的案件有41件，余下15件案件有破产财产可供后续分配。此外，在清算类案件中有15件的破产费用得到清偿，在破产挽救类案件中，5件审结案件皆成功挽救企业，因此推定相应案件破产费用已经清偿，即共有20件案件的管理人报酬得以清偿。

② 青岛市财政局与青岛市中级人民法院联合印发的《市级破产案件援助资金管理使用办法》第10条规定：每件破产案件的管理人报酬在2万元限额内核定，管理人报酬之外的其他破产费用按照实际支出金额审核拨付，援助总额一般不超过5万元；财产线索特别分散、案情特别复杂的案件，援助总额可适当提高，但最高不得超过10万元。其中，用于支付管理人报酬的援助资金金额不得超过5万元。

实践中，即使破产财产足以清偿管理人报酬，费用支付也很难实时、分段完成，一般是在案件审结时统一清偿。通过计算破产案件的平均审理时间，可知管理人报酬支付的平均时间。在能够清偿破产费用的清算案件中，办理案件的时间平均为 281.73 天[1]，则管理人报酬支付的平均时间为 281.73 天。2019~2021 年青岛市破产管理人不仅存在报酬数额不能清偿的风险，还要面对时间成本过高的风险，且相比挽救类案件，清算案件的时间成本更高。这直接导致破产管理人团队很难通过管理人报酬维持自身生存，一些管理人团队不得不同时开展其他非破产法律业务以维持生计，这使得其很难专注于破产案件的承办。

（五）府院联动落地难

检索共查询到 2019~2021 年青岛市破产府院联动机制规范性文件 10 件（见表 2）。对 10 件规范性文件进行分析，同时结合对青岛市府院联动机制实施情况的调查研究发现，府院联动机制落地难现象比较突出。

表 2　青岛市破产案件相关府院联动机制规范性文件出台情况

序号	文件名称	文件主题	发文时间	发布主体
1	《关于建立"府院联动"机制 进一步做好企业破产处置工作的通知》	总体布局	2020.9.24	青岛市政府办公厅
2	《关于办理企业破产案件涉税事宜的意见》	破产涉税	2021.4.22	青岛市中级法院、国家税务总局青岛市税务局
3	《关于建立联席会议机制的意见》	协调机制	2021.11.1	青岛市中级法院、青岛市政府国有资产监督管理委员会
4	《关于在审理企业破产案件中防范和打击逃废债行为的实施意见》	涉破产犯罪	2021.11.26	青岛市中级法院、青岛市公安局
5	《关于联合推进破产审判 完善金融措施的实施意见》	涉金融机构	2021.11.26	青岛市中级法院、中国人民银行青岛市中心支行

---

[1] 在 143 件破产案件中，检索可以查询到审理时间并且有财产分配的清算类案件，计算其平均审理时间为 281.73 天。

续表

序号	文件名称	文件主题	发文时间	发布主体
6	《关于健全企业破产处置工作府院联动机制的实施意见》	总体布局	2021.4.16	青岛西海岸新区管委
7	《关于建立破产审判工作府院联动统一协调机制的意见》	协调机制	2020.7.26	青岛西海岸新区管委
8	《企业破产涉税事项办理指引(试行)》	破产涉税	2020.7.29	黄岛区法院、黄岛区税务局
9	《困境企业破产重整价值识别会商纪要》	重整价值	2021.11.18	黄岛区法院、黄岛区区改局、黄岛区工商局、黄岛区新经济发展促进中心
10	《企业破产程序中涉及不动产登记事项会商纪要》	涉不动产	2021.12.13	黄岛区法院、黄岛区自然资源局、自贸区自然资源局

1. 地区府院联动机制缺少细化

从发文地方情况来看，青岛市破产案件府院联动机制在全市范围内的基本架构已经完成，但各区在细化落实方面差异较大。目前仅查询到黄岛区发布5件相关文件（见图31）。从发文内容来看，青岛市府院联动机制分为总体协调与具体制度两大内容，共涉及总体布局、破产涉税、涉破产犯罪、涉金融机构、涉不动产、协调机制和重整价值七大领域，目前仅总体布局、协调机制、破产涉税3个领域在各区、市对市级规则有细化内容（见图32）。通过实地调查研究还发现，地方政府即使对市政府的规则进行细化，其规定也依然非常笼统、流于表面。多数只对市级规则进行了更为丰富的描述，而没有提出切实可行的实施规则，实操性差而且普遍存在同质化问题。因此，目前青岛市各区对府院联动机制细化程度不足，落实工作不到位。

2. 政府主导开展府院联动机制建设成果较少

数据表明，府院联动机制建设中法院参与比重较大，七成相关文件发布需要同级法院参与或主导，政府部门独立发布的文件仅占三成（见

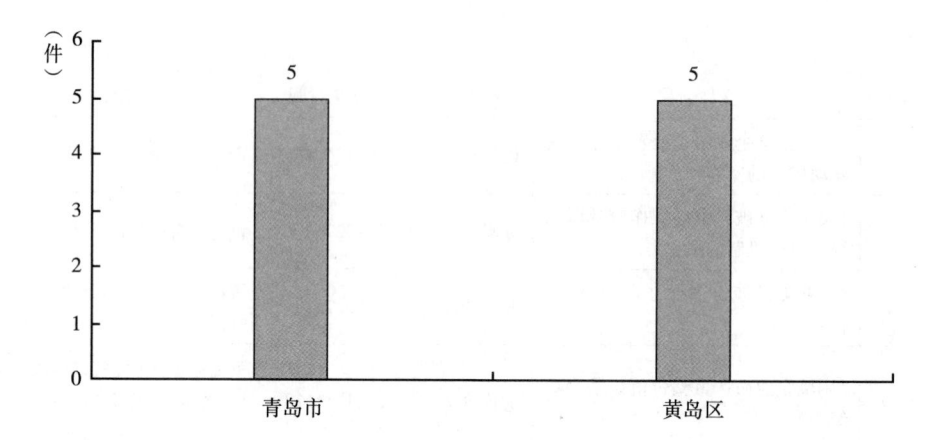

图 31　府院联动机制发文地区情况

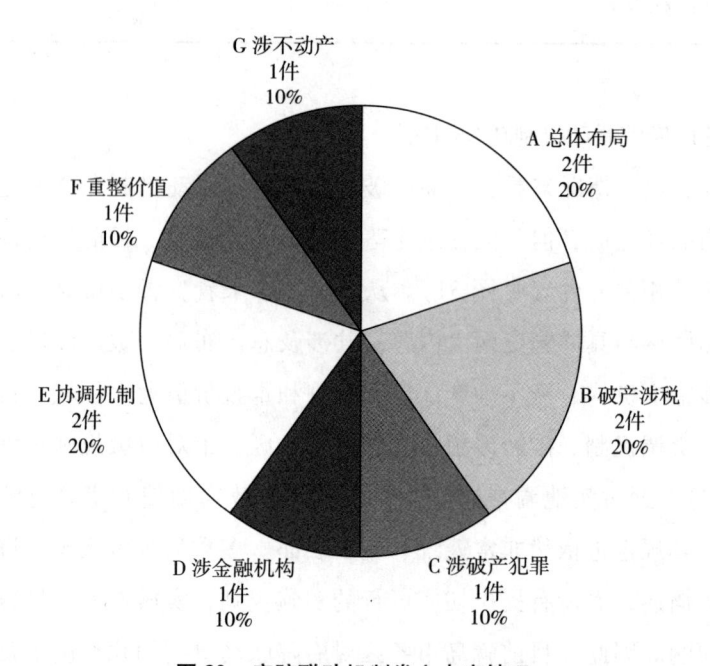

图 32　府院联动机制发文内容情况

图33）。通过实地调查研究发现，政府各部门在府院联动机制中的实际参与度亦难保证。例如，税务部门存在申报债权不及时等情况，工商部门存在登记不及时不规范等情况，银行等金融机构存在信用修复实质缺位

等情况，同时公安部门也存在涉破产犯罪立案、侦查工作难开展的情况。除此之外，调查发现青岛市各地区府院联动协调机制并未完全建立，政府对各部门工作职责的规定缺乏操作性，实务中只有对接没有衔接。从这个角度来说，政府参与府院联动的积极性并未得到充分调动，出现"联而不动、协而不调"的问题。

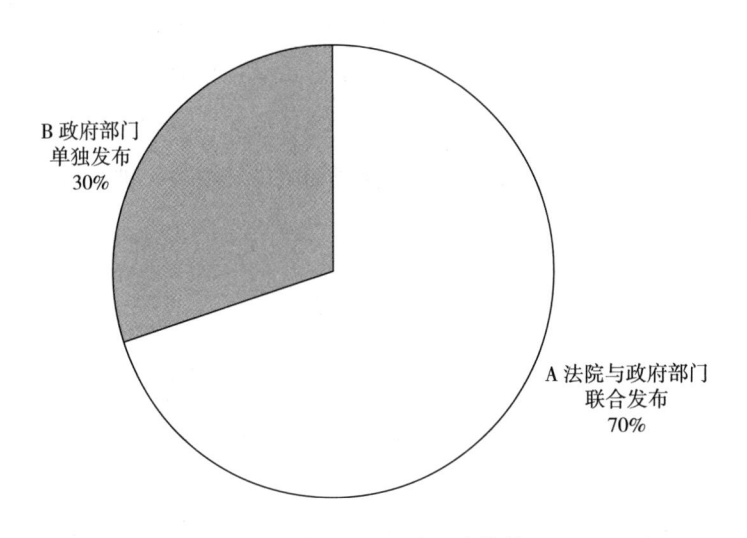

图33 府院联动机制发文主体情况

3.部分具体机制仍不完善

深入分析发文内容可以发现，尽管青岛市府院联动机制相关领域较为多样，但部分重点制度建设存在不足，以信用修复机制缺位最具代表性。信用修复机制主要包含信用行为修复和信贷信用、纳税信用、工商信息信用等修复，不仅需要税务机关、金融机构参与，也需要信用服务机构乃至重整企业债权人、投资人广泛参与。尽管青岛市部分文件中提及纳税信用修复与信贷信用修复，但仅限于浅尝辄止，细节有待商榷。而商业信用等其他信用修复机制都未建立，这说明青岛市信用修复机制仍不完善。此外，青岛市府院联动机制临时性色彩较浓，多采用直接、快速方式满足现有需求，而长期性机制建设不足。

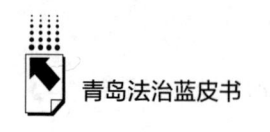

二 青岛市破产法治发展困境形成原因剖析

通过前文实证分析可知，青岛市破产法治仍然存在诸多困境。在破产案件审理方面，存在"立案难""审案难""挽救难"三大问题；在管理人方面，存在"履职难"困境；在府院联动机制落地方面，存在规范性不足、常态化不足、细节抓取不足等"落地难"问题。尽管这些困境各有不同，但深入分析会发现，不同困境背后有四大共性原因，分别是司法机关专业人才匮乏、政府部门主动性较差、破产挽救相关市场缺位、破产法治文化普及度较低。

（一）司法机关缺乏破产法专业人才

调研发现，青岛市各级法院缺少专业化的破产审判团队，无法保证案件审理效率。此外，专业性人才不足也容易导致法院办案思路僵化，降低对前沿理论、新兴办案举措的接受度。总之，司法机关专业人才匮乏导致破产案件出现"立案难""审案难""挽救难"困境，引发管理人"履职难"问题。

1.案件审理困境源于专业化破产审判团队缺位

实践中较为突出的问题即案件审理效率较低，程序进展缓慢，这与法院缺少专业破产审判团队息息相关。目前各级法院不能保证团队中破产法专业人才的数量，专业化团队建设主要依赖原先非破产法学专业的法官，使得破产案件审理水平参差不齐。首先，破产审判资源匮乏。虽然青岛市各级法院普遍将破产案件交由固定的民商事审判庭审理，培养了一批负责破产案件审理的法官，一定程度上集中了司法资源，但破产案件审判团队除了负责破产审判业务外还会负责其他非破产审判业务。这不仅使相对集中的司法资源被稀释，还使破产案件审判团队的培养难度加大。司法资源稀缺，导致整体的案件审理效率、质量难以提高。其次，由于审判团队专业性不足，具体案件审理中也会出现效率、质量不高等问题。破产制度特别是破产挽救类案件审理，是信息差异条件下的动态博弈，需要高效高质的判断决策能力，而法院作为案件程序的推进者以及审理的总负责主体,专业性不足会难以掌控全局,延缓审理进程。同时,案件监督能力较弱,难以把握管理人、自行管理的债务人的各项工作,容易陷入被动局面,案件审理质量亦难以保证。

2. 办案过程僵化缘于司法机关破产法治人才不足

实务中案件办理灵活性不足,重要原因在于承办法官破产法知识较匮乏,实践中缺少破产法理论指导,很难实现方法的突破。青岛市破产案件程序转换、"执转破"等机制较为僵化,简易破产程序、预重整程序实践较少,破产案件线上办理机制不成熟等问题表明,各地法院对于部分前沿、新兴破产法机制认识滞后,审判庭对于这些新举措、前沿理论掌握不够,自然也就不敢运用。此外,司法机关破产法治人才不足也导致管理人履职出现困难。首先,选任机制改革难推进。青岛市绝大多数案件管理人选任机制仍遵循随机指定的传统方式,对于管理人竞争选任运用较少,也未能开展债权人协商选任等新选任模式,这实际上是司法机关不能紧跟国内破产法治发展前沿地区的表现。如何把控好清算程序向挽救程序的转化,如何提高简易程序以及预重整程序的适用率,如何更为科学有效地选择管理人等问题,都对审判团队的专业化水平提出了较高要求。但就目前青岛市破产案件审判团队的现状而言,专业化人员数量不足、专业知识匮乏、处理问题思路僵化都使破产案件办理的灵活性大大降低。

(二)政府部门参与破产法治建设程度较低

政府部门参与破产法治建设的关键在于府院联动机制。府院联动并非单项制度,而是行政主体协助人民法院审理破产案件的多项制度的有机结合,涉及破产程序的方方面面。实践表明,政府部门积极参与是完善破产法治的重要因素,但青岛市政府部门实质参与破产案件的程度较低,这是府院联动机制"落地难"的重要原因。一旦破产法治缺少政府参与,案件审理也难以推进。

1. 破产法治缺乏政府深度参与导致府院联动难落地

考察"府院联动"机制不难发现,比较突出的问题是该机制整体架构

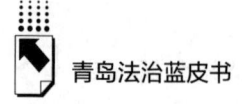

较粗糙，细节落实不够。数据显示，青岛市府院联动机制相关规范性文件发布较少，未能覆盖破产案件主要环节，而且各地存在差异。造成这些问题的最主要原因即政府总体流于形式，并未实际深入参与。首先，市级政府对于府院联动机制的理解较浅，导致制度设计整体较为简陋，难以常态化、制度化运行。其次，地方各级政府对于府院联动的实际作用认识有所欠缺，多数地区并未完全搭建起府院联动基本架构，更未对市级规则进行细化落实。最后，目前该机制的分工制度并不合理，总体倾向于短期安排而非制度化建构，容易出现因调职、换届等造成人员空缺问题，导致该制度很难常态化运行。实质参与度不足，机制设计粗糙，造成了"府院联动"机制"落地难"的困境。

2.政府实质参与度较低引发部分破产案件审理困境

政府部门在具体案件办理中缺位也增加了破产案件审理的难度。以破产涉税问题为例，破产重整案件往往面临巨额的债务豁免所得税问题，对重整企业造成极大压力。税务机关如果能够在合适的时间提前介入，与管理人、债务人企业等主体就税务问题达成共识，将极大帮助重整企业开展重整税务规划。相反，如果税务机关怠于参与案件，则重整企业极有可能因债务豁免所得税问题导致重整失败。此外，税务部门参与度低、主动性不强而引发的债权申报不积极、欠缴税款核查较慢等问题也时有发生，进一步加剧了破产案件审理困境。

（三）破产挽救投资市场尚未形成

实证分析表明，尽管破产案件中债务人企业资产状况各异，但基本存在相关财产处置问题，对于挽救类案件而言，除资产处置外，投资人的引入也尤为重要。资产处置与投资都依赖于完备的市场机制，由于市场机制缺位，青岛市破产法治发展必然出现困境。

1.市场缺位影响案件审理效率

前文实务分析表明，案件审理难的一个重要表现是破产财产处置难，相关市场不成熟是财产处置通道不畅的主要原因。首先，破产清算案件中存在许多难以处置的破产财产，这些财产普遍存在因本身质量较差而无法变现或者因为剥离成本较高而难以分割出售等问题。这些问题会对管理人制订分配方案、提高普通债权清偿率造成极大阻碍，进而造成了案件审理周期过长、案件审理效率降低等问题。无独有偶，在重整案件中也会出现财产处置不及时的问题，对重整程序造成阻碍。在市场较为完备的情况下，破产企业资产将受到更大关注，各类资产处置工具也将更为充足，方案设计上可以更加多元，由资产处置引发的困境也将得到根本性扭转。

2.相关市场落后阻碍投资人招募

由于破产挽救投资市场不健全，新投资人的市场化招募也存在障碍，这是"挽救难"困境出现的另一个重要因素。在一般的重整案件中，投资人招募往往决定了企业再生与否，债务人企业如果在清算程序中也能获得投资人青睐，其经程序转换得以重生的可能性会增加。但由于青岛市破产投资市场尚未形成，资本对破产挽救机制的关注度较低，投资人招募困难问题普遍存在。正是投资人缺失导致破产程序无法向挽救程序转换，预重整等新机制也很难推行，破产挽救机制难以进一步发展。

（四）破产法治文化未能普及推广

青岛市破产法治发展困境很大程度上源自对破产法治文化的宣传普及不到位，各方不仅对破产法律知识掌握不足，还对破产法精神领会不到位，存在一定认知壁垒。"在特定的群体内部，法律文化是由特定的态度构成的，然而，这些特定的态度总是倾向于保持连贯一致，并形成一组组相互联系的态度。"[①] 破产法治发展一旦缺少文化的融合，就极易在演进路径上出现偏差。

1.破产文化缺失致使异议人救济困难

实务中，破产立案审查异议救济权难以保障的问题较为突出，究其原因是破产案件各方对破产法治文化理解不到位。首先，实证分析表明，部分案

---

① 〔美〕L. M. 弗里德曼：《法律制度——从社会科学角度观察》，李琼英、林欣译，中国政法大学出版社，1994，第167页。

件对异议的处置存在瑕疵。在实务中存在异议救济案例少、异议支持率不高的情况，部分裁决书中出现对异议意见一笔带过现象。其次，利害相关人对破产法治文化的认识不足，对破产程序信任度不足。例如，实务中存在部分异议人阻碍破产案件审理、采用激进方式维护自身利益等现象。正是因为各方缺乏破产法治文化素养，破产法律知识较为缺乏，不知如何合法开展、正确应对异议救济，进而对青岛市破产法治发展形成阻力。

2. 破产法治思想培育缺位抑制程序价值

破产法治思想培育缺位也是阻碍案件审理效率、质量提升，从而导致"立案难""审理难""挽救难"等困境出现的重要原因。破产法治思想培育缺位主要表现在案件审理中过分追求审理结果，而忽视审理过程。实践情况表明，为查清破产案件的事实、实现社会效益、拯救具体企业等目的，实现破产法的实体价值，部分案件审理弱化甚至无视法律程序价值。部分案件在立案阶段对进入破产程序要件要求过分严格。更有少数案件存在因企业账本丢失、财产关系混乱，受案法院以无法证明企业具备破产原因为由不予受理的乱象。在案件审理阶段，也存在为追查债务人财产、争取主要债权人支持等有利于重整成功的因素而长时间拖延程序等现象。程序价值受到侵害是法治思想建设不到位的重要表现，因忽视程序利益而产生的对立案、审案进程阻隔说明，青岛市破产法治思想仍未能深入人心。

3. 破产法治精神领会不深阻碍政府部门主动性

对破产法治精神的领会实际上体现的是对破产法治建设的重视程度。实践检视表明，政府部门没有深刻认识到破产法实施的公平清偿原则与效率原则的重要性，也没有认识到危机企业通过破产程序得以"涅槃重生"的价值，因此很难对破产案件审理的各类困难产生理解与共鸣，更难以从自身角度出发纾解问题，导致人民法院、管理人、债务人企业等案件审理的参与主体所作出的努力被极大弱化。正是由于政府部门对破产法治精神领会仍处于较浅层次，参与府院联动机制建设的主观能动性较低，最终造成府院联动机制"落地难"困境。

三 青岛市破产法治发展完善路径建构

从对青岛市破产法治困境原因的分析不难看出,首先在于青岛市缺少专业化审判团队,司法资源不充足,这是导致"立案难""审案难""挽救难"的首要因素,也是管理人"履职难"的原因之一。政府部门实质参与度低是府院联动机制落地难的决定性因素,也会对破产案件审理进程产生重要影响。破产挽救投资市场缺位是"挽救难"的最重要外因,也是管理人"履职难"的原因之一。对破产法治文化的培植是否深入是解决青岛市破产法治发展困境的根源性因素。是故,应针对现象背后的原因,结合现有实践经验,为青岛市破产法治发展构建切实有效的路径。

(一)强化审判团队专业能力,提升办案专业性与灵活性

法治发展,司法先行。青岛市各级法院应逐步打造专业化的破产审判队伍。同时,各级法院也应当着手加强破产专业素养,通过制度督促审判人员关注程序推进与异议解决,同时倡导灵活办案,进一步放开对管理人的拘束。

1. 集中司法资源,培养专门的破产案件审判队伍

审理破产案件对法官个人的专业技能、政治素养、市场敏感度、政策把握以及统一司法的社会效果和法律效果等方面提出较高要求。青岛市应当从各地法院选拔破产法理论专业强、破产案件办理能力强的审判人员组成多个破产案件审判团队,专门负责全市破产案件的审理。审判团队专业化有利于全市破产案件审理效率提升,形成对破产法程序价值的认同,解决破产"立案难""审判难"问题;有利于管理人开展工作,缓解"履职难"问题;有利于推进破产挽救机制运用,改善"挽救难"情况。

2. 强化程序价值,完善制度督促审判团队提升专业素养

审判人员专业性的提升需要相关制度的完善。针对实践中诸多案件审理超期现象,应当提升对案件时效的重视程度,建立破产案件审理超期责任追

究机制，量化管理破产案件审理各环节，通过人民法院办案绩效系统规范破产案件审理时效的计算，并就超期情况、超期原因等考核其绩效，督促办案法官重视案件审理时效性。

3. 倡导灵活办案，司法机关采取切实举措优化管理人履职环境

针对管理人"履职难"问题，各级法院应当增强办案灵活性，通过切实举措帮助管理人更好履职。青岛市应探索建立债权人推荐管理人机制。案件各方如能就选任管理人形成一致意见，且不存在禁止任职情形的，一般应接受其推荐，但如意见不一的，则应听取与破产程序最具利害关系的当事人意见。参考北京破产法庭做法，对符合条件的案件开展主要债权人推荐机制①。此外，为切实解决管理人成本问题，青岛市应当积极探索管理人报酬分期清偿机制，通过对案件审理工作进行合理分段并支付相应报酬的方式，改善报酬获取困难的现状。同时，应当完善《市级破产案件援助资金管理使用办法》，进一步提升援助报酬支付金额。对管理人报酬补偿的支付数额，应通过第三方审计管理人支出成本②。

（二）深化府院联动机制改革，提高政府部门体系化参与度

要提升政府部门在府院联动机制中的参与度，就要对现有联动机制进行改革，已经发布的《青岛市人民政府办公厅关于建立"府院联动"机制进一步做好企业破产处置工作的通知》（以下简称《通知》）规定了联席会议制度。

---

① 《关于北京破产法庭接受债权人推荐指定管理人的工作办法（试行）》第4条规定：符合下列情形之一的破产案件受理前，债务人的主要债权人协商一致，可以以一家或者多家债权人的名义，在北京市企业破产案件管理人名册中向本院推荐一家中介机构或者两家中介机构联合担任该破产案件的管理人：（一）债务人经过庭外重组或者预重整的；（二）关联企业合并破产的；（三）已经依照有关规定成立金融机构债权人委员会的；（四）涉及利害关系人人数众多、在本地有重大影响的。

② 成本包括聘用法务、审计人员费用、参与管理人团队工资、管理人在破产管理中支出但无法列入破产费用的其他工作成本等。参见张磊、陆晓燕《论破产管理人报酬基金制度之构建》，《法律适用》2013年第5期。

1. 增强联动效能，运用联席会议机制统筹安排地方政府参与

《通知》已经初步形成了以青岛市政府为主导的市级府院联动整体规划①，并通过联席会议机制统筹安排全市府院联动工作。然而这一机制目前对地区政府督促作用较弱，府院联动仍主要依靠地方政府部门自觉，对切实加强政府实质参与意义不大。青岛市府院联动机制建设应当紧密依靠全市统一规划，运用好联席会议机制统筹安排各地方府院联动工作，督促地区政府主动建立地区府院联动协调机制，机制建立情况应在市级联席会议上定期汇报。

2. 促进地区参与，点对点督促地方政府部门制定联动规范性文件

规则落实是地区政府部门实质参与"府院联动"的首要抓手。只有市内各地区跟进相关文件发布进度，并由各地区政府部门细化，相应机制才能在当地形成影响，地方政府部门参与府院联动机制建设才能有进一步提升的可能。青岛市应当依托现有府院联动机制架构，加大力度紧抓地区政府部门机制落实工作，除建立各地区"府院联动"联席会议机制，通过地区人民政府与部门协调外，开展部门对部门的协作监督，市级政府部门分别关注各地区相应部门机制落实情况，并按期在市级联席会议上汇报总结。

3. 健全信用修复机制，做好府院联动具体制度建设与完善工作

青岛市在府院联动具体制度建设方面仍有欠缺，特别是企业信用修复机制建设不到位，相关规则迟迟未出台。青岛市应当在现有破产企业纳税信用修复规定的基础上，进一步丰富信用修复的内涵，扩大信用修复范围，如借贷信用、工商信息信用。通过联席会议机制对政府责任部门统一规划，落实市政府《通知》中的信用修复规划，协调信用信息关联部门、金融机构支持重整企业开展信用修复工作，以助力企业重生、保障企业继续经营为目的，打造纳税、融资、经营、工商登记统一信用

---

① 《青岛市人民政府办公厅关于建立"府院联动"机制 进一步做好企业破产处置工作的通知》规定，建立青岛市府院联动联席会议制度……定期召开会议，研究解决企业破产处置工作中遇到的重大和疑难问题。

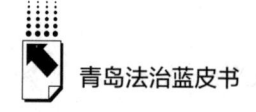

修复体系，为府院联动具体制度落地提供示范，并向各区、地级市推广。

（三）发力资产处置与投资人引入，构建破产挽救投资市场

破产法的精髓在于通过破产程序拯救陷入危机的企业，保障经济社会平稳运行，这一过程离不开市场的调节。青岛市应当拓宽债务人财产处置路径，引导资本有序参与破产挽救企业投资，鼓励企业自发通过破产程序实现重生，构建破产挽救投资市场。

1. 财产分类处置，搭建平台拓宽企业资产处置渠道

数据显示，资产处置困难是目前各类案件审理的重要障碍。实践中，拍卖变卖、以物抵债、实物分配等传统资产处置方式较为落后，对提升案件审理效率、化解企业不良资产、提高普通债权清偿率作用较小，资产难以流动也不利于相关市场的建立。青岛市可对债务人资产类型化处理，搭建统一资产处置平台。对于大量资产为对外股权投资的破产案件，可采用债转股、资产证券化或资产托管等方式处置；对需快速出清的资产，可采取特定群体内竞价出售或协议出售的方式处置；对难以短期变现的资产，可采用破产信托等方式长期运营。如此一来，既可以盘活企业资产，有利于财产增值保值，又可集中资源，吸引投资人参与挽救危机企业，为建立全市破产挽救投资市场提供重要基础。

2. 提供切实保障，制度引领资本参与破产企业挽救

实践中，投资人引入或者通过债务人、出资人自行寻找，或者由政府部门、债权人等主体推荐，或者通过公开招募方式进行。其中发布招募公告、公开遴选已逐渐发展为诸多重整企业确定投资人的主要方式。要想通过破产挽救投资市场吸引信托公司、资产管理公司、金融机构等资本方参与，还需要构建合理的制度路径。青岛市应当进一步出台规范性文件对市场化招募进行规制，完善破产挽救信息披露机制，引导管理人向意向重整方完整及时准确披露重整企业的尽职调查内容，为投资人作出正确决策创造有利条件，并尽快固定偿债方案、经营方案和出资人权益调整方案。通过市场化招募中的

候补设计降低重整失败的风险[1]。同时，加强资产处置平台建设，并向危机企业投资人提供税收优惠、费用减免等措施，为企业转清算为重生再添助力，打造青岛市破产挽救投资平台。

（四）加强破产法治文化传播，从源头化解发展困境

1. 加强破产文化传播，引导政府部门主动参与府院联动

青岛市政府部门应当进一步加深对破产挽救文化的认识，扭转认识错误，突破认知壁垒，明确破产法治建设对市场化、法治化营商环境构建的重要意义。应当在各级政府相关职能部门大力开展破产法知识讲座、涉破产业务办理培训等一系列工作，系统性加强机关人员对破产案件办理高效性、挽救性、公平性的理解，从根源上扭转政府主动性不强的主观认识。

2. 树立破产拯救意识，引导危机企业开展自我拯救

企业的破产重生不仅需要各方共同努力，还需要企业本身有危机意识与自救意愿，能够在企业陷入破产危机时主动寻求预重整、和解、重整等挽救机制。因此，青岛市应当在各大企业中开展危机拯救意识培养工作，通过专家课程讲授、管理人员培训、相关支持政策宣传等形式，让企业意识到破产挽救机制的价值、意义以及可行性，鼓励引导企业树立拯救意识，激发企业在陷入破产危机后的自我拯救能动性。

3. 普及破产知识文化，为破产法治发展打下群众基础

针对实务中人民群众破产程序意识淡薄、破产维权方式激进、破产案件参与度低等问题，全市应当大力开展破产文化宣传工作。通过破产文化进社区、破产普法进校园等法律知识普及、法律问题咨询活动，邀请专业人士为群众讲解破产法的精神、价值、作用并现场解答相关法律问题，或者通过电视、广播、网络等媒体开展线上普法公益宣传等活动，让破产法律文化、破产法律知识走入人民生活、走进群众内心，为全市破产法治发展打下坚实的群众基础。

---

[1] 所谓候补设计指的是，通过市场化招募确定多个候选重整投资人，确保在上一人违约时，有下一人替补。参见陆晓燕《运用法治手段化解产能过剩——论破产重整实践之市场化完善》，《法律适用》2016年第11期。

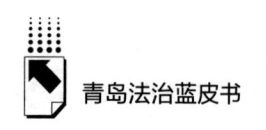

四 结语

制度建设与完善不可能一蹴而就，也并非单一参与主体的单打独斗。解决因司法资源稀缺、政府实质参与度低、相关市场未能建立、文化土壤培育不足而引发的破产"立案难"、"审案难"、"挽救难"和管理人"履职难"、府院联动机制"落地难"等现实困境，政府部门、各级法院、债权人、债务人和投资人需要群策群力。只有以司法为突破口，以加强政府部门参与为重要途径，以培育相关市场为重要手段，深入普及破产法治文化与破产挽救精神，才能更好地助力市场化、法治化营商环境建设。

参考文献

［1］徐昭、姜弘毅：《破产重整企业信用修复的实践与思考》，《征信》2018年第6期。

［2］闫海、王天依：《论重整企业信用修复的特征、机制与方式》，《征信》2021年第1期。

［3］〔美〕L.M.弗里德曼：《法律制度——从社会科学角度观察》，李琼英、林欣译，中国政法大学出版社，1994。

［4］廖丽环：《执行转破产制度的路径优化》，《北京理工大学学报》（社会科学版）2018年第2期。

［5］陆晓燕：《破产管理人制度中司法控制与当事人自治之间的制衡——破产管理人选任制度价值探究》，《人民司法》2015年第1期。

［6］张磊、陆晓燕：《论破产管理人报酬基金制度之构建》，《法律适用》2013年第5期。

［7］丁燕：《论合同法维度下重整投资人权益的保护》，《法律适用》2018年第7期。

［8］陆晓燕：《运用法治手段化解产能过剩——论破产重整实践之市场化完善》，《法律适用》2016年第11期。

Abstract

The Annual Report on Rule of Law in Qingdao No. 1 (2023) is composed of a general report and 18 sub-reports. The general report displays over-all situation of legal construction from 2019 to 2022 in Qingdao. In recent years, Qingdao City has seriously implemented tasks of Reform of Party and State Institutions, and has focused on building a new pattern of Party leadership in comprehensive governing the city in accordance with the law, improved the institutional system of local legislation, made every effort to improve the level of government construction under the rule of law, continuously deepened the reform and innovation of the judicial system, and comprehensively accelerated the pace of building a rule of law society. Significant achievements have been made in various aspects of this city's rule of law construction. In the future, the better promotion should be made in the integration of Rule of law Qingdao, Rule of law Government, and Rule of law Society. Efforts will be made to achieve a state of prevailing trend towards scientific legislation, strict law enforcement, fair judiciary, and universal adherence to the law. The sub-reports, focusing on the Central Work of the Party Committee and Government and the advantages of urban characteristics, summarize in six special topics the experienced practices, existing problems, and outlook predictions. These topics are Local Marine Rule of Law, Urban Renewal and Construction Rule of Law, Foreign-Related Rule of Law, Mode Construction of government Rule by Law, the Procuratorial and Adjudication Reform and Development of Supervisory System, Business Environment Ruled by Law in Qingdao.

The topic of Local Marine Rule of Law, focusing on the development of Qingdao's strategy of modern marine city and its advantages and characteristics, from the legislative and judicial perspective, sorts out the local marine legal system in this city, and the maritime judicial development of Qingdao Maritime Court. It summarizes the experience, practices, and shortcomings of Qingdao in the field of local marine legislation and maritime justice, proposing suggestions for better promoting the construction of the marine legal system and better serving to ensure high-quality development of the marine social economy in the future. The topic of Urban Renewal and Construction Rule of Law, is based on the current central work and unique advantages of Qingdao City, focusing on rail transit as an important engine for urban renewal and construction, and the people's courts as an important guarantee for urban renewal and construction. It generalizes institutional Guarantee for Urban Development Model Guided by Rail Transit in this city, proposing some thoughts on establishing a systematic and standardized TOD regulatory and policy system. This topic also discusses how the people's courts can solve the dilemma of urban renewal and construction by improving the systematic, precise, and executive effectiveness of judicial service guarantees. The topic of Foreign-Related Rule of Law, focusing on the overall situation and unique advantages of Qingdao's open city construction, according to building a new highland for foreign-related legal services and promoting the strategic goal of high-quality foreign-related commercial trials, gives a survey and analysis on the current situation of the construction and training of foreign-related lawyer talent teams, and sorts out the current situation of ensuring the construction of an international metropolis in Qingdao through foreign-related commercial trial services. On this basis, it proposes suggestions to strengthen the cultivation and construction of foreign-related lawyer talent team and create a preferred location for foreign-related commercial trials in Qingdao. The topic of mode construction of government Rule by Law, respectively from three levels: town street, department, and district of the city, introduces the "Qingdao Experience" that was the first to solve the problem of legal construction in towns and streets nationwide, the "Qingdao Model" for the reform of the administrative approval system, and the "benchmark of State-level New Area" of rule of law construction. It summarizes the reform and innovation measures, highlights, achievements, and future prospects in multiple fields of Qingdao's rule of law government construction. The topic of the

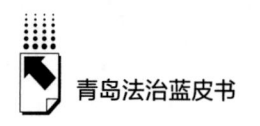

Abstract

Procuratorial and Adjudication Reform and Development of Supervisory System, introduces the deepening of the supervision system reform in the new era in Qingdao, promoting the implementation of the three major functions of supervision, investigation, and disposal, and exploring and practicing the creation of a "clean island". It also summarizes the achievements and highlights of Qingdao's deepening of procuratorial reform in the new era, assisting in high-quality economic and social development, improving the operation and restriction mechanism of legal supervision, and fulfilling the mission of "public welfare representative". It also summarizes the experience and practices of Qingdao in deepening the reform of the environmental and resource trial mechanism, effectively protecting and restoring the ecological environment, and building a "beautiful Qingdao". This topic analyzes the progress and shortcomings of deepening the reform of the administrative trial mechanism in Qingdao, promoting the response of administrative organs to litigation, pre-trial settlement of administrative disputes, and strengthening the benign interaction between the government and the court, and proposes suggestions for doing a good job in administration and response to litigation in accordance with the law. The topic of Business Environment Ruled by Law, focusing on the theme of building a business environment, introduces separately innovative development of Arbitration in Qingdao City, corporate compliance governance, Digital rule of law construction, Optimizing the business environment at Ports and construction of bankruptcy rule of law. It summarizes a series of reform and innovation practices, achievements, and highlights in the focus areas of service and guarantee on economic and social development. Prospects are made for better promoting the construction of economic and social rule of law, and helping to create a market-oriented, legal, and international business environment.

Keywords: XI Jinping' Thought on Rule of Law; Governing the City in an All-Round Way according to Law; Construction on the Rule of Law in Qingdao; the Government under the Rule of Law; Building a Society Based on the Rule of Law

Contents

I General Report

B.1 Overall Situation of Qingdao's Legal Construction and
Development from 2019 to 2022 and Prospect in the
Next Few Years　　　　　　　　　*Jiang Fudong et al.* / 001

　　Abstract: In recent years, the people in Qingdao City thoroughly implement the XI Jinping' Thought on Rule of Law, make an overall plan to strengthen the party's leadership on the government under the rule of law, endeavor to act up to that instruction on development for the people, holdlegal consciousness and methods to deepen the reform and expand opening-up, spare no effort to create a new situation of government by law in this city. We always pay attention to institution and security for the rule of law in Qingdao, and continue to enhance the level of construction in administrative rule of law, Adhere to steady progress for procuratorial and adjudication reform, and speed up construction of society by law. We comprehensively promote the modernization of Qingdao's system and capacity for governance on the track of Rule of Law, and have achieved fruitful outcomes, and summed up the experience and good practice leading and advanced domestically. Although highlighting the characteristics of Qingdao, we still have some deficiencies. To look into the future, Under the guidance ofthe spirits of the 20th National Congress of the Communist Party of China, this city will comprehensively promote successfullymaking lawsin ascientificway, enforcing themstrictly, administering justice impartially, and ensuring that everyone abides by the law. We will achieve new results, widen new situation, make contribution to Rule of Law construction of international metropolis, to a modern socialist country and to realization of the great rejuvenation of the Chinese nation.

Keywords: XI Jinping' Thought on Rule of Law; Governing the City in an All-Round Way according to Law; Local Legislation; Model Construction of Administrativerule of Law; the Procuratorial and Adjudication Reform; Construction of Society by Law

Ⅱ Local Marine Rule of Law

B.2 Qingdao Marine Legislation Development Report

Dong Yue, Song Chengyang, LI Mingming and Liu Yiting / 029

Abstract: Legislation is an important means to manage the ocean, and the development of local marine cause cannot be separated from local marine legislation. Qingdao, as the leading city in the blue economic zone of Shandong Peninsula, must put local marine legislation in the forefront of the cause of local marine rule of law, and do a good job of local marine legislation is an important means to ensure that Qingdao stands out in the competition of global marine center cities. In recent years, Qingdao has successfully carried out local marine legislation, formed six major marine law departments, such as marine environmental protection, fisheries management, coastal zone management, maritime management, marine pasture management and uninhabited island management, and gradually improved Qingdao's marine law system. Qingdao's local marine legislation has distinctive features, and a series of initiatives such as small-cut flexible legislation and regional collaborative legislation have achieved remarkable results. However, it is undeniable that there are still some problems in Qingdao's local marine legislation, such as the obvious trend of legislative fragmentation, etc. This report focuses on the legislative issues that restrict the development of Qingdao's local marine undertakings and puts forward corresponding reasonable suggestions to help Qingdao's local marine undertakings to flourish.

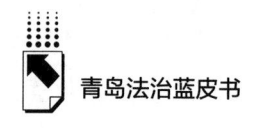

Keywords: Marine Legal System; Regional Coordination Legislation; Marine Economy Legislation

B.3 Report on the Development of Maritime Justice in Qingdao　　　　*Wu Jinbiao, Niu Meng and Yu`Hao et al.* / 047

Abstract: In recent years, Qingdao Maritime Court has focused on building a new maritime judicial pattern of "12345", Serving the high-quality development on marine economy and high-level opening up to the outside world, ensuring the implementation of the Maritime Power Strategy and Trade Power Strategy, building a loyal, clean, and responsible maritime judicial Iron Army. Overall, it has played a good role in the maritime judicial functions. The highlights and achievements of Qingdao's maritime judicial work are mainly reflected in the following aspects. Such as refining maritime judgment standards, improving the diversified dispute resolution mechanism for simplification and diversification, improving the level of maritime administrative trials and marine environmental resource trials, serving and guaranteeing for high-quality development of Qingdao Free Trade Zone, proper handling of major series of cases, creating a new model for the entire process of ship seizure supervision, shining the brand of "Scholarly Court". In the future, Qingdao needs to fully promote the high-quality development of Maritime Justice. Qingdao Maritime Court needs to comprehensively strengthen ideological and political construction, to comprehensively consolidate the main responsibilities of trial and execution, to highlight the two key areas of high-level service and guarantee on opening up to the outside world and on high-quality development of the marine economy, to comprehensively forge the professional literacy of police officers, to accelerate the cultivation of high-level maritime judicial professionals.

Keywords: Qingdao Maritime Court; Maritime Justice; Marine Economy;

Contents

Opening up to the Outside World; the Strategy of Excellent Works in Maritime Trial

Ⅲ Urban Renewal and Construction Rule of Law

B.4 Report on Urban Development Mode System Guarantee of
Qingdao City Oriented by Rail Transit　　*Wang Songshan* / 066

Abstract: As an important engine of urban renewal, rail transit TOD is a systematic and comprehensive project involving the balance of multiple factors and interests, which can promote the effective and intensive use of land resources and build a new pattern of urban development. Based on TOD practice situation of Qingdao, TOD case around the combination of the current domestic research, attempt from the top design to the dimensions of the practice of TOD analysis, to establish a more systematic and standardized TOD regulation and policy system, to form a complete set of TOD, guarantee in place of drive mechanism and effective measures and so on to do some thinking and Suggestions.

Keywords: Rail transit; TOD; Qingdao; Legislation; Specifi-cation

B.5 Research on Judicial Guarantee of Urban Renewal
and Construction in Qingdao
　　—*Taking Two-Level Courts in Qingdao as an Example*　　*Liu Ying* / 082

Abstract: The year 2022 will be the first year for Qingdao to implement the three-year campaign of urban renewal and construction. In the next three years, the whole city will focus on promoting urban function quality. As a systematic project, urban renewal and construction are now moving towards a new stage of focusing on grassroots, policies and implementation. We must gather all social forces to achieve good governance, co-governance and the goal of rule of law, which will be a long-term job. Justice is a must to promote urban renewal and construction. From the perspective of the court, based on the analysis of the role and problems of the people's court in urban renewal and construction, this paper puts forward countermeasures and suggestions to solve the dilemma of urban renewal and construction through judicial protection from the following four aspects: improving the systematic, accuracy and execution and providing support for judicial public opinion. The aim is to provide high-quality judicial services and guarantees for accelerating the three-year campaign to promote Qingdao's urban renewal and construction. Judicial power can contribute to building Qingdao into a modern international metropolis with high-quality development and life and high-efficient governance.

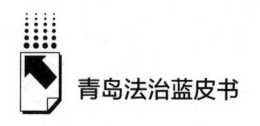

Keywords: Urban Renewal and Construction; Institutional Framework; Rule of Law; Judicial Service

Ⅳ Foreign-Related Rule of Law

B.6 Research Report on Construction of Foreign-Related Legal Talents in Qingdao

Research Team of International Trade Committee

of Qingdao Lawyers Association / 092

Abstract: With the proposal of assisting Qingdao to speed up the building of a new highland for foreign-related legal services, the research team of International Trade Committee in Qingdao Lawyers Association conducted a survey on the current situation of the cultivation and construction of foreign-related talents in Qingdaoand conducted data analysis. The analysis shows that: the construction of foreign-related talents in Qingdao has initial achievements, and the overall quality of foreign-related lawyers is relatively high. The number, scale and business depth of foreign-related law offices aregrowing fast. The foreign-related legal service market develops rapidly and shows a distinct adaptability to regional business field.

On this basis, it is suggested that Qingdao should further improve the quality of legal talentsand the construction of professional capabilities, strengthen the construction of resource networks and provide professional support, expand the influence of business services and foreign-related business channels, improve relevant systems and build a professional system of the industry guidelines.

Keywords: Foreign-Related Talents; Foreign-Related Lawyers; Foreign-Related Law Offices; Foreign-Related Law Service Market

B.7 The Report of Qingdao Foreign-Related Trial Serving and Assuring Rule of Law Construction of International Metropolis *Wang Xiaoqiong* / 111

Abstract: In order to continue to amplify the effect of the SCO Summit, take the construction of the China-SCO Local Economic and Trade Cooperation Demonstration Zone as an opportunity to build a new platform for international cooperation along the Belt and Road, actively build the Qingdao Area of the Shandong Free Trade Zone, promote the development of RCEP Qingdao Pilot Innovation Base for Economic and Trade Cooperation, and adequately serve and guarantee the construction of a new highland for Shandong opening-up, Qingdao Intermediate People's Court has always adhered to the strategic goal of high-quality foreign-related commercial trials, constantly innovated trial mechanisms, and actively built diversified dispute resolution mechanisms. Qingdao Intermediate People's Court benchmark with international standards, improve the one-stop international commercial dispute resolution mechanism, continuously improve the quality and efficiency of international commercial dispute resolution in Qingdao's jurisdiction, provide Chinese and foreign parties with inclusive, equal, convenient, efficient, intelligent and accurate judicial services, and make unremitting efforts to make Qingdao the preferred place for international commercial dispute resolution in China. Through high-quality and efficient judicial assistance, the courts in Qingdao will promote the city as a strategic node in building a new development pattern and strive to make an international innovative city and an international gateway hub city. The courts in Qingdao have the courage to explore in the frontier of international law and have a bold attempt in areas where legal rules are not yet unified. Through high-level and high-quality judgments, the courts in Qingdao can tell good stories of China's rule of law and spread the sound of China's rule of law to the world.

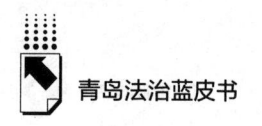

Keywords: Foreign-Related Trial; Elaborate Project; Diversified International Commercial Dispute Resolution; Ascertainment of Extraterritorial Law; Judicial Assistance

V Model Construction of Government Ruled by Law

B.8 Reports on the Model of Ruling the Town by Law in Qingdao　　　　*Research Group of Qingdao'Judicial Bureau / 131*

Abstract: Since 2019, Qingdao is the first in our country to explore ruling the town by law. During more than 3 years, from one point to entire area, from the partial to the whole, in this city we have gone through three stages on making experiments of ruling the town by law, including the stage of a pilot project on Legitimacy Review on Significant administrative decision-making or major project, administrative supervision, the stage of comprehensively promoting ruling the town by law, and the stage of the depth advances in rule of law in countryside. We have realized full penetration of three-level of city, district and town, building an excellent example of ruling the town by law in Qingdao, filling a vacancy in rule of law in countryside. This practice provides reproducible path and method for other provinces or cities to experiment.

Keywords: All-Inclusive Governing the Country by Law; Ruling the Town by Law; an Excellent Example of Qingdao

Contents

B.9 Report on Reform and Development of the Administrative
Approval System in Qingdao *Jin Mei, Su Peng* / 145

Abstract: According to the relevant demands of Provincial Party committee and provincial government on the reform of Relatively Centralizing the Power of Administrative Approval, During the reform of Party and Government institutions in 2018, Qingdao took the lead of establishing Municipal Bureau of Administrative Services. In recent years, Qingdao Municipal Bureau of Administrative Services implement the decisions and plans of the Party Central Committee and the State Council, the work requirements of provincial Party committee and provincial government, deployment of the municipal Party committee and the municipal government. Besides, we conduct administration in accordance with the law, consider legal construction as main framework and key pillars. Furthermore, we continued to optimize doing business environment and reform of government functions, build "Qingdao model" of administrative examination and approval system reforms.

Keywords: Reform of Administrative and Approval System; Government Affairs Service; Business Environment

B.10 Report on Construction of the Rule of Law in Qingdao
West Coast New Area *Yu Xingxiu, Chai Hongbo* / 161

Abstract: Law-based governance in all respects is a profound revolution in national governance, and the national governance system and governance capacity relies on the rule of law essentially. Qingdao West Coast New Area, based on the new stage of development, actively demonstrates the mission of the national-level new area, and makes full use of the advantages of national strategic superposition, and conscientiously implements the *Regulations of Qingdao West Coast New Area of Shandong Province*, bravely innovates and actively explores in undertaking provincial and municipal empowerment, developing ocean economy, optimizing the business environment based on the rule of law, deepening the reform of coordinated administrative law enforcement and promoting the construction of the "Law Wisdom Park" in pilot free trade zone, has made rapid and steady progress in the construction of the New Area under the rule of law and achieved remarkable results, establishing the "New Area Benchmark" for the construction of the rule of law. However, at the same time, the new era has put forward new requirements and tasks for the construction of the rule of law, and it is urgent to start from the big picture and background of comprehensively promoting law-based governance in all respects, and explore the optimal path to promote the connotative development of the rule of law construction and accelerate transformation and upgrading.

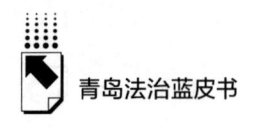

Keywords: Law-Based Governance; Ordinance of New Area; Developing Ocean Economy; Business Environment

Ⅵ Procuratorial and Adjudication Reform and Development of Supervisory System

B.11 Research Report on the Deepening Procuratorial Reform for a New Era in Qingdao

Research Group of Shandong University School of Law / 176

Abstract: Qingdao's procuratorial organs have earnestly studied the upsurge of implementing the spirit of the Twentieth National Congress of the Communist Party of China in 2022, understood the essence of the spirit, and grasped the core essence. Qingdao'sprocuratorial organs always adhere to the guidance of Xi Jinping Thought on Socialism with Chinese Characteristics for a New Era and Xi Jinping Thought on the Rule of Law, and actively perform their duties and responsibilities closely around the strategic arrangement of building a socialist modern country in an all-round way. Furthermore, focusing on the core requirement of the procuratorial organ's legal supervision work of "serving the overall situation and the people's justice", Qingdao's procuratorial organs make every effort to serve the high-quality development of the economy and society, comprehensively improve the quality and efficiency of legal supervision, constantly improve the supervision and restriction mechanism for the operation of procuratorial power in line with the judicial accountability system, improve the quality and efficiency of Qingdao's procuratorial work for the new era, and contribute more excellent procuratorial force to the service guarantee of Chinese path to modernization.

Keywords: Procuratorial Reform for a New Era; Judicial Accountability System; Legal Supervision; Four Categories of Procuratorial Work; Ten Categories of Procuratorial Service

B.12 Development and Prospect of Environment and Resources Adjudication in Qingdao

Li Fengbo, You Zhichun, Jiang Ruolin and Zhang Xuan / 189

Abstract: In recent years, the Qingdao Intermediate People's Court and its primary people's courts, under the guidance of Xi Jinping Thought on Socialism with Chinese Characteristics for a New Era and with a focus on the decisions and arrangements of the CPC Central Committee about the ecological conservation, have upheld the philosophy of modern environmental justice and given full play to the role of environment and resources adjudication. The two levels of people's courts have constantly improved the green judicial system, and enhanced the quality and efficiency of justice. New progress has been made in various aspects such as fair trial according to law, ecological environment protection and restoration, in-depth coordination and interaction, adherence to mechanism innovation, and high-quality team construction, striving to contribute judicial strength to the building of a beautiful Qingdao.

Keywords: Environment and Resources Adjudication; Environment Protection; Ecological Environment Governance System

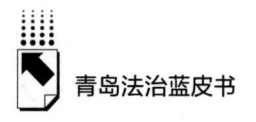

B.13 Development Report on Administrative Adjudication in Qingdao

Qingdao Administrative Adjudication Research Group / 206

Abstract: In order to prevent and resolve administrative disputes more effectively, safeguard the legitimate rights and interests of the people, and create a "Three modernizations and three types" government service environment, the Qingdao Court has continuously promoted the construction of the mechanism for the head of the administrative organs to appear in court to respond to lawsuits and for the pre-trial settlement of administrative disputes, deepened the positive interaction between the courts, and promoted the construction of a law-based government. By reviewing the trial of administrative cases in the past three years, and analyzing the basic situation and characteristics of executive branch cases, the executive branch has many problems in ascertaining facts, law enforcement procedures and application of law, as well as weak points in responding to lawsuits. In the light of the relevant problems reflected in the judicial review, this paper puts forward some improvement suggestions for the reference of relevant departments, so as to further promote the level of administration according to law and help to create a model city for the construction of a national government ruled by law.

Keywords: Administrative Trial; Lost the Case; Recommendations; Administer according to Law

B.14 Report on the Reform and Development of Qingdao's Supervisory System

Research Group of Shandong University School of Law / 220

Abstract: Reform of national supervision system is a major decision made by the Party Central Committee with Comrade Xi Jinping at its core, and is a major strategic move to improve the supervision system of the Party and the state. Qingdao discipline inspection and supervision organs in the Party Central Committee established the main framework of the reform of the discipline inspection and supervision system to further improve the specific promotion of reform, to promote the Party's supervision and full coverage of state supervision to break new ground, and achieved remarkable results. Qingdao discipline inspection and supervision organs to institutional reform as the backbone, the main line of institutional construction, in-depth implementation of the three major functions of supervision, investigation and punishment, strengthen the standardization of the rule of law and formalization of construction, promote institutional innovation, promote the supervision system reform system integration, synergy and efficiency, and constantly promote the supervision system reform to deepen development, and effectively improve the supervision and discipline law enforcement precision, science, effectiveness.

Keywords: Reform of National Supervision System; Anti-Corruption; Supervision; Investigation; Disposal; Discipline System of Supervision

Ⅶ Business Environment Ruled by Law

B.15 Innovation and Development of Arbitration in Qingdao
Research Group of Qingdao Arbitration Commission / 231

Abstract: Arbitration is a statutory dispute resolution system and an important non-litigation dispute resolution mechanism in China. It is an internationally prevailing means of settlement of commercial disputes. In the new era, only by constantly strengthening reform and innovation can arbitration fully play its role in optimizing the market-oriented international business environment and better serving the country's overall opening-up and development strategy. In recent years, the Qingdao Arbitration Commission has earnestly implemented the requirements of *the Several Opinions on Improving the Arbitration System and Improving the Credibility of Arbitration* issued by the General Office of CPC Central Committee and General Office of the State Council. With the core goal of improving the credibility of arbitration, the Commission has vigorously implemented the innovation-driven development strategy: constantly expanding opening up based on rules and related institutions; improving the rules and regulations system in line with international standards; actively developing Internet arbitration, and practicing innovative service mode for commercial arbitration based on the block-chain electronic evidence platform; implementing innovative service mechanism to serve the country's overall opening-up and development strategy; implementing an innovative diversified dispute resolution mechanism to meet the people's needs for diversified legal services; carrying out innovative mechanism for selecting and training talents to and build a high-quality arbitration team. The Commission's credibility has been improved significantly, and it has been awarded as one of the "top ten arbitration institutes in China" and "top ten institutes for foreign-related services".

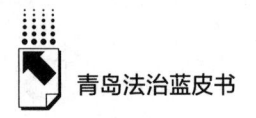

Keywords: Arbitration in Qingdao; Dispute Resolution System; Arbitration Credibility

B.16 Research on Corporate Compliance Governance in
Qingdao　　　　*Guo Bin, Li Yunfeng, Zhao Qingshu, et al.* / 243

Abstract: In the context of the new era, strengthening corporate compliance construction is not only the need for Enterprises in Qingdao to operate normally and to become bigger and stronger, but also the need for Qingdao to realize modernization of Municipal Social Governance. The research group of Shandong Chenggong Law Firm has conducted a survey on the corporate compliance work of enterprises in Qingdao, combined with the corporate compliance practice activities that Qingdao has carried out in the past, and put forward specific suggestions to promote the development of Qingdao's future corporate compliance work. The suggestions are as follows. Firstly, by creating Social Systematic Project, Qingdao should build a comprehensive system of modern corporate compliance, and form an effective cooperation among government, enterprises and society. Secondly, Qingdao should follow the Five Determination Work Concept, to steadily carry out the corporate compliance work of enterprises. Thirdly, Qingdao should strengthen the cooperation between the Procuratorate and enterprises, by effective application of the system of Non-prosecution by Criminal Compliance, to build the healthy development of enterprises.

Keywords: Enterprises in Qingdao; Corporate Compliance; "Social Systematic Project"; Non-prosecution by Criminal Compliance

B.17 Research on Digital Rule of Law Construction in Qingdao *Song Baozhen / 257*

Abstract: Digital rule of law is the standard basis of digital social governance and the important content of digital China construction. As one of the first national "quadrilateralized cities", the core area for the development of digital Shandong and an important data open city, Qingdao needs to escort the development of digital economy and the governance of digital society through the construction of digital rule of law. In view of the development task of Qingdao as an important coastal node city of "One Belt and One Road" and an internationally renowned Internet industrial city, we should actively refer to the practical experience of Shanghai, Shenzhen, Hangzhou and other leading provinces and cities in digital rule of law construction, and give full play to the development characteristics of digital economy of Qingdao and the legislative advantages of deputy provincial cities. From the data related legislation, digital rule of law government construction, digital justice, digital rule of law theory research and talent training four aspects, further promote the construction of digital rule of law in Qingdao.

Keywords: Digital Rule of Law; Digital Legislation; Digital Law-Based Government Construction; Digital Justice

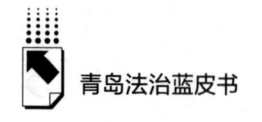

B.18 Report on the Legal Construction of Qingdao Customs and the Legal Development of Qingdao Port Business Environment *Fang Guangliang / 272*

Abstract: Since the 18th National Congress of the Communist Party of China (CPC), Qingdao Customs has accurately grasped the concept of "rule of law is the best business environment", strictly implemented the requirements of the Party Committee of the General Administration of Customs and the Shandong Provincial Party Committee on the deployment of rule of law, and since 2020 has launched and further promoted the three major actions of "building a model of the rule of law in Qingdao", "standardization of system construction +", and "facilitation of cross-border trade", made every effort to build five distinctive projects, namely, the Qingguan Demonstration Post, the Qingguan Good System, the Qingguan Studio, the Qingguan Good Voice, and the Qingguan Good Team. It has contributed to the continuous optimization of the business environment of Qingdao Port by the customs rule of law, and provided a reproducible path and method for the national customs system to carry out the construction of the rule of law customs and the optimization of the rule of law business environment at various ports.

Keywords: Legal Construction of Customs; Port Business Environment; Legalization of Business Environment; Customs Clearance Facilitation

B.19 Report on Bankruptcy Law Development in Qingdao
Subject of Bankruptcy Law Research Association of Qingdao Law Society / 289

Abstract: Through the statistical analysis of the data related to the bankruptcy of enterprises in Qingdao in the past three years, the empirical study shows that Qingdao has difficulties in bankruptcy procedure starting, trial, enterprise rescue, administrator performance and the implementation of the interaction mechanism between government and court in bankruptcy. These difficulties are mainly due to the scarcity of bankruptcy judicial resources, lack of real participation of government departments, shortage of bankruptcy culture and the failure to form the bankruptcy investment market. In view of the problems above, the city ought to take the following measures. The city should build a professional trial team as a breakthrough to improve the judicial capacity of the city's bankruptcy trial. The city should take the coordinating meeting interaction mechanism between government and court in bankruptcy as the starting point, guiding relevant government departments at all levels to actively participate. The city should take the improvement of asset disposal mechanism, investment introduction mechanism and pre-reorganization mechanism as the main measures to foster a bankruptcy investment market. The city, by strengthening the spread of bankruptcy rule of law culture, should break down ideological barriers and reverse prejudice in order to resolve existing difficulties from the source. Only follow these methods could we optimize the development path of Qingdao's bankruptcy rule of law in an all-round and multi-level way.

Keywords: Application of Bankruptcy Law; Bankruptcy Rescue; Interaction Mechanism between Government and Court in Bankruptcy; Culture of Rule of Law

社会科学文献出版社

皮 书

智库成果出版与传播平台

❖ 皮书定义 ❖

皮书是对中国与世界发展状况和热点问题进行年度监测，以专业的角度、专家的视野和实证研究方法，针对某一领域或区域现状与发展态势展开分析和预测，具备前沿性、原创性、实证性、连续性、时效性等特点的公开出版物，由一系列权威研究报告组成。

❖ 皮书作者 ❖

皮书系列报告作者以国内外一流研究机构、知名高校等重点智库的研究人员为主，多为相关领域一流专家学者，他们的观点代表了当下学界对中国与世界的现实和未来最高水平的解读与分析。截至2022年底，皮书研创机构逾千家，报告作者累计超过10万人。

❖ 皮书荣誉 ❖

皮书作为中国社会科学院基础理论研究与应用对策研究融合发展的代表性成果，不仅是哲学社会科学工作者服务中国特色社会主义现代化建设的重要成果，更是助力中国特色新型智库建设、构建中国特色哲学社会科学"三大体系"的重要平台。皮书系列先后被列入"十二五""十三五""十四五"时期国家重点出版物出版专项规划项目；2013~2023年，重点皮书列入中国社会科学院国家哲学社会科学创新工程项目。

皮书网

（网址：www.pishu.cn）

发布皮书研创资讯，传播皮书精彩内容
引领皮书出版潮流，打造皮书服务平台

栏目设置

◆ 关于皮书

何谓皮书、皮书分类、皮书大事记、
皮书荣誉、皮书出版第一人、皮书编辑部

◆ 最新资讯

通知公告、新闻动态、媒体聚焦、
网站专题、视频直播、下载专区

◆ 皮书研创

皮书规范、皮书选题、皮书出版、
皮书研究、研创团队

◆ 皮书评奖评价

指标体系、皮书评价、皮书评奖

◆ 皮书研究院理事会

理事会章程、理事单位、个人理事、高级
研究员、理事会秘书处、入会指南

所获荣誉

◆ 2008年、2011年、2014年，皮书网均在全国新闻出版业网站荣誉评选中获得"最具商业价值网站"称号；

◆ 2012年，获得"出版业网站百强"称号。

网库合一

2014年，皮书网与皮书数据库端口合一，实现资源共享，搭建智库成果融合创新平台。

皮书网　　"皮书说"微信公众号　　皮书微博

权威报告·连续出版·独家资源

皮书数据库
ANNUAL REPORT(YEARBOOK) DATABASE

分析解读当下中国发展变迁的高端智库平台

所获荣誉

- 2020年，入选全国新闻出版深度融合发展创新案例
- 2019年，入选国家新闻出版署数字出版精品遴选推荐计划
- 2016年，入选"十三五"国家重点电子出版物出版规划骨干工程
- 2013年，荣获"中国出版政府奖·网络出版物奖"提名奖
- 连续多年荣获中国数字出版博览会"数字出版·优秀品牌"奖

皮书数据库　　"社科数托邦"微信公众号

成为用户

登录网址www.pishu.com.cn访问皮书数据库网站或下载皮书数据库APP，通过手机号码验证或邮箱验证即可成为皮书数据库用户。

用户福利

- 已注册用户购书后可免费获赠100元皮书数据库充值卡。刮开充值卡涂层获取充值密码，登录并进入"会员中心"—"在线充值"—"充值卡充值"，充值成功即可购买和查看数据库内容。
- 用户福利最终解释权归社会科学文献出版社所有。

社会科学文献出版社 皮书系列
SOCIAL SCIENCES ACADEMIC PRESS (CHINA)
卡号：578732634879
密码：

数据库服务热线：400-008-6695
数据库服务QQ：2475522410
数据库服务邮箱：database@ssap.cn
图书销售热线：010-59367070/7028
图书服务QQ：1265056568
图书服务邮箱：duzhe@ssap.cn

S 基本子库
SUB DATABASE

中国社会发展数据库（下设 12 个专题子库）

紧扣人口、政治、外交、法律、教育、医疗卫生、资源环境等 12 个社会发展领域的前沿和热点，全面整合专业著作、智库报告、学术资讯、调研数据等类型资源，帮助用户追踪中国社会发展动态、研究社会发展战略与政策、了解社会热点问题、分析社会发展趋势。

中国经济发展数据库（下设 12 专题子库）

内容涵盖宏观经济、产业经济、工业经济、农业经济、财政金融、房地产经济、城市经济、商业贸易等 12 个重点经济领域，为把握经济运行态势、洞察经济发展规律、研判经济发展趋势、进行经济调控决策提供参考和依据。

中国行业发展数据库（下设 17 个专题子库）

以中国国民经济行业分类为依据，覆盖金融业、旅游业、交通运输业、能源矿产业、制造业等 100 多个行业，跟踪分析国民经济相关行业市场运行状况和政策导向，汇集行业发展前沿资讯，为投资、从业及各种经济决策提供理论支撑和实践指导。

中国区域发展数据库（下设 4 个专题子库）

对中国特定区域内的经济、社会、文化等领域现状与发展情况进行深度分析和预测，涉及省级行政区、城市群、城市、农村等不同维度，研究层级至县及县以下行政区，为学者研究地方经济社会宏观态势、经验模式、发展案例提供支撑，为地方政府决策提供参考。

中国文化传媒数据库（下设 18 个专题子库）

内容覆盖文化产业、新闻传播、电影娱乐、文学艺术、群众文化、图书情报等 18 个重点研究领域，聚焦文化传媒领域发展前沿、热点话题、行业实践，服务用户的教学科研、文化投资、企业规划等需要。

世界经济与国际关系数据库（下设 6 个专题子库）

整合世界经济、国际政治、世界文化与科技、全球性问题、国际组织与国际法、区域研究 6 大领域研究成果，对世界经济形势、国际形势进行连续性深度分析，对年度热点问题进行专题解读，为研判全球发展趋势提供事实和数据支持。

法律声明

"皮书系列"（含蓝皮书、绿皮书、黄皮书）之品牌由社会科学文献出版社最早使用并持续至今，现已被中国图书行业所熟知。"皮书系列"的相关商标已在国家商标管理部门商标局注册，包括但不限于LOGO（ ）、皮书、Pishu、经济蓝皮书、社会蓝皮书等。"皮书系列"图书的注册商标专用权及封面设计、版式设计的著作权均为社会科学文献出版社所有。未经社会科学文献出版社书面授权许可，任何使用与"皮书系列"图书注册商标、封面设计、版式设计相同或者近似的文字、图形或其组合的行为均系侵权行为。

经作者授权，本书的专有出版权及信息网络传播权等为社会科学文献出版社享有。未经社会科学文献出版社书面授权许可，任何就本书内容的复制、发行或以数字形式进行网络传播的行为均系侵权行为。

社会科学文献出版社将通过法律途径追究上述侵权行为的法律责任，维护自身合法权益。

欢迎社会各界人士对侵犯社会科学文献出版社上述权利的侵权行为进行举报。电话：010-59367121，电子邮箱：fawubu@ssap.cn。

社会科学文献出版社